Aussichtsreiche Sonntagsspaziergänge für alle Jahreszeiten

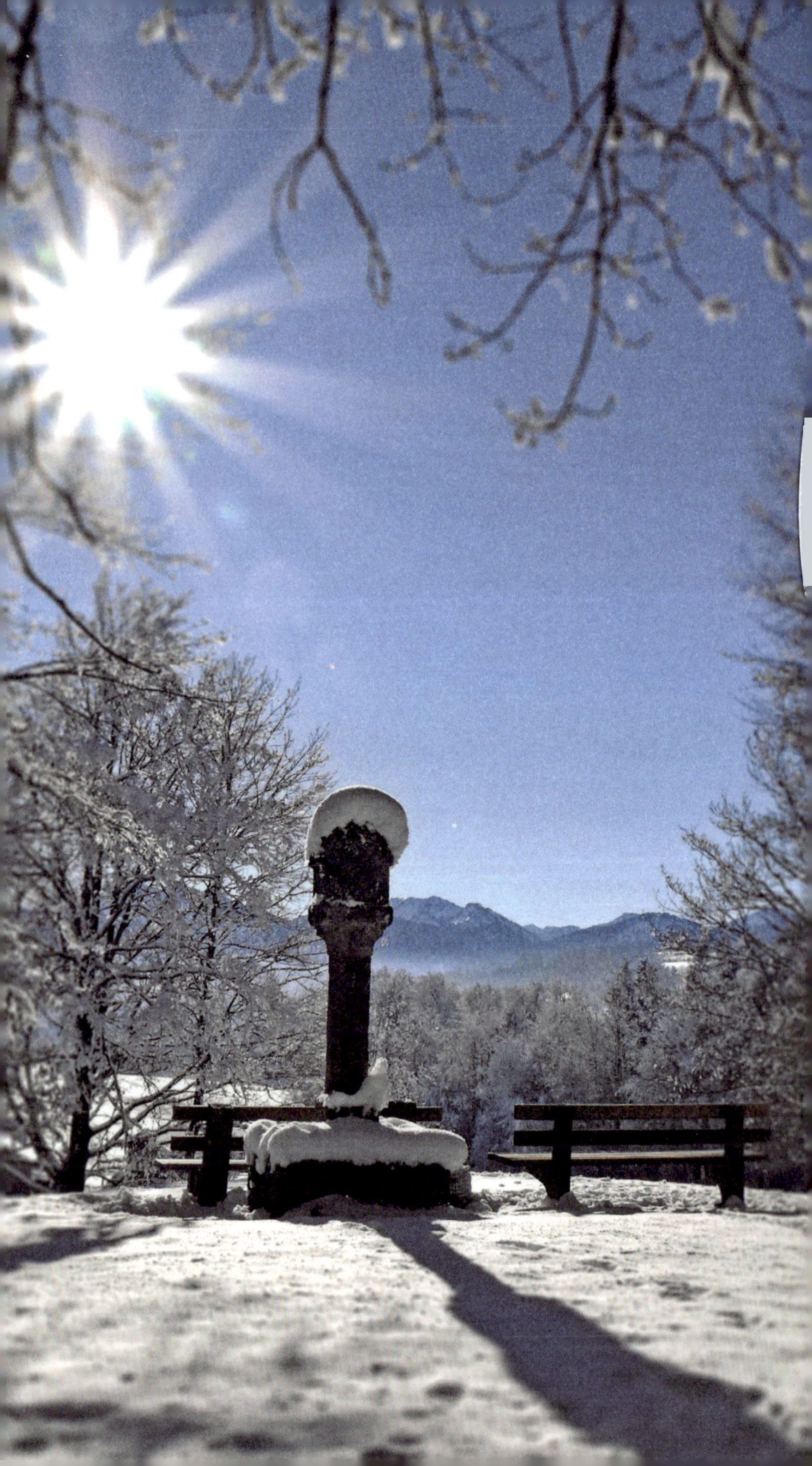

Ursula Weber

Aussichtsreiche Sonntagsspaziergänge für alle Jahreszeiten

18 Ausflüge ins südliche Oberbayern

Volk Verlag München

Alle Abbildungen: Ursula Weber
außer Abbildung S. 149: Volk Verlag

Die Deutsche Bibliothek verzeichnet diese Publikation in der Deutschen Nationalbibliografie; detaillierte bibliografische Daten sind im Internet über https://portal.dnb.de/ abrufbar.

Neumarkter Straße 23; 81673 München
Tel. 089 / 420 79 69 80; Fax: 089 / 420 79 69 86

Druck: F&W Druck- und Mediencenter GmbH Kienberg

ISBN 978-3-86222-506-4

www. volkverlag. de

Inhalt

Vorwort

Liebe Leserinnen und Leser,

entdecken Sie mit diesem Buch das malerische Voralpenland auf überraschende Weise neu! Viele attraktive Plätze im Oberland liegen nicht nur neben zauberhaften Wäldern und Wiesen, sie bergen auch spannende Geheimnisse aus früheren Zeiten. So führt ein aussichtsreicher Spazierweg in Gaißach mitten durch ein bronzezeitliches Grabhügelfeld, in Oberammergau hat eine römische Legion nahe des romantischen Grottenwegs vielfältige Spuren hinterlassen und die altbekannte Stadtansicht von Wolfratshausen erweitert sich mit einer riesigen Burg, die einst auf dem Höhenzug über der Loisach thronte.

Die 18 abwechslungsreichen Spaziergänge dieses Buchs schenken mit ihren zahlreichen Hintergrundinfos und Fotos einen neuen Blick auf das südliche Oberbayern und seine wundersame Vergangenheit. Zugleich lassen sie uns auf vielfältige Weise in die zauberhafte Natur eintauchen. Es warten stimmungsvolle Seeufer auf uns, magische Wälder, unergründliche Moore, anmutige alte Dorfstraßen und einsame Plätze mit weitem Panoramablick. Bänke laden dazu ein, sich von den kleinen Geschichten und Gedichten im Buch inspirieren zu lassen.

Die kurzen Erzählungen, Gleichnisse und Gedichte werfen zumeist einen augenzwinkernden Blick auf die leisen Zwischentöne des Lebens. Auf die Weisheiten und Erkenntnisse, die sich manchmal im Alltag verbergen und sich oft als Schlüssel zu einem glücklichen Leben erweisen. Wählen Sie gerne Ihre Lieblingsgeschichte und erzählen Sie sie weiter!

Oder nehmen Sie Ihre Freunde auf einen anregenden Streifzug durchs Oberland mit. Denn Sie finden in diesem Bücherl wieder eine Auswahl schönster Sonntagsspaziergänge für alle Jahreszeiten. Ein entsprechendes Symbol gibt Ihnen sofort einen kleinen Anhaltspunkt, welche Runde sich wann am besten eignet. Es verrät zum Beispiel, wo die

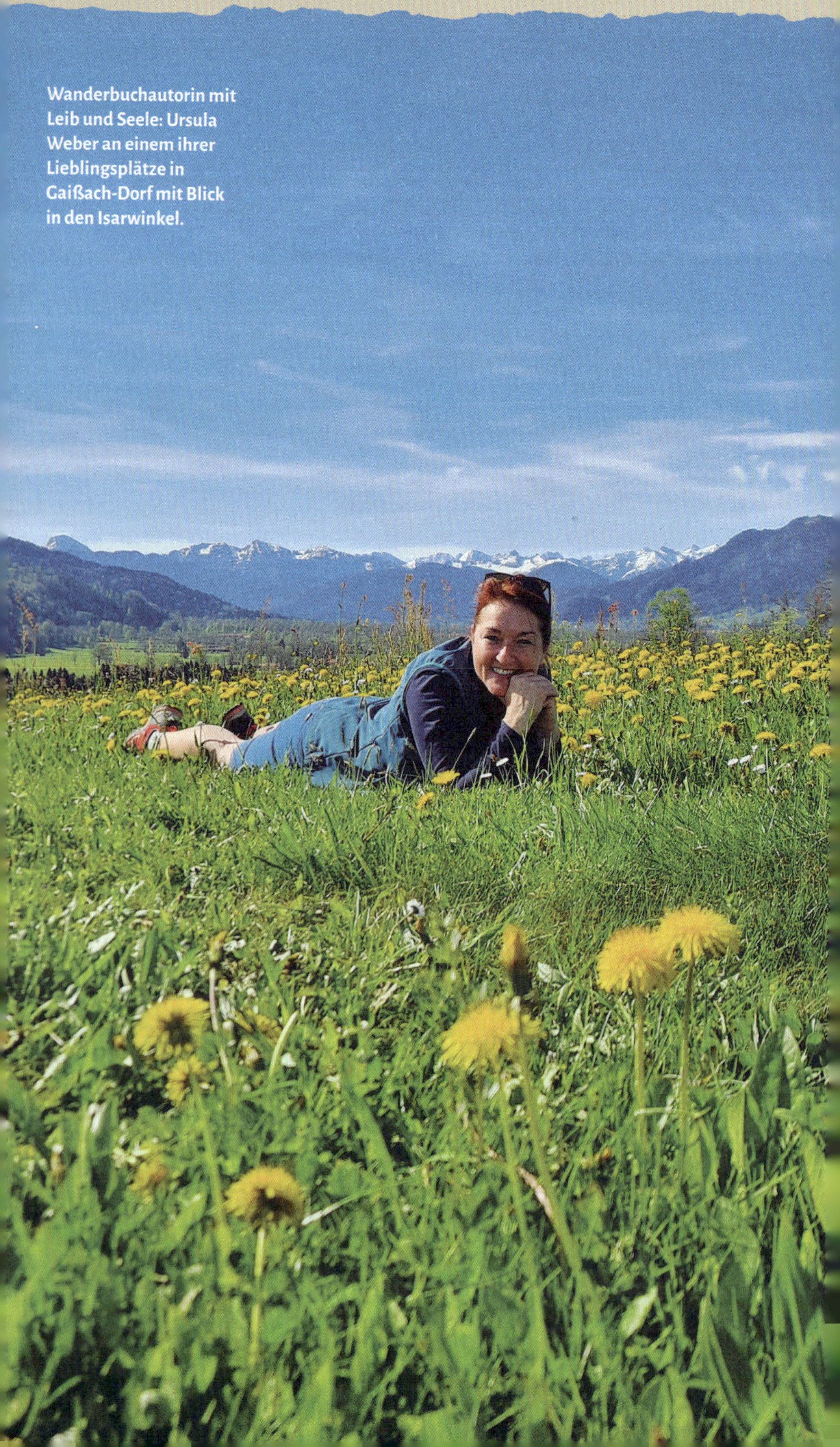

Wanderbuchautorin mit Leib und Seele: Ursula Weber an einem ihrer Lieblingsplätze in Gaißach-Dorf mit Blick in den Isarwinkel.

ersten Frühjahrsblüher die Wege säumen oder wo im Sommer ausreichend Schatten über den Waldpfaden liegt, wo im Herbst der Laubwald sein prächtigstes Farbenspiel darbietet oder wo im Winter traumhafter Sonnenschein den Spaziergang krönt. Auch für Regen- und Schneetage sind natürlich Touren dabei.

Zusätzliche Informationen ermöglichen es Ihnen, die Runden durch vorgeschlagene Wegvariationen zu verkürzen oder zu erweitern. Außerdem laden besondere Tipps für Sehenswürdigkeiten, Museen oder Cafés zu einem Besuch ein und lassen aus einem gemütlichen Spaziergang einen anregenden Sonntagsausflug werden.

Dabei empfiehlt es sich stets, die gastronomischen Ziele vorher noch einmal zu ihren Ruhetagen zu befragen, da sich die Öffnungszeiten manchmal von einer Woche auf die andere ändern können.

Gerne können Sie mich, meine Erzählkunst und Wanderlust auch live erleben, zum Beispiel bei öffentlichen Touren in Bad Tölz oder bei meinem wöchentlichen Sagenspaziergang in Schliersee. Sie können mich aber auch für Ihre Geburtstagsfeier oder Ihren Firmenausflug anfragen. Dann begleite ich Sie ganz exklusiv mit meinen märchenhaften Geschichten auf Ihrer Tour. Die aktuellen öffentlichen Termine finden Sie stets unter www.erzaehlzauber.de.

Aussichtsreiche Sonntagsspaziergänge, die Ihrer Seele Flügel verleihen, wünscht Ihnen

Ihre
Ursula Weber

Übersichtskarte

Wandern ist eine Tätigkeit der Beine
und ein Zustand der Seele.

Josef Hofmiller

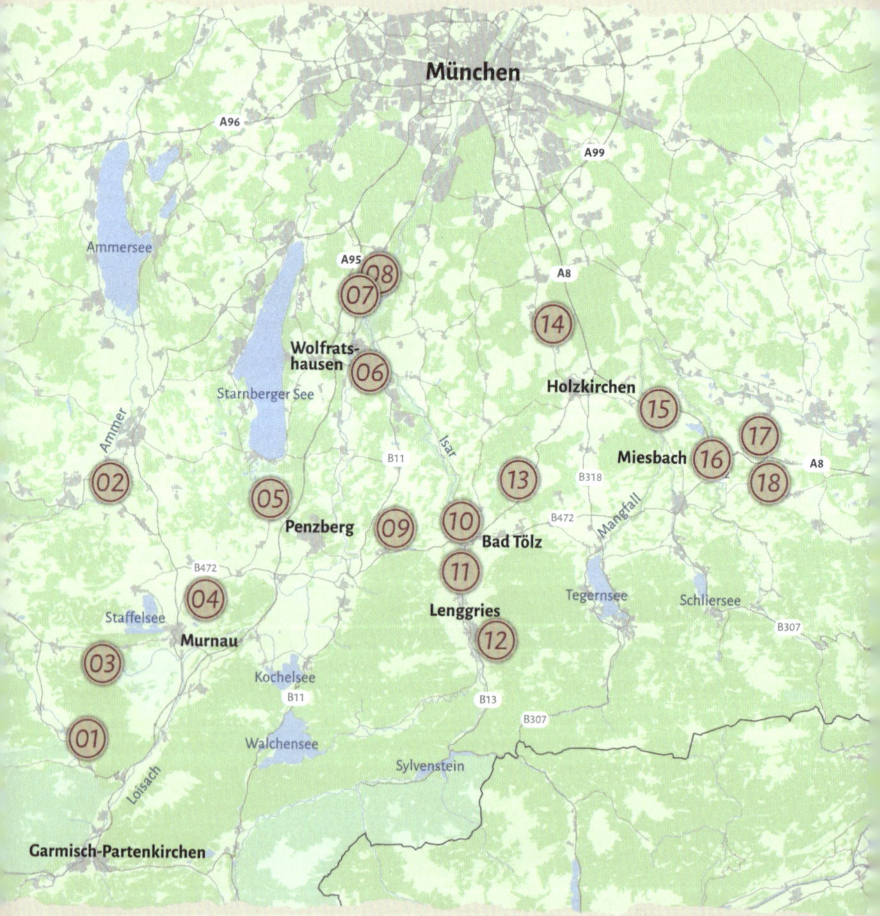

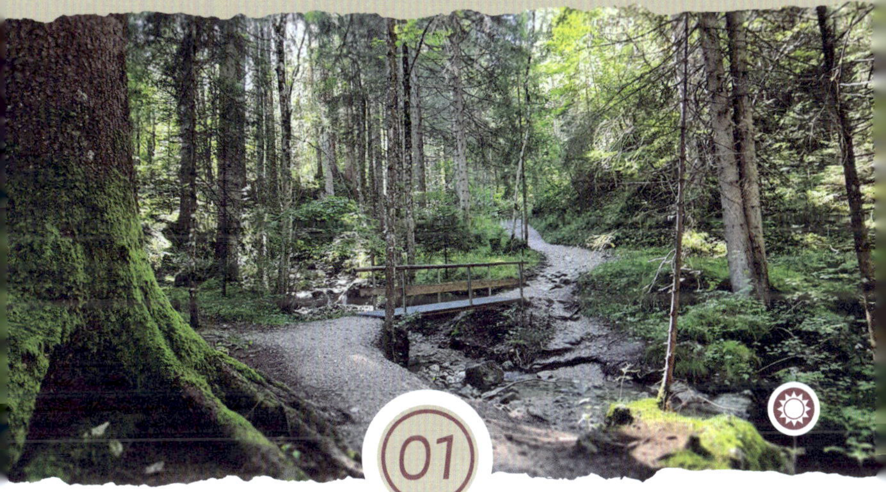

01

Oberammergauer Grottenweg

Ein himmlischer Pfad mit irdischen Geheimnissen

1:50 h Gehzeit – 5,9 km Länge – 217 hm

Weltweit ist Oberammergau als Ort der Passionsspiele ein Begriff. Doch die kleine Gemeinde im Naturpark Ammergauer Alpen hat darüber hinaus eine überaus spannende Vergangenheit und ein abwechslungsreiches Repertoire an geschichtlichen Zeugnissen zu bieten, sodass es sich auch außerhalb der Passionsspielzeit lohnt, einen Tagesausflug dorthin zu unternehmen. Noch dazu sind die Wandermöglichkeiten im Ammertal und auf den umliegenden Bergen sehr vielfältig. Ein ungewöhnlicher Pfad wird uns bei dieser Runde durch dicht beschatteten Bergwald zu geheimnisvollen Plätzen führen: der Oberammergauer Grottenweg, auf dem uns Spuren von Rätern und Römern, von alten Felszeichnungen und neuzeitlicher Heiligenverehrung begegnen werden.

Als Startpunkt sind verschiedene Stellen der Tour möglich. Wir wählen den ▸ *Parkplatz der Kolbensesselbahn* am westlichen Ende von Oberammergau, der auch an stärker frequentierten Tagen reichlich Platz bietet. Von hier aus geht es auf einem ▸ *Fußweg*

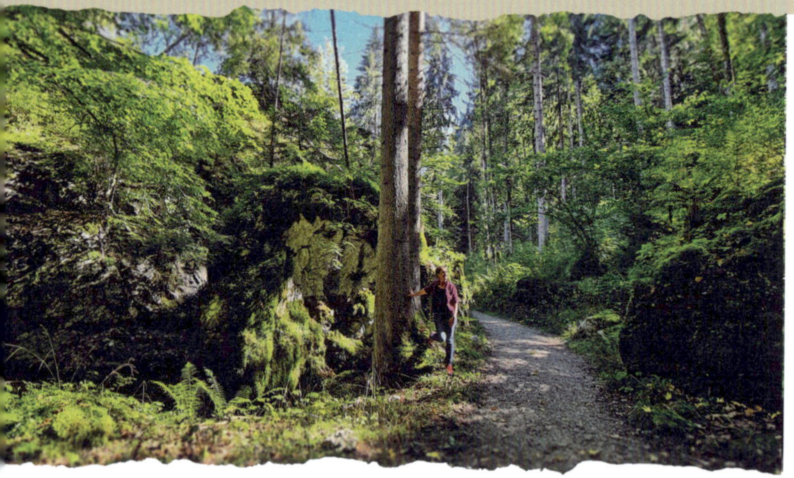

Märchenhaft schlängelt sich der Oberammergauer Grottenweg durch den lichten Laubwald.

immer am Kolbenbach entlang an der Talstation vorbei Richtung Süden. Schließlich biegt ein ▸ *Pfad in den lichten Bergwald* hinein, beschildert unter anderem mit „Kreuzigungsgruppe". Hier sind wir richtig – und sofort begeistert von den Kaskaden, die der muntere Bach neben dem Waldweg hinabplätschert. Für uns geht es mal über ein Brückchen, mal in engen Serpentinen an alten Baumriesen vorbei. Man könnte ewig durch diesen kleinen Märchenwald schlendern, doch schon nach zehn Minuten haben wir wieder freies Gelände erreicht und werden dort sogleich mit einem weiten Blick über Oberammergau auf den Laber links und den Kofel rechts beschenkt.

Diese Aussicht begleitet uns etwa fünf Minuten lang auf unserem weiteren ▸ *Weg linkerhand die Straße hinunter* in Richtung des Ortes. An einer kleinen Baumgruppe samt Holzbank ▸ *zweigt nun rechts der „Grottenweg"* ab. Ein Infoschild des Oberammergau Museums macht uns auf Kultstätten, Römerfunde und Felsritzungen neugierig.

Sobald wir wieder in das Blätterdach des Waldes eingetaucht sind, überraschen uns aber erstmal unzählige kleine Engel, die den Wegesrand säumen. Sie blicken zwischen Baumstümpfen hervor, verstecken sich in moosigen Mulden, thronen auf Astgabeln, spielen himmlische Geigen, lächeln versonnen von Felskanten herunter und umrahmen schließlich eine ▸ *weiß-blaue Gottesmutter*, die ihr Jesuskind liebevoll in den Armen hält. Angesichts der kindlichen

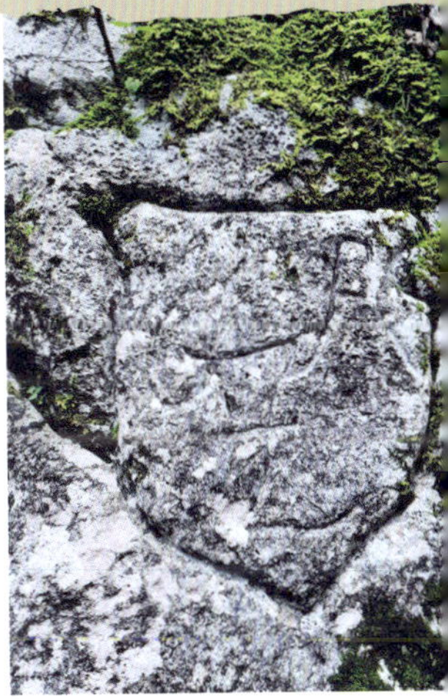

Freude dieser porzellanen und hölzernen Putten bekommt der Weg auf einmal etwas Leichtes, Verspieltes.

Der ▶ *Kiesweg* indes schlängelt sich gemütlich durch den hellen Mischwald, an Felswänden vorbei, die mannshohe Klüfte aufweisen, um schließlich ▶ *auf der linken Seite zu einem über vier Meter hohen Stein* zu führen, an dem sich sehr schnell Felsritzungen entdecken lassen. Die Zeichnungen an diesem sogenannten Malenstein stammen aus unterschiedlichen Epochen und lassen sich in ihrer Entstehungszeit nicht immer eindeutig zuordnen. Am auffälligsten, aber auch kaum zu erreichen, ist ein Gesichtsprofil, das als Römerkopf gedeutet wird und das in etwa vier Metern Höhe eingemeißelt wurde. Im unteren Bereich zeigen sich unterschiedlichste Symbole, die teilweise uralt sind und sich im gesamten Alpenraum finden lassen. So zum Beispiel ein doppeltes Viereck, das sogar bis in die Lombardei hinein Verwendung fand und das möglicherweise auch als Wegmarkierung für römische Soldaten oder italienische Bergleute, die als sogenannte Venedigermanndl Eingang in die alpenländische

Felszeichnungen zieren den Malenstein (unten) und den Ambronenstein (oben), der das Wappen des gleichnamigen Bürgervereins trägt.

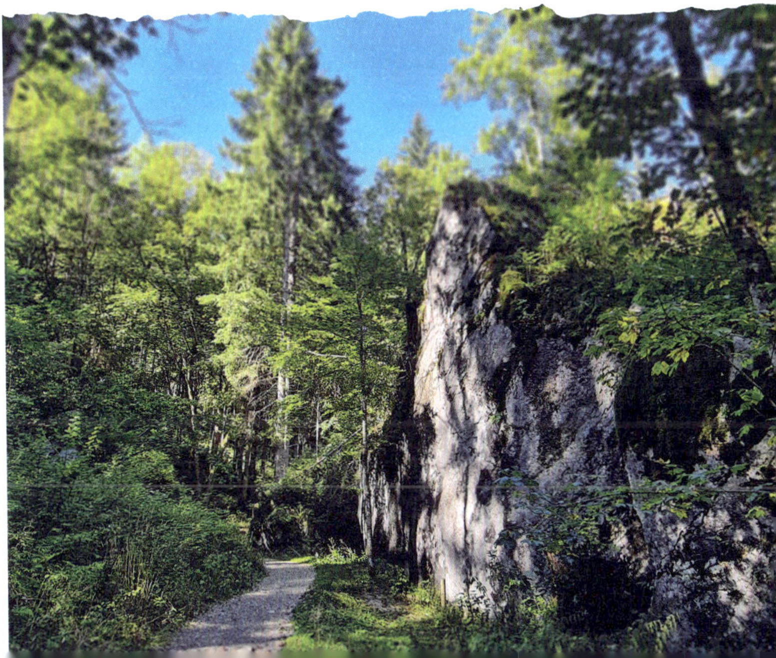

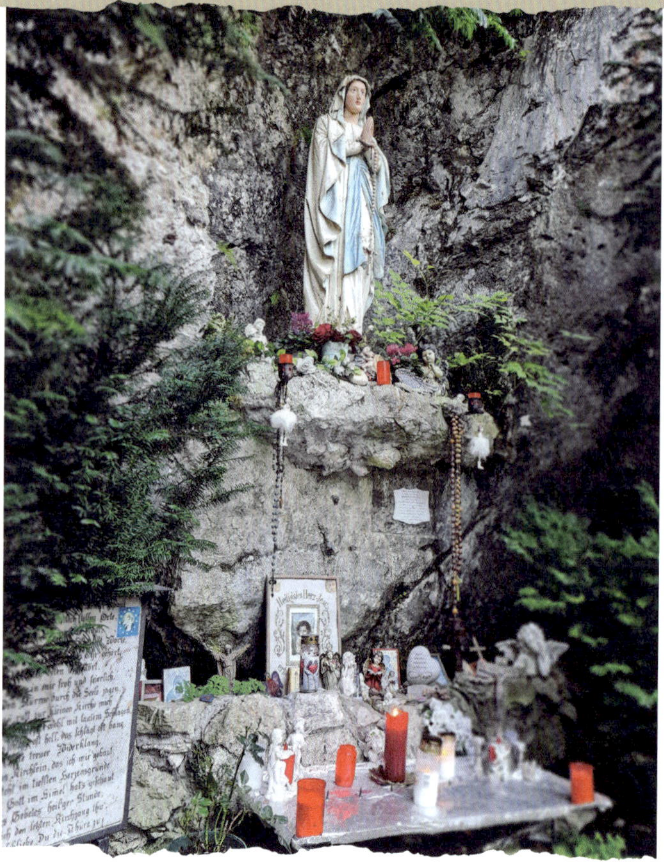

Eine Mariengrotte lädt am Fuße einer riesigen Felswand zur stillen Einkehr ein.

Sagenwelt gefunden haben, diente. Diese Erzsucher im Dienst der venezianischen Glasherstellung tauchten im Ammertal wohl erstmals um 1480 auf, ungefähr zu der Zeit, als die Republik Venedig ihren Bozener Markt nach Mittenwald verlegte.

Nun, bei genauer Betrachtung des Felsens, vermag man noch weitere verwitterte Steinbilder zu erkennen, die einem Löwenkopf oder Doppeladler ähneln oder an ein Herz und ein Auge erinnern.

Einige Wegschlenker später liegt noch einmal ► ***zur Linken ein etwas kleinerer, markanter Fels***, auf dem eine Zeichnung jüngeren Datums deutlich zu sehen ist. Dieser „Ambronenstein" verdankt seinen Namen einem ehemaligen elitären Bürgerverein, der sich nach dem keltischen Stamm der „Ambronen“ benannt und hier sein Wappenschild verewigt hat.

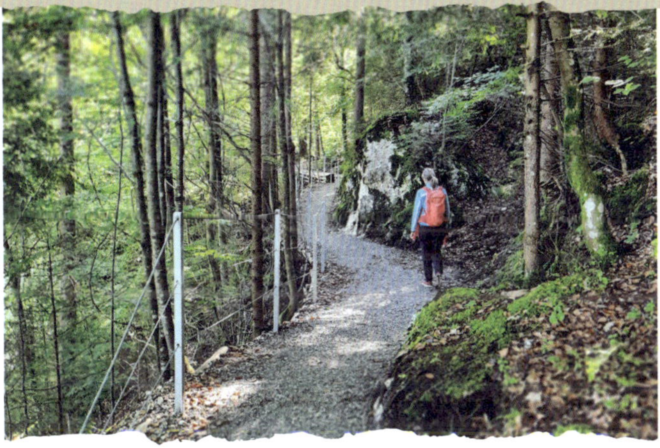

Im weiteren Verlauf des Weges ragt ▸ *rechts eine Steilwand der Kofel-Nordseite* auf, zu der man einen kurzen Abstecher machen kann. Ein ziemlich desolater Steig aus Holzbalken führt an ihrem Fuße empor. Die schlichten Symbole an dem glatten Stein stammen wohl überwiegend aus dem 18. Jahrhundert und sind vermutlich christliche Votivzeichen, mit denen Dank für die göttliche Hilfe beispielsweise bei Krankheiten ausgedrückt werden sollte. Oftmals sind sie datiert und mit einem Kreuz versehen.

Dass dieser ▸ *Weg unterhalb des Kofels* für Christen schon seit Längerem ein besonderer Ort war, bezeugt auch die ▸ *Mariengrotte*, die ungefähr auf Höhe des neuen Friedhofs an einer Steilwand angebracht wurde. 1898 wurde sie vom Ehepaar Schilcher nach einem Gelübde gestiftet und ist der Grotte in Lourdes nachempfunden. Eine kleine Infotafel mit spirituellen Impulsen macht darauf aufmerksam, dass der Grottenweg Teil des großen Meditationswegs der Ammergauer Alpen ist, der von der Wieskirche bis zu Schloss Linderhof führt.

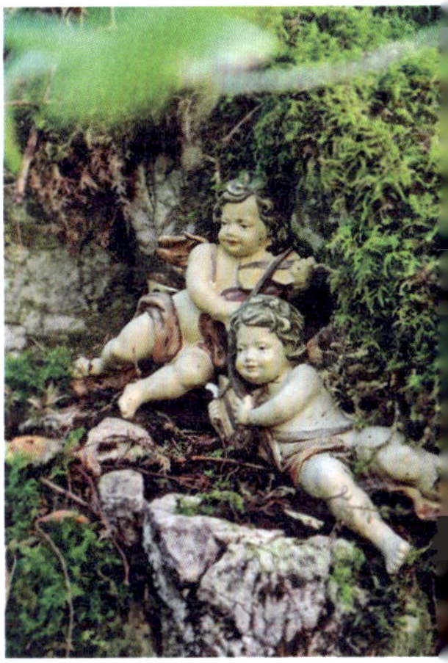

Lächelnde Putten schenken dem westlichen Teil des Grottenwegs eine himmlisch-heitere Stimmung.

Für uns aber reicht heute dieser kleine Wegabschnitt, den wir weitergehen, bis wir ▸ *links die Urnenwand des neuen Friedhofs* sehen. Nun führt ▸ *rechts ein unbeschildeter Pfad* eine kleine Anhöhe hinauf. Wir folgen ihm und biegen alsbald wiederum ▸ *rechts in eine Felsbucht* ein,

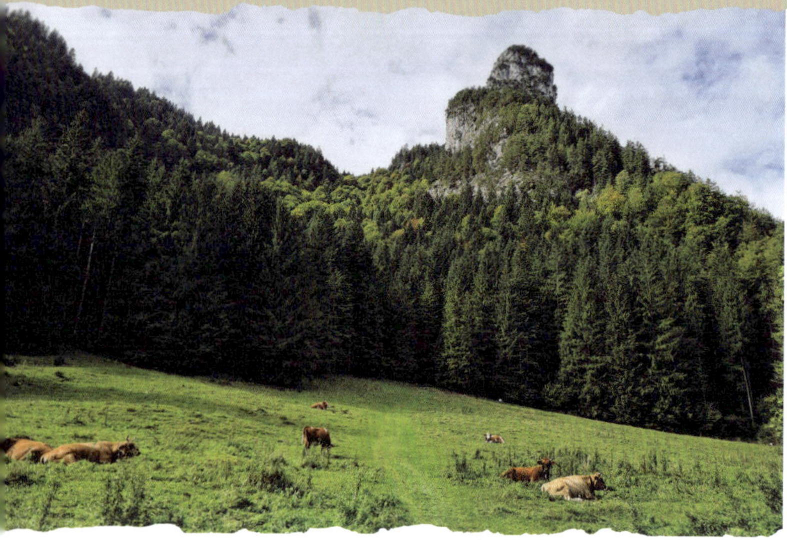

Der markante Kofel ragt als Wahrzeichen über Oberammergau auf.

die wie eine überdimensionale Muschel geformt ist. Auch hier sind mit geübtem Auge Zeichnungen am Stein zu entdecken. Ob man darin eine Teufelsfratze, ein mittelalterliches Bannzeichen oder das Abbild eines Quellgottes erkennen will, bleibt jedem selbst überlassen.

Nimmt man den ▸ *schmalen Pfad weiter bergauf*, erreicht man bald eine große ▸ *Viehweide östlich vom Kofel* mit einem herrlichen Blick nach Osten Richtung Ettal. „Kälberplatte" wird dieser Wiesengrund genannt, den wir ▸ *linkerhand hinunter zu einem Denkmal des Oberammergauer Veteranen- und Soldatenvereins* queren.

An dem großen Holzkreuz könnte man nach rechts abbiegen, um den kleinen Hügel, vor dem wir gerade stehen, gegen den Uhrzeigersinn zu umrunden. Doch dieser sogenannte ▸ *Döttenbichl* ist es, der Spuren einer geheimnisvollen Geschichte in sich birgt. In den Jahren zwischen 1992 bis 1997 hat man dort über tausend Weihgaben eines rätischen Brandopferplatzes ausgegraben. Wahrscheinlich stammen die Fundstücke aus der Zeit zwischen dem Ende des 2. Jahrhunderts v. Chr. und der Mitte des 1. Jahrhunderts n. Chr. Verborgen in Felsspalten haben dort Waffen, Werkzeuge, Gewandfibeln, Armreifen und Glasperlen mehr als 2.000 Jahre überdauert. Die damaligen Bewohner des Ammergebiets haben nicht nur eigene Gegenstände als Opfer dargebracht, sondern offenbar auch Überbleibsel eines Gefechts mit durchziehenden römischen Soldaten. 2010 hat man nämlich auf dem gegenüberliegenden Rainenbichl zahlreiche Funde wie zum Beispiel eine Radnabe und Zeltheringe gemacht, die auf einen römischen Lagerplatz schließen lassen.

Und auf dem Döttenbichl fand man unter anderem Geschoss-Spitzen, die zu Katapulten gehörten. Auch Pfeil- und Lanzen-Spitzen waren darunter, insbesondere aber drei Geschosse mit dem Stempel der 19. römischen Legion, die 9 n. Chr. im Teutoburger Wald von den Germanen vernichtend geschlagen wurde. Offenbar war diese Legion ca. 15 v. Chr. durchs Ammertal gezogen und hatte hier ihre Spuren – übrigens die ältesten datierbaren römischen Funde Bayerns – hinterlassen. Ebenso wurden Dolche ausgegraben, darunter ein Offiziersdolch in einer aufwändig mit Silber verzierten Scheide.

Faszinierend ist auch die Entdeckung von 222 Schuhnägeln aus Eisen, mit denen die römischen Militärschuhe robuster und trittsicherer gemacht werden sollten. Da sie aus den letzten vorchristlichen Jahrzehnten stammen, ergibt sich für Oberammergau eine spannende Dreiheit: Vor rund 2.000 Jahren zogen hier römische Soldaten durch, die Jesus selbst begegnet sein könnten, seit über 500 Jahren werden in Oberammergau Krippenszenen geschnitzt, die Jesu Leben erzählen, und seit 1634 werden die Passionsspiele, die das Leiden Jesu auf die Bühne bringen, aufgrund eines Pestgelübdes aufgeführt. Wer sich einen Überblick über all diese bemerkenswerten Aspekte aus der Historie des ursprünglich „Ambergove“ genannten Ortes verschaffen möchte, dem sei unbedingt ein anschließender Besuch im Oberammergau Museum empfohlen.

Wachen über die Frühgeschichtsausstellung im Oberammergau Museum: römische Legionäre im Kostüm der Passionsspiele 2010 (Entwurf Sefan Hageneier, Figurinen Tobias Haseidl).

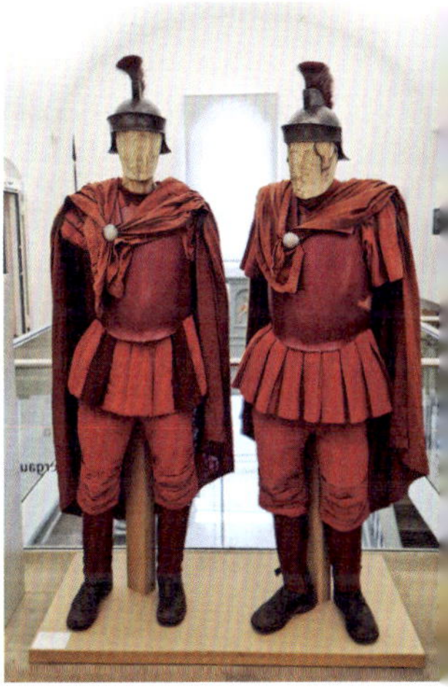

Über den Döttenbichl führt ein verwirrendes Geflecht schmaler Pfade und man braucht eine sehr große Vorstellungskraft, um sich hier einen Opferplatz vorzustellen – ein kleiner Spaziergang lohnt sich dort aber allemal. Da-

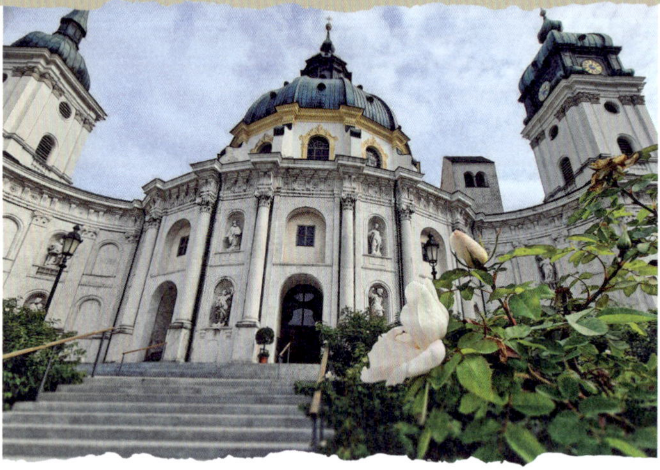

Ein Tipp für einen Tagesausflug: Das berühmte Kloster Ettal liegt ganz in der Nähe.

nach geht es für uns die ▸ *kleine Straße nach Nordosten Richtung Ammer* hinunter. Dort wenden wir uns ▸ *nach links* und folgen dem ▸ *Fußweg am Fluss entlang Richtung Ortsmitte*. Dieser führt unter der B 23 hindurch und zwischen dem Malensteinweg und der Ammer weiter ▸ *Richtung Norden*. Die Kirche St. Peter und Paul grüßt herüber und wer sich das Passionstheater, das beeindruckend bemalte Pilatushaus und das Oberammergau Museum nicht entgehen lassen möchte, der kann rechts die Brücke an der König-Ludwig-Straße überqueren, um zum Ortszentrum zu gelangen.

Wer die Runde kleiner halten mag, folgt unserer Beschreibung und biegt ▸ *nach links in die König-Ludwig-Straße* ein, an dessen Beginn uns schon ein ▸ *Schild zur Kreuzigungsgruppe* weist. Wir folgen der Straße, bis sie am Ende in einen kleinen Waldpfad übergeht, der sich in kurzen Serpentinen hinauf zu der monumentalen Skulpturengruppe windet.

Gestiftet wurde das zwölf Meter hohe und 600 Zentner schwere Denkmal von niemand Geringerem als König Ludwig II. Er hatte 1871 eine Sonderaufführung der Passionsspiele besucht und war von der Darstellung des Leidenswegs Christi so berührt, dass er die Kreuzigungsgruppe bei dem Bildhauer Johann Halbig aus München in Auftrag gab. Dieser erschuf die Dreierformation – das seinerzeit größte bekannte Steindenkmal der Welt – aus Kelheimer Marmor.

Einige Bänke laden hier oben zum Verweilen ein – und zum Lesen einer kleinen Geschichte, die vom Wandel der Zeiten, von königlichen Launen und der menschlichen Sehnsucht nach Ausgeglichenheit erzählt ✧ **Geschichte S. 19**.

Von der Rückseite des Denkmals aus geht es ► *nach Westen leicht bergab* und man stößt sehr bald auf die ► *geteerte Forststraße*, von der anfangs der Grottenweg nach Süden abgebogen ist. Wir gehen wieder ► *kurz bergan*, biegen dann ► *rechts erneut in den kleinen Waldpfad* mit den Kaskaden des Kolbenbachs und sind damit schon wieder auf dem ► *Rückweg zum Parkplatz*, von dem aus wir gestartet sind.

Der Ring der Weisheit

ab 6 Jahren

Frei nach der Variante eines bekannten Märchens, wie sie Jorge Bucay erzählt

✧ Vor langer Zeit lebte einmal ein König in einem fernen Land. Er war eigentlich ein guter König, wären da nicht seine unterschiedlichen Stimmungen gewesen.

Es gab Tage, an denen er voller Lebensglück und Zuversicht war. Dann gab er diese Freude an seine Untertanen weiter. Er senkte die Steuern, sorgte sich um Kinder und Alte und lud zu königlichen Festen ein. Doch es gab auch andere Tage, voller Zweifel und Hoffnungslosigkeit. An solchen Tagen setzte er die Steuern unvermittelt nach oben, lehnte alle Anfragen und Hilferufe unerbittlich ab und ließ jeden Widersacher unversehens ins Gefängnis werfen.

Irgendwann aber fiel selbst ihm auf, welchen Schaden er durch diese Launenhaftigkeit anrichtete. Dass er in den dunklen Tagen noch mehr zerstörte, als er in den hellen Tagen aufbauen konnte. Und so wandte er sich an die Gelehrten und Weisen seines Landes und bat sie um Hilfe: „Gibt es denn keinen Zaubertrank oder eine Glücksformel, die mir hilft, diese Höhen und Tiefen auszugleichen? Damit ich mein Land ruhig und sicher regieren kann?“

Die Gelehrten und Weisen durchforschten all ihr Wissen, doch ohne Erfolg. Sie mussten dem König gestehen, dass auch sie nicht weiterwussten. In dieser Nacht weinte der König bit-

Oberammergauer Grottenweg

1:50 h Gehzeit – 5,9 km Länge – 217 hm

Ausgangspunkt in 82487 Oberammergau:

Parkplatz an der Kolbensesselbahn, Kreislainenweg

Weg:

Waldpfade, Kieswege und Straßen; überwiegend schattig, bei Schneeschmelze teilweise eisig. Überwiegend beschildert mit „Grottenweg".

Besonderheiten:

- Bachlauf mit Kaskaden
- Schlängelnde Waldpfade
- Kleine Porzellanengel
- Felsritzungen verschiedener Epochen
- Mariengrotte
- Döttenbichl als historischer Fundort
- Kreuzigungsgruppe

Einkehr:

- Theater Café www.theater-cafe.bayern
- Café Hochenleitner www.cafe-hochenleitner.de
- Mühlbartls Weinstubn www.muehlbartl.de
- Hotel Alte Post www.altepost.com
- Ammergauer Maxbräu www.maximilian-oberammergau.de
- Wankalm www.wankalm.de
- Gastronomie Oberammergau

Zuganfahrt:

Mit dem Zug zum Oberammergauer Bahnhof, von dort 15 min Fußweg zur Kolbensesselbahn.

Variationen:

Ein Verkürzen der Tour ist durch das Nutzen der Döttenbichl-Parkplätze (nahe des neuen Friedhofs) als Startpunkt möglich. Verlängern ist über die Ortsmitte von Oberammergau oder über den Kofel (1.342 m) oder über einen der Gipfel rund um den Kolbensattel (1.276 m) möglich.

Tipps:

- Oberammergau Museum www.oberammergaumuseum.de
- Passionsspieltheater mit weiterem Schauspielangebot www.passionstheater.de
- Lüftlmalerei an alten Häusern des Orts
- Geschäfte mit Kunsthandwerk, vor allem Schnitzereien

Tourist-Info:

Eugen-Papst-Straße 9a
82487 Oberammergau
Tel.: 08822-922740
E-Mail:
info@ammergauer-alpen.de
www.ammergauer-alpen.de/oberammergau

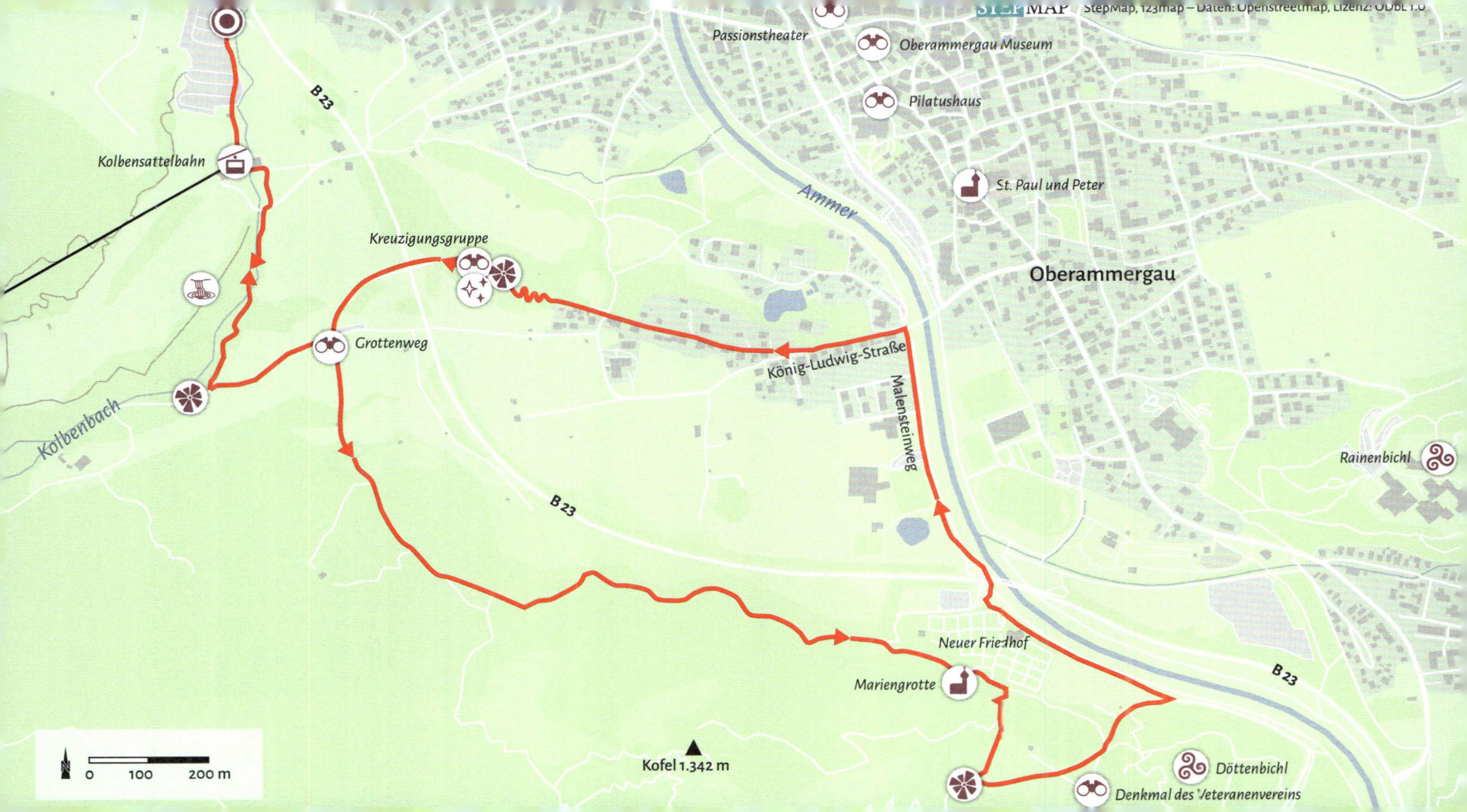
StepMap, 123map – Daten: Openstreetmap, Lizenz: ODbL 1.0
Passionstheater
Oberammergau Museum
Pilatushaus
St. Paul und Peter
Oberammergau
Ammer
Kolbensattelbahn
B 23
Kreuzigungsgruppe
Grottenweg
König-Ludwig-Straße
Malensteinweg
Rainenbichl
Kolbenbach
B 23
Neuer Friedhof
Mariengrotte
B 23
Kofel 1.342 m
Döttenbichl
Denkmal des Veteranenvereins
0 100 200 m

terlich. Da klopfte es an seiner Türe und ein alter Diener bat um Einlass. Der König kannte ihn, hatte der Alte doch schon seinem Vater gedient.

„Verzeih mir", sprach der Diener, „dass ich dich in der Nacht störe. Ich bin kein Gelehrter, doch reich an Lebenserfahrung. Und ich sehe, wie sehr du dich um dein Reich bemühst, du aber an den Höhen und Tiefen des Lebens verzweifelst. Lass mich dir ein Geschenk geben, das ich selbst einst von meinem Vater bekommen habe." Mit diesen Worten zog der Alte einen Ring hervor. „Es gibt ein Wissen um die Essenz des Lebens, die alles verwandelt. Sie ist in diesen Ring eingraviert. Doch nur jene können sie verstehen, die sich selbst erkannt haben. Möge dir dieser Ring weiterhelfen, damit du im größten Glück und in der tiefsten Niederlage ruhig und gelassen bleiben kannst."

Der Diener legte den Ring behutsam in die Hände des Königs, verbeugte sich und verschwand ohne ein weiteres Wort. Als der König die Inschrift las, breitete sich ein Lächeln über sein ganzes Gesicht aus. Er steckte sich den Ring an seine rechte Hand und trug ihn von nun an jeden Tag. Und immer, wenn ihn seine Stimmungsschwankungen heimsuchten, zog er ihn ab und las die vier Worte, die darin eingeritzt waren. Worte, die ihm halfen, an Tagen des Übermuts und auch an Tagen des Unglücks besonnen zu bleiben und sein Land gütig und gerecht zu regieren. Vier Worte, die ganz einfach und doch so weise sind: „Bedenke, alles geht vorüber."

Sie verstecken sich unter Wurzeln und in Astgabeln: die Engelchen des Meditationswegs.

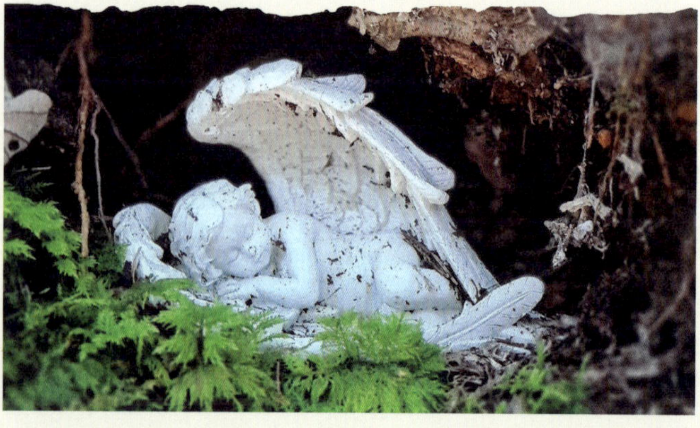

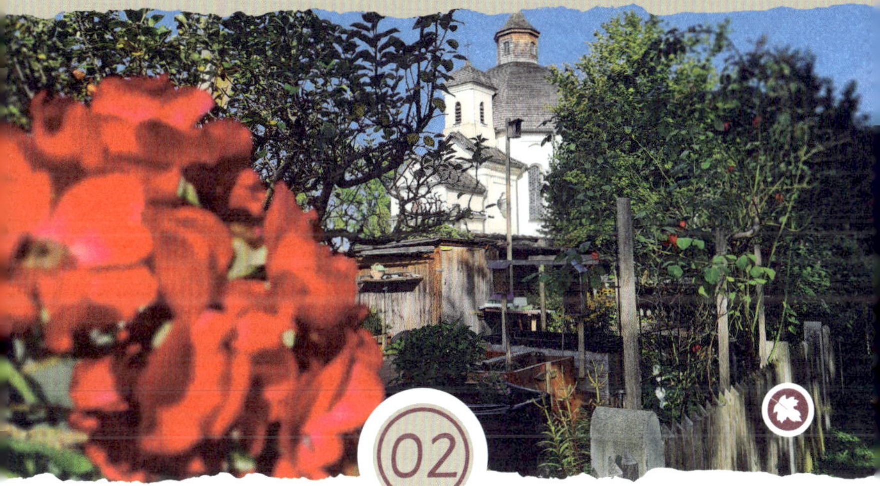

02

Pollinger Doktor-Faustus-Weg

Mit Blick in Bücher, Gärten und auf Besonderheiten

1:15 h Gehzeit – 4,9 km Länge – 31 hm

Es ist dem kleinen Örtchen Polling keineswegs anzusehen, auf welch umfangreiche und spannende Vergangenheit es zurückblicken kann. Schmuck und still liegt es nahe der Ammer, durchzogen vom sanft dahinströmenden Tiefenbach. Manche Ecken wirken gar, als wäre hier die Zeit stehen geblieben. Mit Pollings historischen Stationen und Persönlichkeiten ließe sich wohl ein ganzes Büchlein füllen. Auf dieser Runde werden wir einer hübschen Auswahl davon einen kleinen Besuch abstatten.

Die ältesten Siedlungsfunde Pollings wurden im dortigen Tuffsteinbruch, übrigens dem letzten Bayerns, entdeckt und gehen sogar ins 4. Jahrtausend v. Chr. zurück. Wir starten unseren Spaziergang deutlich später, nämlich mit der Klostergründung im 8. Jahrhundert. Der Legende nach wird sie Herzog Tassilo III. zugeschrieben, das Kloster geht aber wahrscheinlich eher auf die Adelsfamilie der Huosi zurück. Am ▸ *Klostervorplatz* erzählt ein Wandgemälde von der sagenhaften Begebenheit, bei der Tassilo III. eine Hirschkuh jagte, die auf einmal ein Kreuz aus der Erde gescharrt haben soll. Genau an dieser Stelle errichtete man später das Kloster Heilig Kreuz. Tatsächlich schmückt ein altes Holzkreuz, inzwischen mit Pferdehaut überzogen und bemalt, den Altar der ehemaligen Stiftskirche nebenan, doch geht dieses frühestens aufs 9. Jahrhundert zurück.

Beeindruckend ist jedoch nicht nur die Geschichte der Klostergründung, sondern vor allem die sensationelle Ausgestaltung der Stiftskirche St. Salvator. Zwischen 1416 und 1420 erbaut, wurde sie danach teilweise der Spätgotik, dem Barock und dem Rokoko angepasst. Wer ahnungslos durch die kleine Seitentür der schmucklosen Tuffsteinfassade tritt und dann das schwere Holztor zum eigentlichen Kirchenschiff öffnet, wird einen Moment überrascht innehalten ob so viel Weite, Licht und pastellfarbener, ornamentaler Zierde. Ein berührender Ort des Gebets und der Einkehr!

Weiter geht es nun aber mit einem ganz anderen historischen Blick, und zwar auf den Schriftsteller Thomas Mann. Ausschnitte aus seinen Werken dienen auf dem Doktor-Faustus-Weg als literarische Wegbegleiter durch Polling. Beginnen wir also mit der ersten Tafel, die uns am Klostervorplatz willkommen heißt und einen Handzettel bereithält, der uns von Station zu Station leitet.

Zwischen 1903 und 1922 hat der berühmte Schriftsteller Polling vielfach besucht, nicht zuletzt, weil seine Mutter Julia am Kirchplatz Nr. 15 wohnte. Viele seiner Erinnerungen und detailgetreue Schilderungen von Pollinger Personen

Wer die schlichte Holztüre am Eingang durchschreitet, ahnt noch nichts vom lichtdurchfluteten Glanz des Inneren der Stiftskirche.

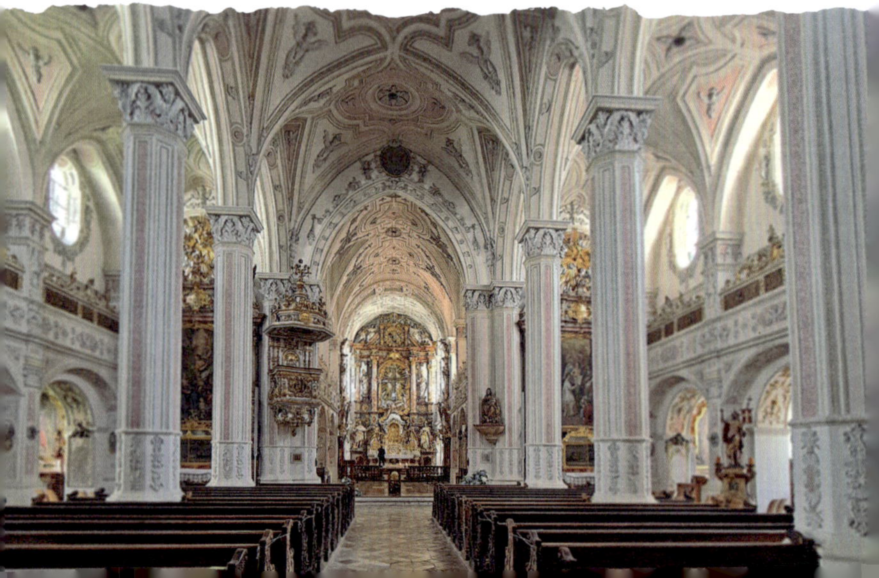

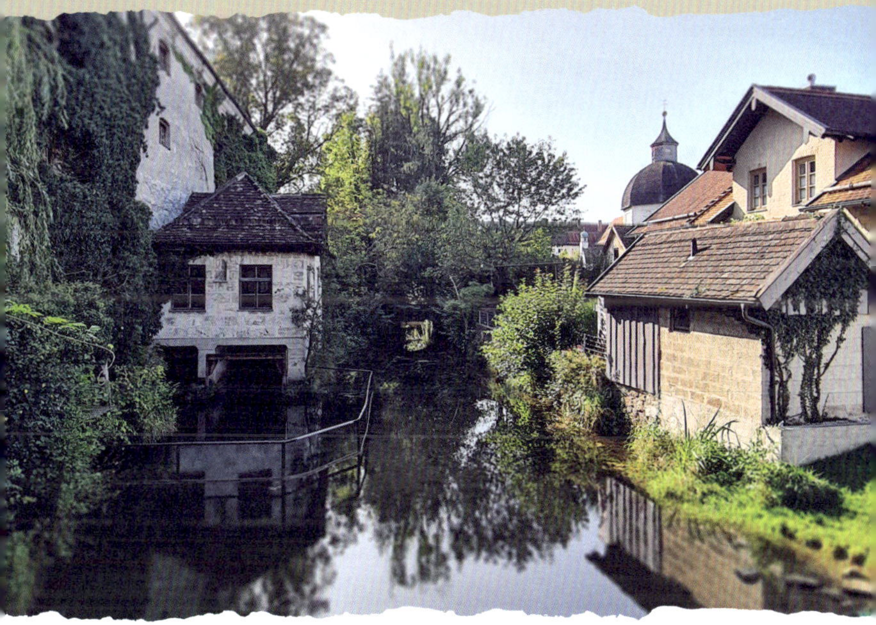

Munter geht es an historischen Gebäuden vorbei, wie hier an der alten Klostermühle am Tiefenbach.

und Örtlichkeiten ließ Mann schließlich in seinen Roman „Doktor Faustus" einfließen, der von 1943 bis 1947 im Exil im kalifornischen Pacific Palisades entstand. Dessen Protagonist, Dr. Adrian Leverkühn, verbringt darin viele Jahre in „Pfeiffering" alias Polling.

Vom ▸ *Startpunkt am Klostervorplatz* aus geht es ▸ *rund hundert Meter die Stichstraße „Kirchplatz" nach Norden* zur 2. Station beim ▸ *Gutshaus Schweigestill*, das wahrscheinlich als Wohnhaus der „Schweigharts" Eingang in Manns Roman gefunden hat. Von hier aus kehren wir an den alten Klostermauern ▸ *noch einmal zum Ausgangspunkt zurück*, gehen dort ▸ *über das Bruckerl und dann erneut Richtung Norden*. Rechts von uns gluckert der Tiefenbach vorbei, daneben wirbt ein zur Weinstube umgebautes Eichenfass für die entsprechende lukullische Einkaufsmöglichkeit im Ort. Links von uns liegt der alte Friedhof von Polling mit der verschachtelten Karl-Borromäus-Kapelle, die 1631 erbaut und 1830 erneuert wurde und wie aus einem Spitzweg-Gemälde gegriffen wirkt.

Kurz darauf passieren wir linkerhand die alte Kistlerei, die inzwischen Heimat des Gebirgstrachtenvereins D'Ammerbergler ist. Sobald wir auf die ▸ *Tassilostraße* stoßen, gilt es aufzupassen: Die Tafel Nr. 4 liegt an der Brücke rechts von uns und lädt uns ein, die ehemalige

▸ *Klostermühle* am Wasserlauf zu bestaunen. Die weitere Route verläuft jedoch ▸ *in die andere Richtung, und zwar nach Westen*. Links rahmt die Friedhofsmauer unseren Weg, rechts sind es mächtige Eschen und Ahorne. Eine gemütliche Ruhe liegt über dem Wohnviertel, dessen ideenreich gestaltete Zäune immer wieder fröhliche Einblicke in die Gärten gewähren.

An der ▸ *Bahnhofstraße* angekommen, setzt sich unser ▸ *Doktor-Faustus-Weg nach rechts* fort und mit den nächsten Abzweigungen eröffnet sich ein Reigen historischer Persönlichkeiten, denen die Straßen ihren Namen verdanken. Zum Beispiel Rochus Dedler (1779–1822), ein Oberammergauer Lehrer, der nicht nur die Musik für die dortigen Passionsspiele komponiert hat, sondern auch ein „Deutsches Hochamt in D" für das damalige Pollinger Musikkollegium. Oder der gebürtige Wackersberger Eusebius Amort (1692–1775), der dem Pollinger Augustiner-Chorherrenstift beitrat und als bedeutender Theologe seiner Zeit 1759 sogar Gründungsmitglied der Bayerischen Akademie der Wissenschaften wurde. Wer beim weiteren Spaziergang die Augen offen hält, wird noch viele andere interessante Namensgeber entdecken, wie den Erbauer des Münchner Domes „Meister Jörg von Polling" (1441–1488) oder den Botaniker und bedeutenden Pflanzenmaler Professor Gustav Dunzinger (1868–1940).

Als wäre die Zeit stehen geblieben, lockt ein pittoreskes Plätzchen nach dem anderen.

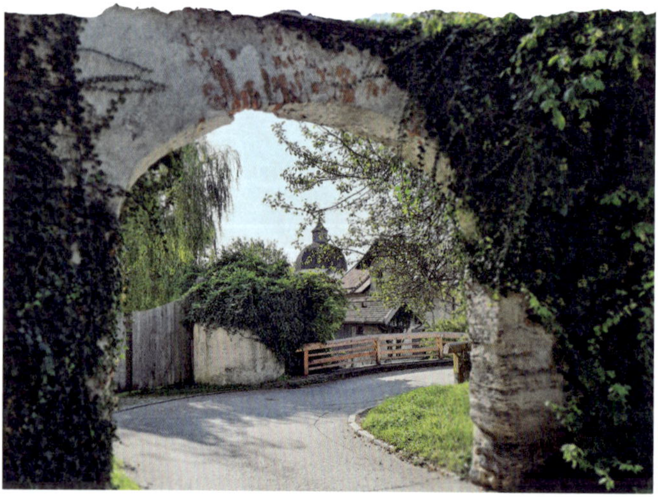

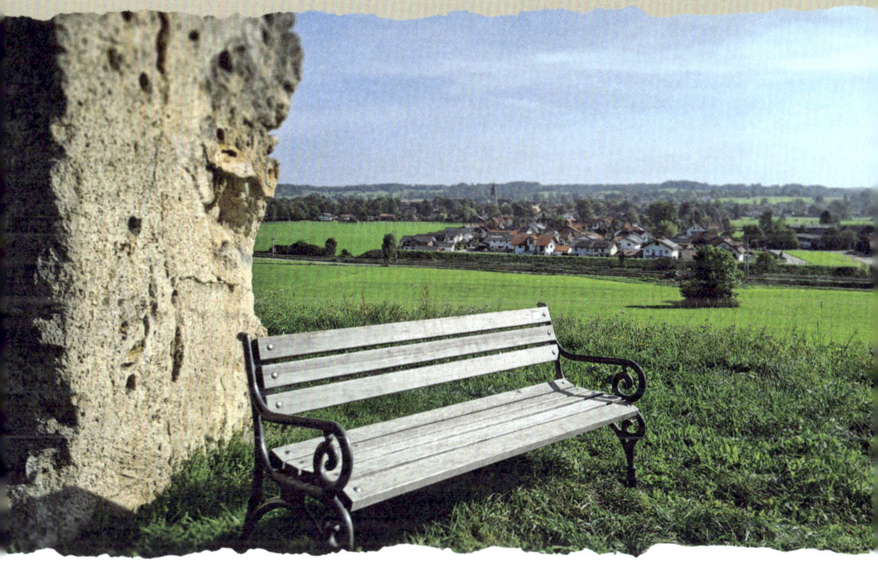

Kleine Anhöhe, herrlicher Blick: der Ammerberg bei Polling

Inzwischen sind wir der ausladenden ▸ *Bahnhofstraßen-Allee bis zum Bahnübergang* gefolgt und erreichen damit auf ▸ *westlicher Seite* einen großen Parkplatz. Hier gilt es eine wichtige Entscheidung zu treffen: Die Säulenhalle „STOA169" liegt nur 20 Minuten Fußweg von hier entfernt. Möchte man sie in die Runde integrieren, kommen aber mindestens 40 Minuten Fußmarsch hinzu, denn entweder geht man von dort den gleichen Weg wieder zum Parkplatz am Bahnübergang zurück oder man marschiert etwa eine Viertelstunde an der Ammer weiter nach Süden. Dann muss man jedoch fast einen Kilometer ohne Gehweg erst auf der B 472 und dann auf der Huglfinger Straße bewältigen, bis man wieder auf den Doktor-Faustus-Weg stößt.

Sehenswert ist die „STOA169" auf alle Fälle. Inspiriert von hinduistischen Tempeln und altgriechischen Wandelhallen hat sie der Künstler Bernd Zimmer initiiert und versteht sie als ein Zeichen für Frieden und Diversität unter einem Dach. Mitten auf grüner Wiese steht seit 2020 diese Halle mit ihren 121 fast vier Meter hohen Säulen, die von über 150 Künstlern aus 60 Ländern geschaffen wurden. An den Wochenenden werden Führungen angeboten. Mit dem Auto ist die „STOA169" nur mit Ausnahmegenehmigung zu erreichen.

Wer stattdessen lieber weiter auf literarischen Spuren wandeln will, biegt deshalb vom ▸ *Bahnübergang nach links auf den Feldweg*

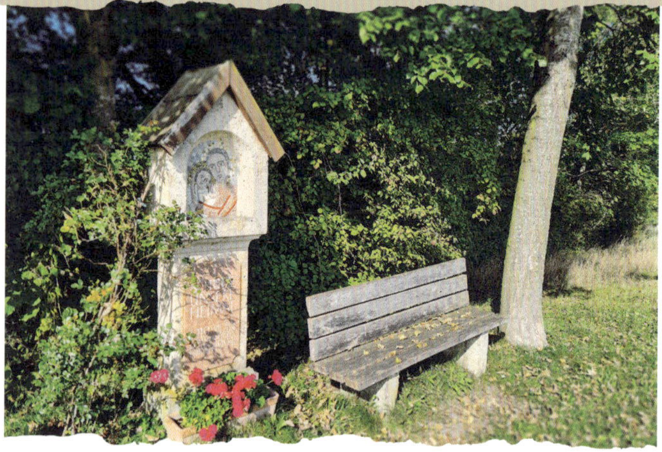

Schenkt einen Platz zum Ausruhen und Innehalten: der Bildstock mit Bankerl am südlichen Ende des Ammerbergs.

neben den Gleisen ab. Rund 300 Meter geht es hier nach Süden, bis uns ein ▸ *Wegweiser einen Wiesenpfad nach rechts* etwa 20 Höhenmeter hinauf auf den ▸ *Ammerberg* bringt, den sich Bergsicht-Begeisterte nicht entgehen lassen sollten. Zum einen hat der mehrfach ausgezeichnete Münchner Künstler Nikolaus Gerhart hier mit seiner Skulptur „Tuffschub" Pollings geologischen Wurzeln ein Denkmal gesetzt und zum anderen hat man bei klarer Sicht einen Rundumblick und kann von der Benediktenwand bis hinüber zu den Allgäuer Bergen sehen. Eine Bank steht bereit, um diese Genussschau in vollen Zügen auszukosten – und auch den lyrischen „Spaziergang" von Friedrich Hölderlin **Gedicht S. 32**.

Von hier aus geht es etwa zehn Minuten zwischen Wald und Weiden ▸ *nach Süden auf die Ammerbergstraße*. Dieser folgen wir ▸ *links hinunter bis zur Huglfinger Straße*, die wir, wie auch die Bahngleise, ▸ *überqueren*, um ▸ *linkerhand zum Streicherweiher* zu kommen. Der winzige See wurde in Thomas Manns Roman übrigens zum „Klammerweiher", welcher wiederum seine Entsprechung im gleichnamigen, inzwischen fast verlandeten Weiher findet, der in Bad Tölz nahe der dortigen Mann-Villa gelegen ist. ▸ *Auf nördlicher Seite* geht es gut beschildert vorbei, dann ▸ *rechts herum in den Wald* hinein. Der Wegweiser empfiehlt uns den ▸ *nach oben strebenden Trampelpfad*, dem wir weiter folgen, bis er verbreitert als ▸ *Forstweg auf eine Straße* stößt, die uns ▸ *links zurück nach Polling* bringt. Zuvor führt noch ein kleiner Waldweg zu einer 1946 in Tuffstein gefassten Quelle mit Marienfigur und Bittgebet, vor der sich unter schattigen Bäumen ein erfrischender Rastplatz anbietet – und die Gelegenheit, die witzige Geschichte vom „genialen Schneider Zumbach“ zu lesen **Geschichte S. 29**.

Unser Rundweg führt auf der ▸ *Straße „Am Schafbichl“ wieder nach Norden*, bis er der Beschilderung entsprechend nach ▸ *rechts auf einen Feldweg* biegt, um wenig später erneut ▸ *links nach Norden* zu wechseln. Etwa fünf Minuten geht es ▸ *rechts auf dem Gehweg der Huglfinger Straße weiter*, über eine Brücke mit Marienfigur, hinter der bereits der Maibaum und das Kloster aufragen. Auf dem ▸ *Fußgängerweg neben dem Tiefenbach* erreichen wir den Torbogen zur Klostereinfahrt und verweilen noch kurz beim ehemaligen Schandstein, auf dem sich bis ins Jahr 1803 so manch Sünder dem Spott der anderen preisgeben musste. Für uns aber geht es glücklicherweise ungeschoren wieder ▸ *zum Klosterplatz zurück* und damit zu einer außergewöhnlichen Vielzahl an nahe gelegenen Sehenswürdigkeiten und Besonderheiten des kleinen Ortes, die unter den „Tipps“ dieser Tour zusammengefasst sind.

Der geniale Schneider Zumbach

ab 8 Jahren
Frei nach einer jüdischen Geschichte

Ein Mann wollte sich einen neuen Anzug fertigen lassen und so ging er zu Zumbach, dem Schneider. Nach einigen Wochen war der Termin der Anprobe gekommen und der Mann stand neu eingekleidet vor dem Spiegel. Dabei bemerkte er, dass der rechte Ärmel ein bisschen zu kurz war.

„Ich glaube, dass der Ärmel nicht lang genug geschnitten ist“, sagte da der Mann. „Du musst ihn etwas nacharbeiten.“

„Nein, das kann gar nicht sein“, erwiderte der Schneider. „Das liegt an deinem Arm. Du musst ihn nur etwas hochziehen und schon passt der Ärmel wunderbar.“

Der Mann war irritiert, tat aber wie ihm geheißen. Doch jetzt saß der Kragen des Jacketts nicht mehr richtig.

„Schau dir das an“, sagte er mürrisch zu Zumbach, „nun ist der Abstand zwischen meinem Hals und dem Jackett viel zu groß!“

Der Schneider schüttelte den Kopf: „Ach wo, das Jackett ist bestens. Du musst nur die linke Schulter etwas höher tragen. Jawoll!“

Pollinger Doktor-Faustus-Weg

1:15 h Gehzeit – 4,9 km Länge – 31 hm

Ausgangspunkt in 82398 Polling:

Kirchplatz vor dem Kloster Polling

Weg:

Gehwege, Straßen, Feldwege, Wald- und Wiesenpfade; überwiegend sonnig, zu jeder Jahreszeit zu empfehlen, nur bei hohem Schnee schwierig zu gehen. Durchgängig beschildert mit „Doktor-Faustus-Weg".

Besonderheiten:

- Historisch-literarischer Doktor-Faustus-Rundweg
- Kloster Heilig Kreuz
- Stiftskirche St. Salvator
- Karl-Borromäus-Kapelle
- Alte Gutshöfe
- Schmucke Gärten
- Aussichtsplatz mit Skulptur und Rundumsicht
- Lichter Mischwald
- Rastplatz mit Quelle

Einkehr:

- Eisautomat www.pollinger-eismanufaktur.de
- Klosterwirt Polling www.klosterwirtpolling.de
- Restaurant Alte Ziegelei www.alteziegeleipolling.de
- Gastronomie Polling

Zuganfahrt:

Mit dem Zug nach Weilheim, zum Beispiel mit Bus 9601 Richtung Murnau, Ausstieg Polling Hofmarkstraße, kurzer Fußweg zum Kirchplatz.

Variationen:

Verkürzen kann man die Runde durch Umkehren oder indem man bei der Bahnhofstraße nicht nach Westen, sondern nach Süden zur Ortsmitte abbiegt. Verlängern kann man sie mit einem Abstecher zur Säulenhalle „STOA 169".

Tipps:

- Künstler-Säulenhalle „STOA169" www.stoa169.com
- Museum für Kunst und Kultur www.museumpolling.de
- Konzerte im Pollinger Bibliotheksaal www.bibliotheksaal.de
- Oldtimer-Zentrum und alte Ziegelei www.hk-engineering.com
- Fischverkauf & Angeln www.forellenhof-polling.de

Tourist-Info:

Kirchplatz 11
82398 Polling
Tel.: 0881-93900
E-Mail: gemeindeverwaltung@polling.de
www.polling.de

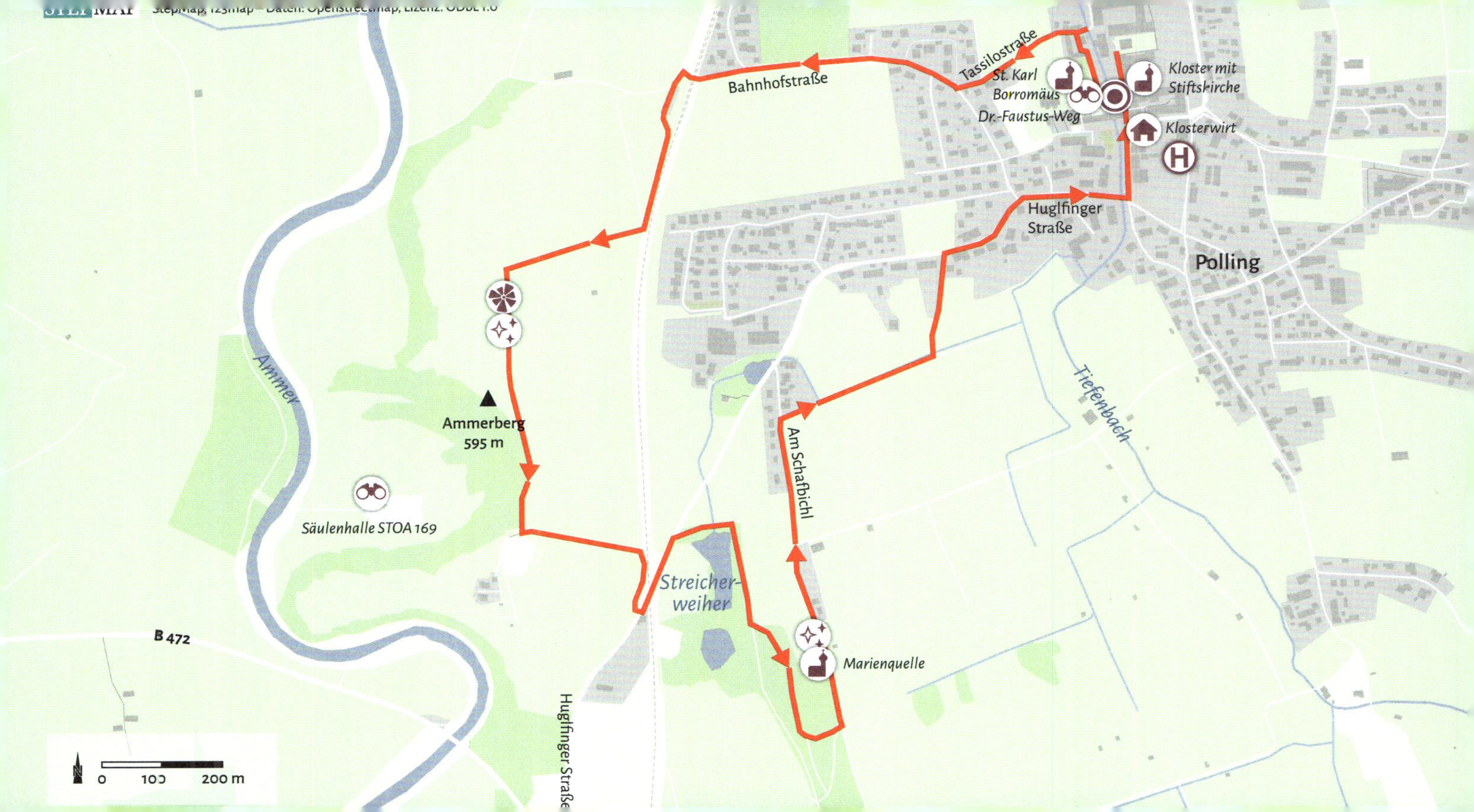

Polling
Kloster mit Stiftskirche
Klosterwirt
St. Karl Borromäus
Dr.-Faustus-Weg
Tassilostraße
Bahnhofstraße
Huglfinger Straße
Tiefenbach
Am Schafbichl
Marienquelle
Streicher-weiher
Ammerberg 595 m
Säulenhalle STOA 169
Ammer
B 472
Huglfinger Straße
0 100 200 m

Widerstrebend tat der Mann, wie ihm geheißen wurde, doch nun zog sich der Stoff am Rücken des Jacketts schräg nach oben und war auf der linken Seite zu kurz.

Als er Zumbach darauf hinwies, gab dieser zurück: „Na, na, das liegt einfach an deiner Haltung. Beuge den Kopf ein bisschen, lehne dich nach vorne und schon sitzt der Anzug wie angegossen."

Der Mann ging schließlich aus dem Laden – in einer völlig verkrampften Haltung, aber immerhin der Ansicht, dass er einen perfekt maßgeschneiderten Anzug tragen würde.

Als er in den Bus stieg, begann der Fahrgast neben ihm zu schmunzeln und schließlich zu lachen: „Ich wette, du hast dir diesen Anzug von Zumbach, dem Schneider, fertigen lassen, oder?"

„Woher weißt du das?", fragte unser Freund in seinem neuen Gewand verblüfft.

„Ganz einfach", antwortete daraufhin sein Sitznachbar. „Weil es nur unserem genialen Schneider Zumbach gelingt, für einen Mann, der so einen krummen Körper hat wie du, einen Anzug perfekt anzufertigen."

Der Spaziergang

Ihr Wälder schön an der Seite,
Am grünen Abhang gemalt,
Wo ich umher mich leite,
Durch süße Ruh bezahlt
Für jeden Stachel im Herzen,
Wenn dunkel mir ist der Sinn,
Den Kunst und Sinnen hat Schmerzen
Gekostet von Anbeginn.
Ihr lieblichen Bilder im Tale,
Zum Beispiel Gärten und Baum,
Und dann der Steg, der schmale,
Der Bach zu sehen kaum,
Wie schön aus heiterer Ferne
Glänzt einem das herrliche Bild
Der Landschaft, die ich gerne
Besuch' in Witterung mild.
Die Gottheit freundlich geleitet
Uns erstlich mit Blau,
Hernach mit Wolken bereitet,
Gebildet wölbig und grau,
Mit sengenden Blitzen und Rollen
Des Donners, mit Reiz des Gefilds,
Mit Schönheit, die gequollen
Vom Quell ursprünglichen Bilds.

Friedrich Hölderlin (1770 – 1843)

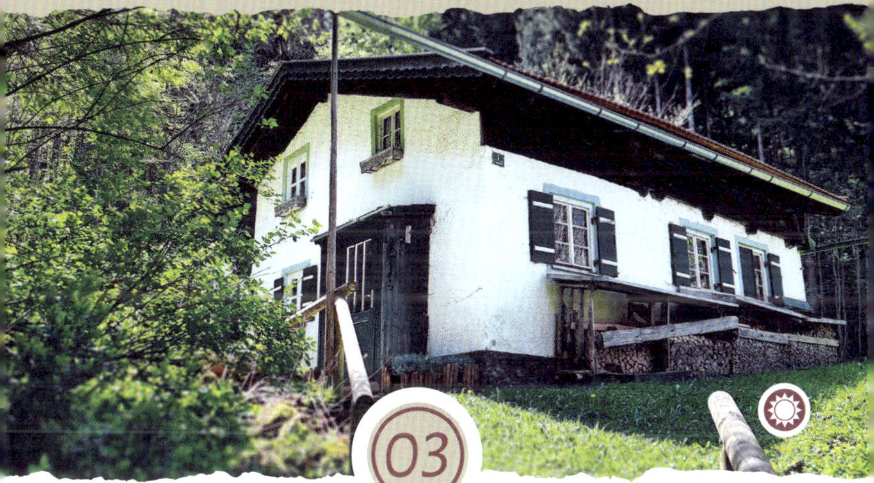

03

Grafenaschauer Glashüttenrundweg

Vom kühlen Blätterdach in die sonnige Weite

1:10 h Gehzeit – 3,9 km Länge – 158 hm

Still und schattig dreht diese Tour eine kleine Runde durch den Bergwald hinter Grafenaschau. Vorbei an einem rauschenden Gebirgsbach und im Frühjahr zwischen üppigen Bärlauch-Feldern hindurch. Ideal für die warme Saison des Jahres, wenn man das dichte Blätter- und Nadeldach besonders zu schätzen weiß. Angesichts der hier herrschenden Ruhe, die nur gelegentlich von fröhlichem Vogelgezwitscher unterbrochen wird, kann man sich kaum vorstellen, dass es an diesem Ort einst laut und ruppig zuging. Schließlich stand im sogenannten Fuchsloch vor rund 250 Jahren eine Glashütte mit insgesamt etwa hundert Arbeitern, deren Produkte weitum vertrieben wurden. Ein guter Grund für die Gemeinde, die Vergangenheit von Grafenaschau auf einem interessant angelegten Rundweg lebendig werden zu lassen.

Dieser spannende Spaziergang gehört zu den gut ausgeschilderten Touren in diesem Buch und startet am ▸ *Parkplatz Hansltrad*, dessen Name schon die historischen Bezüge vermuten lässt. Von hier aus könnte man freilich gleich zur 1. Infotafel des Glashüttenrund-

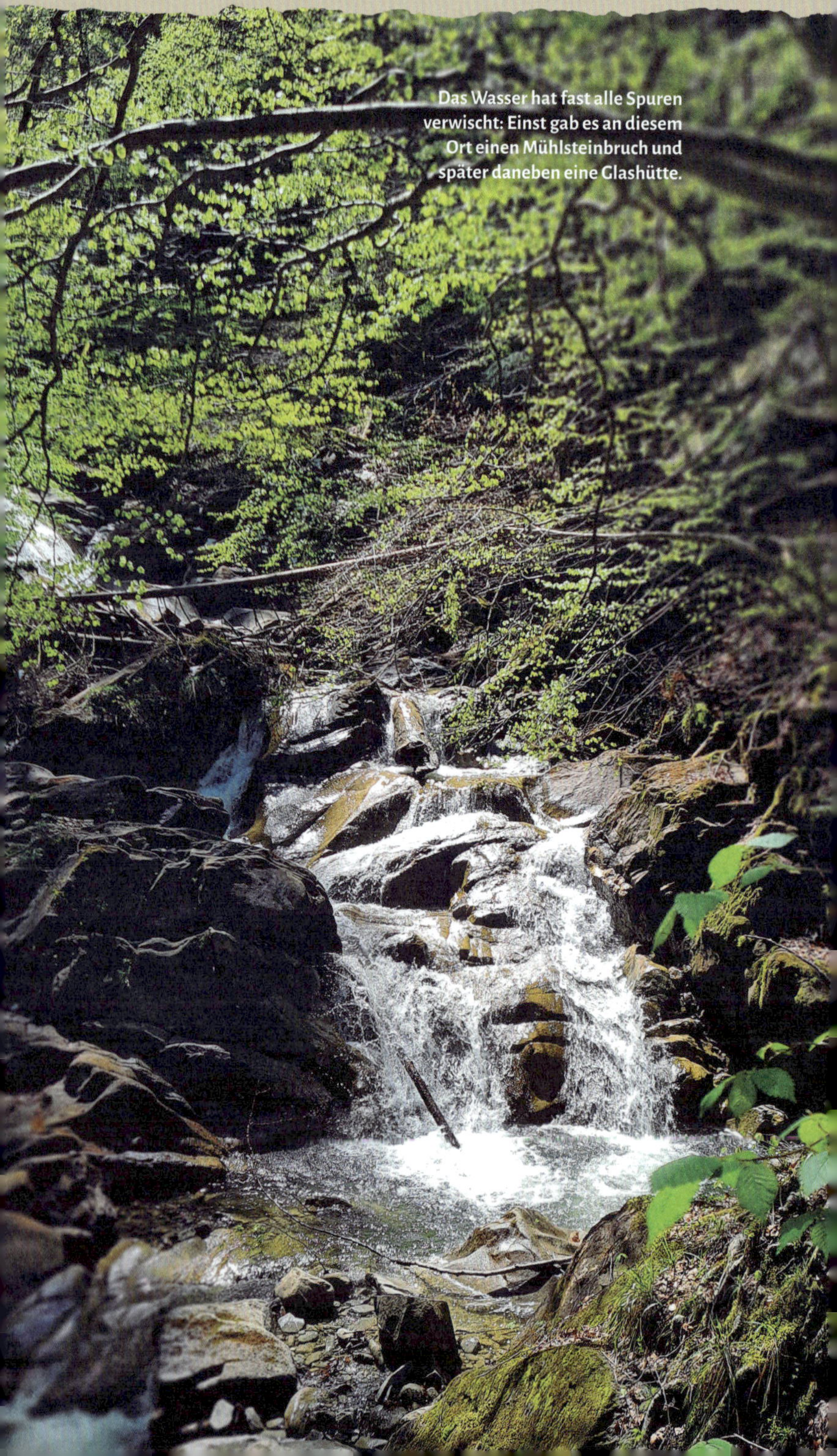

Das Wasser hat fast alle Spuren verwischt: Einst gab es an diesem Ort einen Mühlsteinbruch und später daneben eine Glashütte.

wegs bei der Kirche St. Wolfgang gehen und dort beginnen. Ich hebe mir diese erste Station jedoch gerne für den Schluss auf, weil das aussichtsreiche Café Habersetzer direkt gegenüberliegt und für mich in diesem sonnigen Winkel des Oberlands ein absolutes Muss ist.

Wir lenken unsere Schritte deshalb kurz ▸ *nach Osten zurück zur Birkenallee* und folgen dem ▸ *Glashüttenrundweg dort leicht ansteigend nach Westen*. Die Infotafel Nr. 2 weiß Kurioses über menschliche Großherzigkeit und Kleinmütigkeit zu berichten, denn sie erzählt davon, dass die hier schnurgerade verlaufende Baumreihe um 1860 ursprünglich aus Kirschbäumen bestand, an deren Früchte sich nicht nur der Graf, sondern auch die Kinder des Ortes erfreuten. Im Laufe der Jahre taten sich jedoch mehr und mehr Aschauer an den Kirschen gütlich, was der späteren Besitzerin Pauline von Stumm ein Dorn im Auge war, sodass sie die Kirschbäume 1934 kurzerhand durch Birken ersetzen ließ.

Auf unserem weiteren, ▸ *bestens beschilderten Weg* kommen wir am ehemaligen Verwaltungsgebäude der Glashütte vorbei und gelangen schließlich zum früheren Gesellenhaus. Mehr und mehr entblättert sich vor uns die unglaubliche Leistungsstärke des stillgelegten Betriebs, dessen außergewöhnliche Erzeugnisse sogar bis nach Russland gelangten.

Am Ende der Birkenallee mitsamt ihren vielfältigen Einblicken stoßen wir auf die

Für rund hundert Arbeiter war in diesem Haus die Verwaltung der Glashütte zuständig.

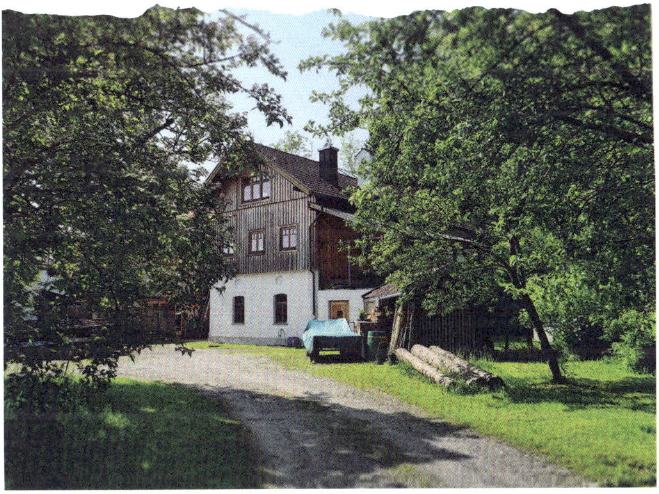

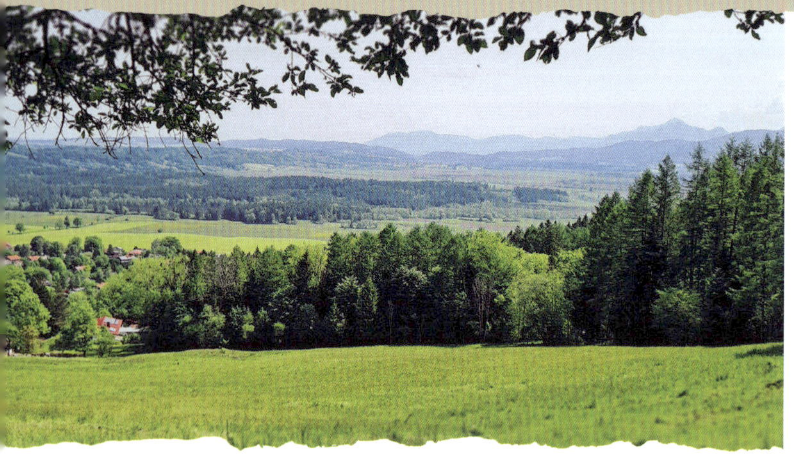

Aus dem Grün des Bergwaldes heraus eröffnet sich ein weiter Blick übers Murnauer Moos.

▸ *Straße „Am Reutle“*, die uns linkerhand über den Grafenweg zum einstigen Schloss Grafenaschau führen würde, bei dem es sich ursprünglich um das Wohn- und Wirtschaftsgebäude der Hohenleitners, der langjährigen Betreiber der Glashütte, handelte. 1851 wurde es an Fürst Otto von Quadt zu Wykradt und Isny verkauft, der es mit einem „unteren Jagdhaus“ und einem Turm erweiterte, sodass es fortan als Schloss bezeichnet wurde. Inzwischen hat das Anwesen verschiedene Eigentümer erlebt, wurde wiederholt baulich verändert – zum Beispiel um das Jahr 1910 von Emanuel von Seidl – und weiterverkauft. Für die Öffentlichkeit ist es nicht mehr zugänglich.

Wir biegen deshalb an der Straße „Am Reutle“ ▸ *nach rechts ab*, kommen an einem Parkplatz samt Übersichtstafel des Glashüttenrundwegs vorbei und nehmen dann den ▸ *linken Abzweiger hinauf in den Bergwald*. Der Forstweg führt uns alsbald zu den beeindruckenden ▸ *Kaskaden des Lahnegrabens*, neben dem uns das Wasserwirtschaftsamt Weilheim, wie wir aus gegebenem Anlass noch sehen werden, über Hochwasserschutz informiert. Angesichts der enormen Breite der Wildbachanlage kann man sich vorstellen, welche Wassermassen sich hier bei Schneeschmelze oder massiven Regenfällen den Hang hinunterwälzen.

Wenige Minuten nach der Brücke erreichen wir eine weitere kleine ▸ *Infotafel-Insel*. Diesmal stammt sie von den Bayerischen Staatsforsten, die auf 3.300 Quadratmetern unter dem Motto „Der

Wald blüht auf" ein besonderes Reich für Insekten geschaffen haben. Zusammen mit dem Imkerverein Murnau und dem Amt für Ernährung, Landwirtschaft und Forsten Weilheim entstanden artenreiche Blumenwiesen mit insektenfreundlichen Sträuchern und Wildobstbäumen. Ein Holzpavillon gibt auf anschauliche Weise Einblick in das Leben der Bienen und ihrer Artgenossen. Über all dem wacht das Hörnle, ein markanter, mehrgipfliger Bergrücken mit dem weithin sichtbaren Rißgraben, einem der derzeit aktivsten Felsabbrüche in Bayern.

Von hier aus macht der Glashüttenrundweg einen weiten Bogen gegen den Uhrzeigersinn, es geht also ▸ *nach links auf dem Forstweg* weiter, bis wir uns erneut ▸ *nach links beschildert in Richtung Lahnegraben und Fuchsloch* bewegen. Die kleine Kapelle direkt neben dem Gebirgsbach markiert in etwa die Stelle der zweiten Glashütten-Ansiedlung, die einst zehn Häuser für hundert Männer umfasste und samt der dort befindlichen kleinen Kirche beim Hochwasser 1785 zerstört wurde. Nur noch deren farbige Fenster sind erhalten geblieben und haben in dem neuen Gotteshaus wieder einen Platz gefunden – ein hübscher Ort für eine kleine Pause und die zum Schmunzeln einladende Geschichte über den „Schatz des Wissens" **Geschichte S. 39**.

Zum allerersten Standort der Glashütte von 1731 kann man einen etwa halbstündigen Abstecher machen, indem man den Forstweg gut 500 Meter weiter nach oben geht, eine Brücke überquert und auf einem schmaler werdenden Kiesweg linkerhand zu einem gekennzeichneten wilden Graben mit Wasserfall kommt. Den einstigen Mühlsteinbruch kann man jedoch nur noch erahnen, weil die Mauerreste über die Jahrhunderte völlig zugewachsen sind und die Kraft des herabströmenden Wassers fast alle Spuren abgeschliffen hat.

Folgt man indes gleich dem Glashüttenrundweg weiter, führt von der Fuchslochkapelle aus ▸ *auf linker Seite ein schmaler Pfad* wieder in den Wald hinein und stetig bergan. Die Infotafel Nr. 8 beschreibt den Aufbau der Glashütten-Siedlung hier oben anhand des letzten, noch verbliebenen Hauses, das hinter den Büschen und Bäumen weiß hervorleuchtet. Der Weg schwingt sich noch einige Minuten weiter hinauf, an einem Aussichtsplatz Richtung Peißenberg, an einem Gedenkstein und schließlich an einer dicken Buche vorbei, die davon berichtet, dass sie früher zu den beliebten Neu-

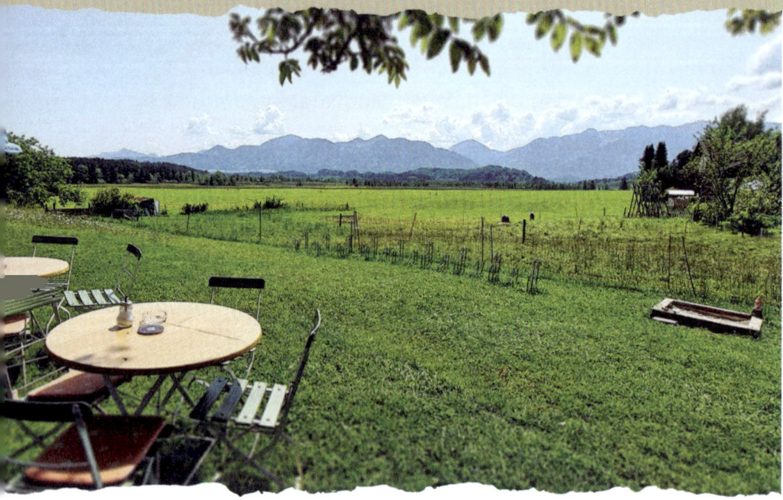

Im Café Habersetzer lässt sich die kleine Runde trefflich ausklingen.

pflanzungen gehörte, weil ihr Hartholz dreimal so ergiebig für die Herstellung von Pottasche ist wie Fichtenholz.

Zwischen Teppichen aus Bärlauch geht es munter dahin, bis sich links von uns der Blick über eine Weide hinweg zum Murnauer Moos und auf die Bergkette öffnet. Ein ▸ *Holzpavillon* empfängt uns und lädt uns zu einer Rast mit herrlicher Aussicht ein, in der kalten Jahreszeit ohne Blattwerk auch mit Sicht auf das ehemalige Schloss. Wer mag, kann hier oben auch ein bisserl über das Lebensglück sinnieren und sich dabei gerne vom Gedicht von Clemens Brentano inspirieren lassen **Gedicht S. 42**.

Für die weitere Route wählen wir den ▸ *alten Ziehweg*, der sich nun relativ steil ▸ *nach Osten* hinunterneigt. Auf ihm hat man früher die Baumstämme mit Hornschlitten ins Tal befördert und bis heute wird er mit schwerem Gerät zum Holztransport befahren. Nach langen Regenfällen kann der Weg deshalb von tiefen, matschigen Spurrillen durchzogen sein. Dieser sogenannte Grafenweg hatte in höheren Abschnitten ein Gefälle von bis zu 30 Prozent und war äußerst primitiv angelegt, sodass er 1924 durch eine Bremsbergbahn ersetzt wurde, die jedoch wegen der hohen Reparaturanfälligkeit der Holzkonstruktionen bereits nach neun Jahren wieder außer Betrieb gesetzt wurde.

Wir indes schlendern weiter an gurgelnden Bergbächen entlang ins Tal, vorbei an den nächsten Infotafeln, die vom alten Holzlagerplatz und vom Sägewerk erzählen, bis wir wieder am ▸ *Hansl-*

trad und damit am Parkplatz angekommen sind. Von hier aus lohnt sich unbedingt noch die kleine Ergänzung ▸ *über die Aschauer Straße zur Kirche St. Wolfgang*, der Anfangsstation des Glashüttenrundwegs. Wer das Glück hat, dass die Kirche geöffnet ist, sollte sich dort den farbigen Glaslüster nicht entgehen lassen, der natürlich aus der ehemaligen Glashütte stammt. Den Stiftungsanlass der Kirche, die irgendwann zwischen 1545 und 1580 errichtet wurde, stellt ein volkstümlich gemaltes Votivbild dar: Im Jahr 1517 hatte sich der damals vierjährige Heinrich Michael Hohenleitner auf dem Heimweg im Wald verlaufen und war tagelang nicht zu finden. Wie durch ein Wunder entdeckte man schließlich den unverletzten Jungen, der offenbar von einem kinderfreundlichen, jungen Bären beschützt worden war.

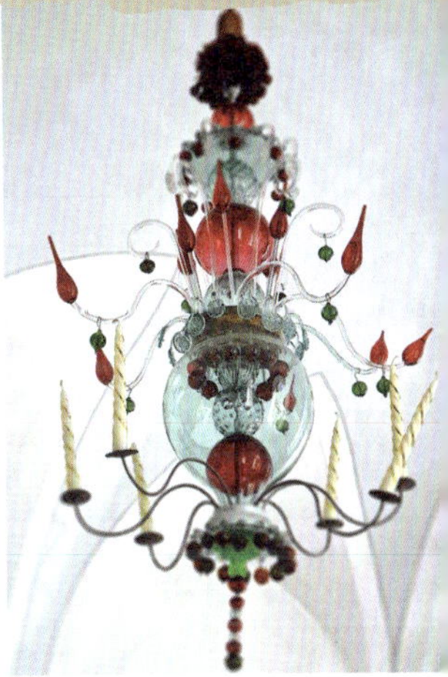

Ein ganz besonderer Leuchter findet sich im St. Wolfgangskircherl: ein Zeugnis der hohen Glasbläserkunst aus Aschau.

Und wer nach dieser berührenden Geschichte jetzt einen Bärenhunger verspürt, der ist im schräg gegenüberliegenden Café Habersetzer genau an der richtigen Adresse – und noch ein Tipp: Dessen Sahnetorten sind einfach bärenstark!

Der Schatz des Wissens

ab 6 Jahren
Frei nach einer persischen Geschichte, entdeckt in Nossrat Peseschkians Buch „Der Kaufmann und der Papagei"

Der Handwerker im Dorf hatte ein Problem: Seine wichtigste Maschine war eines Tages kaputt. Er tat, was er konnte, um sie wieder zum Laufen zu bringen. Aber alles, was er auch versuchte, war vergebens. Deshalb rief er einen Fachmann herbei. Der untersuchte die Maschine genau, baute eine Verdeckung an einer Seite ab, prüfte einen Schlauch an der anderen Seite.

Schließlich nahm er einen Hammer in die Hand. Mit nur einem einzigen Schlag, vermochte er, die Maschine wieder in

Grafenaschauer Glashüttenrundweg

1:10 h Gehzeit – 3,9 km Länge – 158 hm

Ausgangspunkt in 82445 Schwaigen:

Parkplatz Hansltrad in Grafenaschau

Weg:

Straßen, Forstwege, Waldpfade; überwiegend schattig, ohne Schnee und in der wärmeren Jahreszeit gut zu gehen, nach langem Regen teilweise matschig. Durchgängig beschildert mit „Glashüttenrundweg".

Besonderheiten:

- Illustrierter Glashüttenrundweg
- Schmucke Gärten
- Bergbäche
- Infotafel-Insel „Der Wald blüht auf"
- Fuchslochkapelle
- Buchenwälder mit Bärlauch
- Aussichtsplatz mit Pavillon
- Kirche St. Wolfgang

Einkehr:

- Café Habersetzer www.cafe-habersetzer.de
- Gastronomie Murnau

Zuganfahrt:

Mit dem Zug nach Grafenaschau (Nord), dann ca. 45 min Fußweg an der Straße bis zum alten Ortskern im Südwesten.

Variationen:

Verkürzen kann man die Runde durch Umkehren.
Verlängern kann man sie mit einer Tour aufs Hörnle (1.548 m) oder über einen der Wege ins Murnauer Moos. Kommt man mit dem Zug, lohnt sich der Weg über das Schweigrohrmoos (Westen) und über den Bohlenweg durchs Moor (Osten).

Tipps:

- Alter Mühlsteinbruch
- Dorfladen Grafenaschau https://dorfladen-grafenaschau.de/de/startseite
- Cafés, Museen, Läden in Murnau

Tourist-Info:

Gäste-Info-Raum
neben dem Dorfladen
Aschauer Straße 13
82445 Grafenaschau
Tel.: 08841-6780505
E-Mail: info@schwaigen.de
www.schwaigen.de

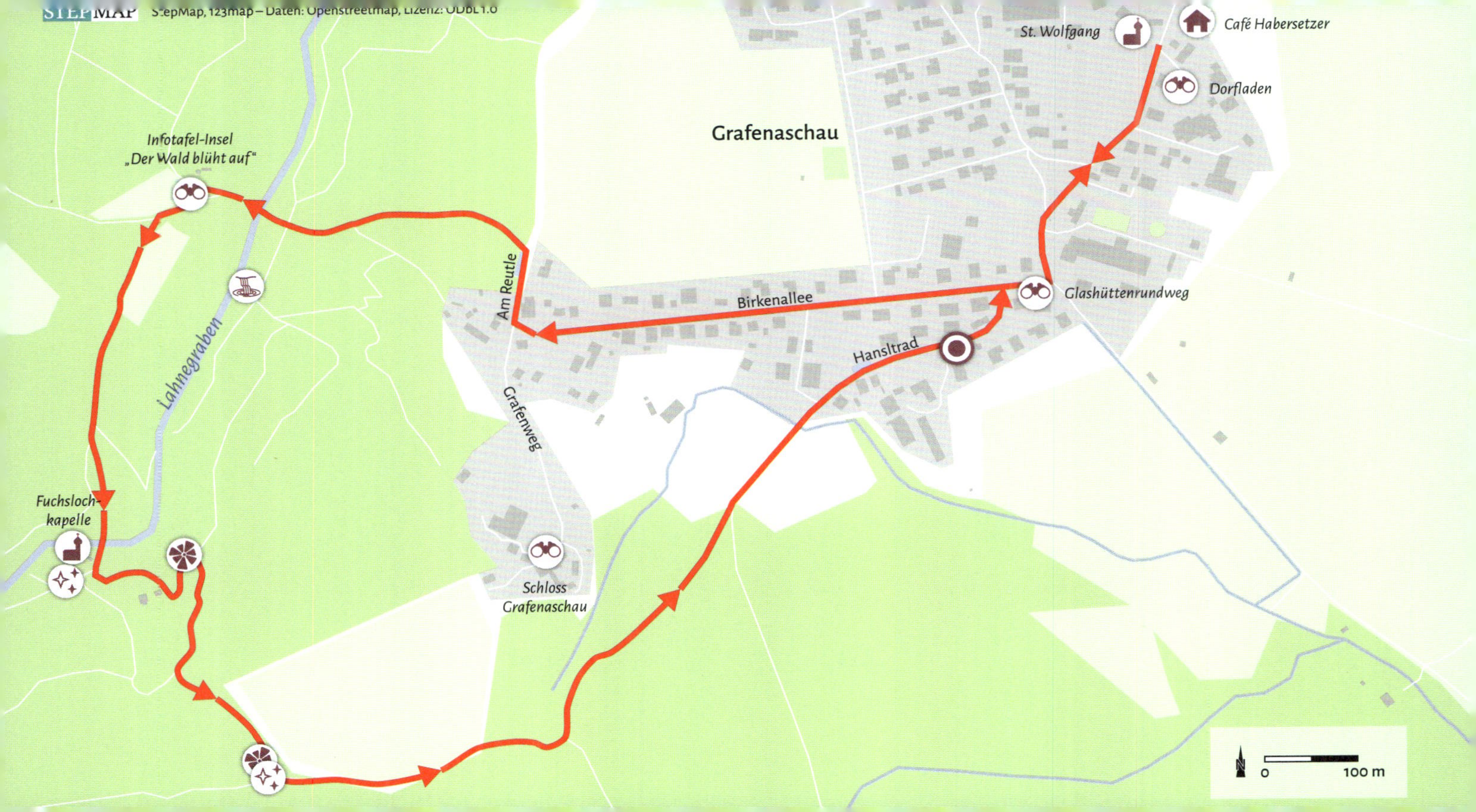
STEPMAP
StepMap, 123map – Daten: Openstreetmap, Lizenz: ODbL 1.0
Café Habersetzer
St. Wolfgang
Dorfladen
Grafenaschau
Infotafel-Insel
„Der Wald blüht auf“
Am Reutle
Birkenallee
Glashüttenrundweg
Hanslrad
Lahnegraben
Grafenweg
Fuchsloch-
kapelle
Schloss
Grafenaschau
0
100 m

Gang zu setzen. Der Handwerker strahlte – aber nicht lange. Denn der Fachmann stellte ihm 50 Silberstücke in Rechnung.

„Wie kann es sein", rief der Handwerker erbost, „dass du für diesen einen mickrigen Hammerschlag 50 Silberstücke haben möchtest?"

„Mein lieber Freund", antwortete der Fachmann ruhig. „Für den Hammerschlag berechne ich dir nur ein Silberstück. Die anderen 49 Silberstücke sind für mein Wissen, wo ich diesen Schlag genau ansetzen musste, damit deine Maschine wieder läuft."

Glück

Glück ist gar nicht mal so selten,
Glück wird überall beschert,
vieles kann als Glück uns gelten,
was das Leben uns so lehrt.

Glück ist jeder neue Morgen,
Glück ist bunte Blumenpracht,
Glück sind Tage ohne Sorgen,
Glück ist, wenn man fröhlich lacht.

Glück ist Regen, wenn es heiß ist,
Glück ist Sonne nach dem Guss,
Glück ist, wenn ein Kind ein Eis isst,
Glück ist auch ein lieber Gruß.

Glück ist Wärme, wenn es kalt ist,
Glück ist weißer Meeresstrand,
Glück ist Ruhe, die im Wald ist,
Glück ist eines Freundes Hand.

Glück ist eine stille Stunde,
Glück ist auch ein gutes Buch,
Glück ist Spaß in froher Runde,
Glück ist freundlicher Besuch.

Glück ist niemals ortsgebunden,
Glück kennt keine Jahreszeit,
Glück hat immer der gefunden,
der sich seines Lebens freut..

Clemens Brentano (1778 – 1842)

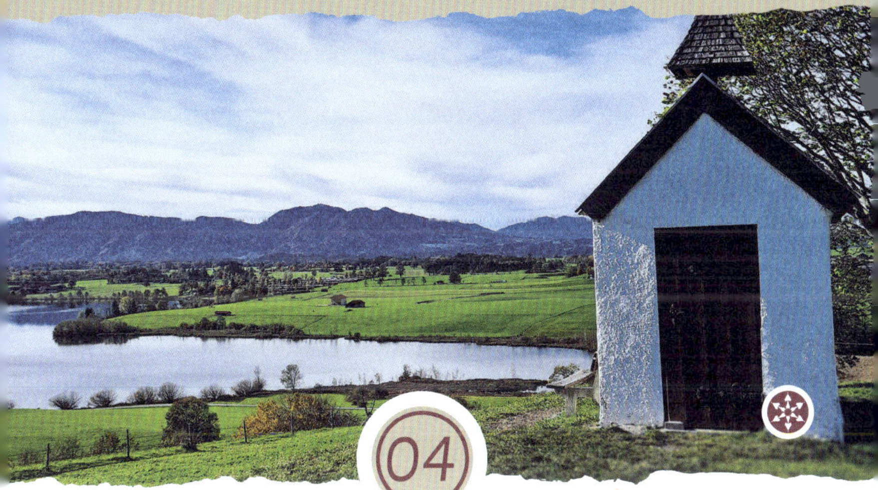

04

Riegseer Kapellenweg

Blaues Land so weit das Auge reicht

1:25 h Gehzeit – 5,3 km Länge – 65 hm

Schon die Kelten hatten sich diesen atemberaubenden Platz im Oberland als Kultstätte erwählt und auch die Römer hinterließen rund um Murnau ihre Spuren. Bis heute zieht die weitläufige Moor- und Wiesenlandschaft Einheimische und Besucher gleichermaßen in ihren Bann. Von dem weiten Blick bis hin zur Zugspitze, von den leuchtend blauen Seen und den sanft geschwungenen Hügeln, die die moorigen Sumpfgebiete umrahmen, kann man einfach nicht genug bekommen. So drehen auch wir sonnenhungrig unsere Runde im „Blauen Land", am Ostufer des Riegsees entlang mit einem kleinen Schlenker zur Mesnerhauskapelle, deren Aussicht nicht schöner sein könnte.

Wenn ein ▸ *Parkplatz am Haus des Gastes* frei ist, dann empfiehlt es sich, direkt hier zu starten. Wir spazieren die ▸ *Dorfstraße nach Süden*, bis uns die katholische ▸ *Pfarrkirche St. Stephanus* in Empfang nimmt. Ein Besuch ist für Freunde der Kirchengeschichte und der Reliquienverehrung in jedem Fall lohnenswert. Der Turm dürfte in seiner Urfassung vor mindestens 800 Jahren erbaut worden sein, wäh

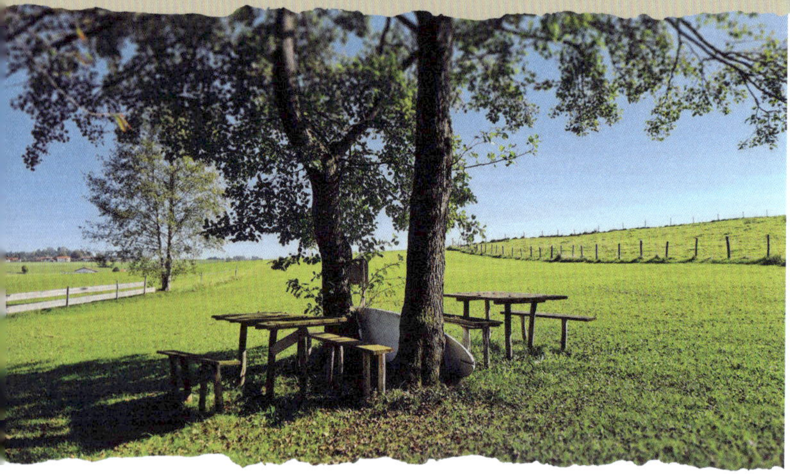

Hübsche Plätzchen gibt es am Riegsee allerorten – manche sind öffentlich, manche privat.

rend die Kirche im 15. Jahrhundert errichtet und ab 1722 barockisiert wurde. Vorne rechts neben dem Altar findet sich die kostbar ausgestattete Ganzkörperreliquie des heiligen Generosus. Es heißt, dass sie 1749 von einem Riegseer aus der Calixtus-Katakombe in Rom geborgen und in das oberbayerische Dorf überführt worden sei. Da inzwischen jedoch bekannt ist, dass in den Katakomben Roms auch Menschen aus dem gewöhnlichen Volk ihre letzte Ruhestätte fanden und nicht nur, wie ursprünglich angenommen, Märtyrer, ist nicht mehr zu klären, ob es sich tatsächlich um die Reliquie eines Heiligen handelt – beeindruckend ist sie in ihrem aufwändig in Klosterarbeit hergestellten Schmuck aber allemal.

Mit der weiß verputzten Friedhofsmauer, die aus dem 18. Jahrhundert stammen dürfte, bietet die Dorfkirche einen anmutigen Rahmen für den nun erstmals aufleuchtenden See. Wir biegen von hier aus ▸ *nach rechts* in die entsprechend benannte Seestraße ab. Nach einigen Häuserreihen erreichen wir den ▸ *Campingplatz*, den wir auf dem ▸ *linken Abzweig der Seestraße* durchqueren. Kleine gelbe Schilder in Pfeilform weisen uns den Weg. Bald schon haben wir den letzten Wohnwagen hinter uns gelassen und schlendern nun wenige Meter vom Seeufer entfernt auf einem ▸ *schmalen Weg* weiter, bis wir zu einem kleinen Badeplatz mit Holzbank kommen.

Der Riegsee ist ein wahres Eldorado für alle Wasserfreunde und gehört mit seinen maximal 15 Metern Tiefe zu den wärmsten und saubersten Seen im Oberland. Oftmals wird man Fischer mit ihren

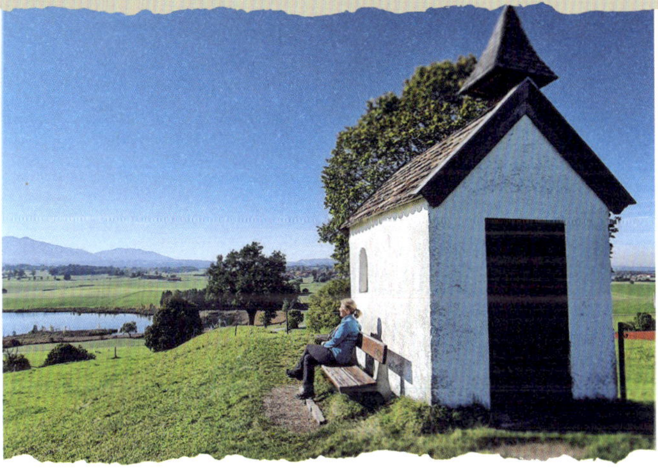

kleinen Booten darauf ausmachen können, denn in diesem Gewässer fühlen sich Renken, Hechte, Barsche oder Aale ausgesprochen wohl, was für reichlich Anglerfreuden sorgt.

Schon vor 4.000 Jahren lebten hier, auf der heutigen Anhöhe der Mesnerhauskapelle die ersten Siedler.

Wichtig zu wissen ist, dass der See und seine Ufer zum großen Teil unter Landschaftsschutz stehen. Insbesondere in der nördlichen Bucht findet sich eine artenreiche Verlandungszone, die Lebensraum für viele seltene Pflanzenarten und bedrohte Tiere ist und Teichrohrsängern, Haubentauchern und Zwergdommeln als Brutgebiet dient. Dieser Bereich darf im Sommer weder betreten, noch mit dem Boot angefahren werden.

Aufpassen muss man vor allem, wenn man eine der vermeintlichen Inseln des Riegsees erkunden möchte. Kleine Niedermoor- und Bruchwaldkomplexe ragen mancherorts als „schwimmende Balkone" weit in die Seefläche hinein. Bei starken Wellen oder Stürmen reißen sie sich manchmal los und treiben dann über den See. Ihr Untergrund ist jedoch wenig stabil und kann jederzeit nachgeben, sodass die Gefahr besteht, in diesem Schwingrasen unterzugehen und zu ertrinken. Hier gilt also absolutes Betretungsverbot!

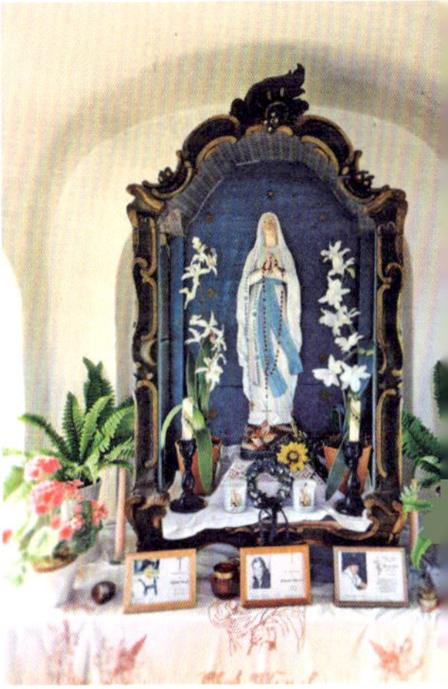

Der Uferpfad, der uns gemächlich ▸ *nach Norden* bringt, schenkt uns jedoch so viele herr-

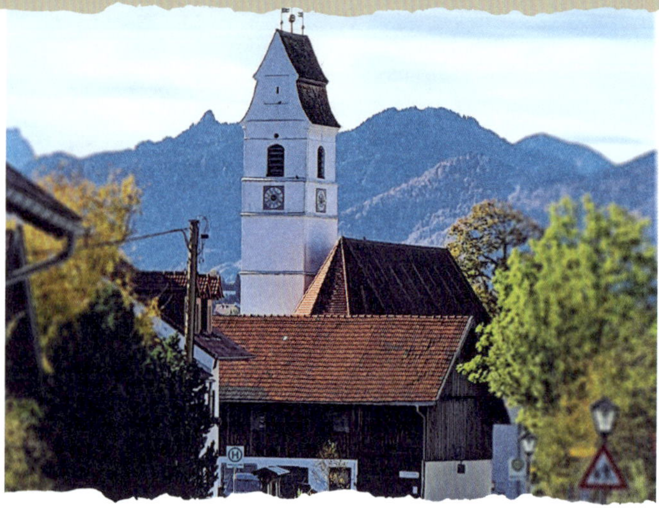

Die altehrwürdige St. Stephanuskirche ist einfach schmuck – außen und innen.

liche Ausblicke auf den See, dass wir uns gerne an diesen Weg halten. Nach dem ▸ *Durchschreiten einer Viehweide*, kommen wir schließlich an dem ▸ *nordöstlichsten Badesteg* an, von dem aus wir den Blick übers Wasser zu den Ammergauer Alpen hin schweifen lassen können.

Für mich hat diese kleine Runde vor allem im Winter ihren größten Reiz. Zum einen muss man sich beim Durchqueren der Weiden keine Sorgen darüber machen, aufgeregten Kühen zu begegnen. Zum anderen schätzt man in dieser Jahreszeit das ausgiebige Sonnenbad, das einen nun erwartet, am allermeisten. Von dem kleinen Wiesengrund aus gehen wir wenige Minuten nach ▸ *rechts Richtung Osten*, bis wir auf einen ▸ *Feldweg* stoßen, der uns wieder ▸ *links nach Norden* weiterführt.

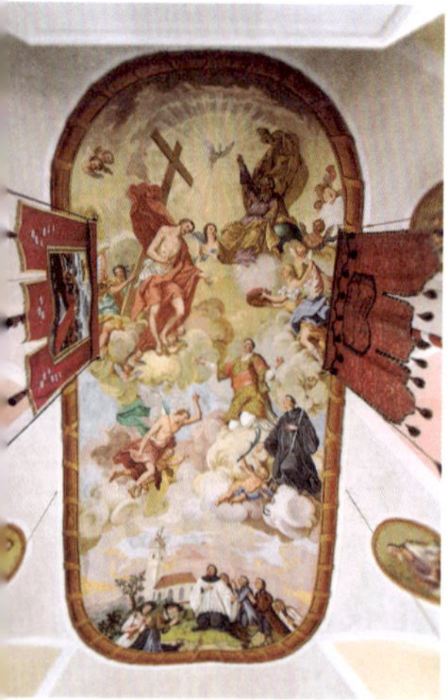

Schon nach einer Viertelstunde erreichen wir die ▸ *Hofheimer Straße* und marschieren auf ihr ▸ *hundert Meter nach rechts*, um dann dem gelben Wegweiser auf der anderen Straßenseite ▸ *hinauf zur „Mesnerhauskapelle“* zu folgen.

Mit jedem Meter, den wir den steilen Anstieg vorankommen, eröffnet sich uns mehr und mehr die traumhaft schöne Voralpenland-

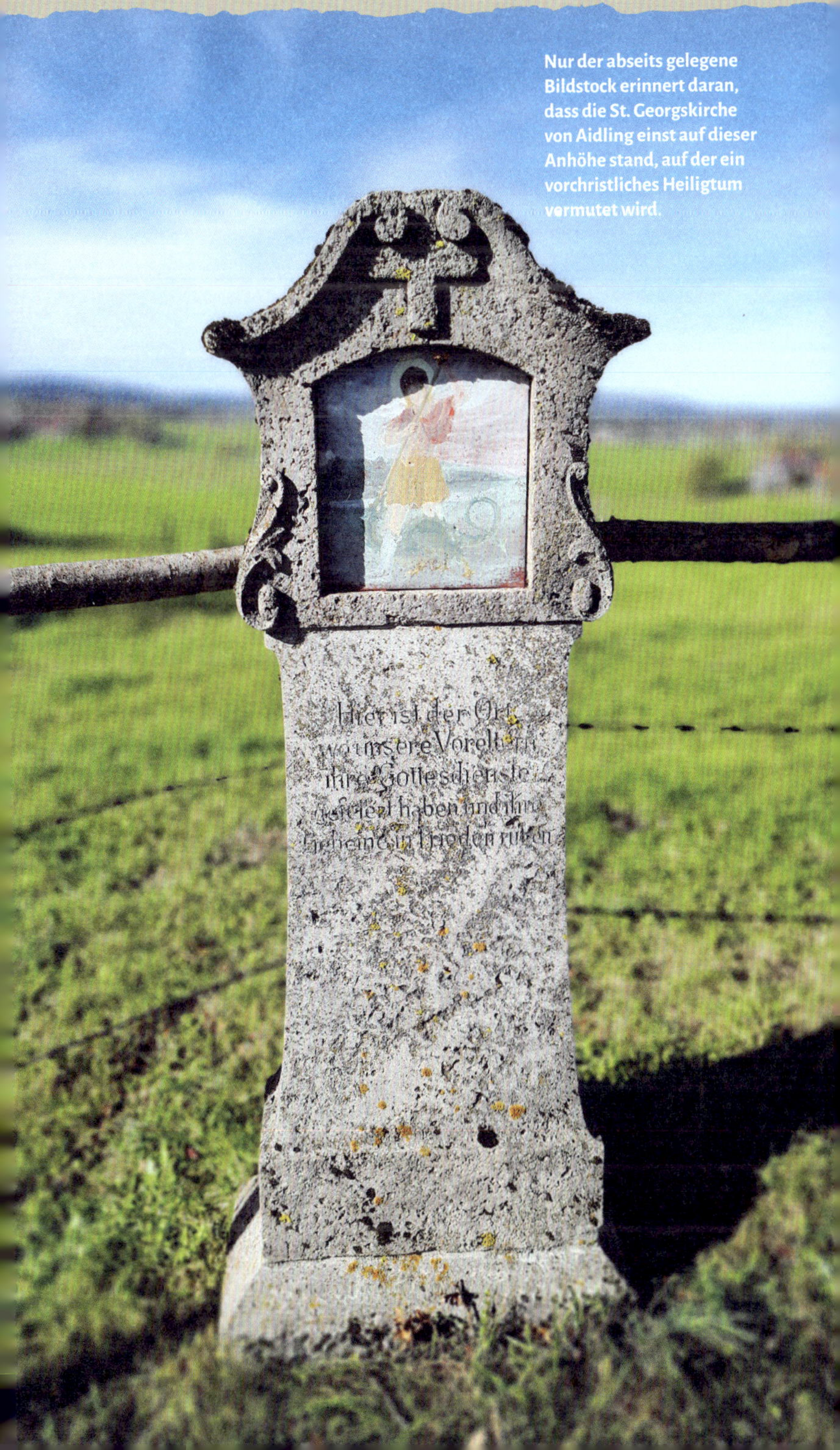

Nur der abseits gelegene Bildstock erinnert daran, dass die St. Georgskirche von Aidling einst auf dieser Anhöhe stand, auf der ein vorchristliches Heiligtum vermutet wird.

schaft, die der Isar-Loisach-Gletscher vor über 10.000 Jahren ausgeformt hat. Bei der kleinen Kapelle auf der Spitze des Hügelkamms erwartet uns schon eine Bank, um die Aussicht in vollen Zügen genießen zu können.

Eine Infotafel des Ammergauer Meditationswegs gibt uns einige Fakten dazu: Zum Beispiel, dass auf dieser Anhöhe bereits vor 4.000 Jahren die ersten Siedler lebten. Der Sage nach soll sich an dieser Stelle ein Heiligtum der Frühlingsgöttin Ostara befunden haben. Dass es hier vor über 2.000 Jahren eine keltische Kultstätte gegeben haben könnte, dafür spricht auch die St. Georgskirche von Aidling samt Friedhof, die ursprünglich nicht weit von der heutigen Mesnerhauskapelle errichtet worden war. Jetzt erinnert nur noch ein kleiner Bildstock in der Nähe an das Gotteshaus, der aber schlecht zugänglich ist. Erst 1749 wurde die Georgskirche an ihren aktuellen Platz in der Dorfmitte Aidlings verlegt.

Kirchen, die dem heiligen Georg geweiht waren, wurden sehr häufig an keltischen oder römischen Opferplätzen errichtet. In der Zeit der Christianisierung versuchte man die alten Kulte zu verdrängen, indem man sie mit zunächst hölzernen und schließlich steinernen Kirchen überbaute. St. Georg und St. Michael als kämpferische Heilige lösten dabei häufig vorchristliche Kriegsgötter ab und erzählen bildhaft von der Überwindung des Heidnischen.

Wer sich im „Blauen Land“ aufmerksam

So prächtig wie das Blaue Land um sie herum: die Murnau-Werdenfelser Rinder.

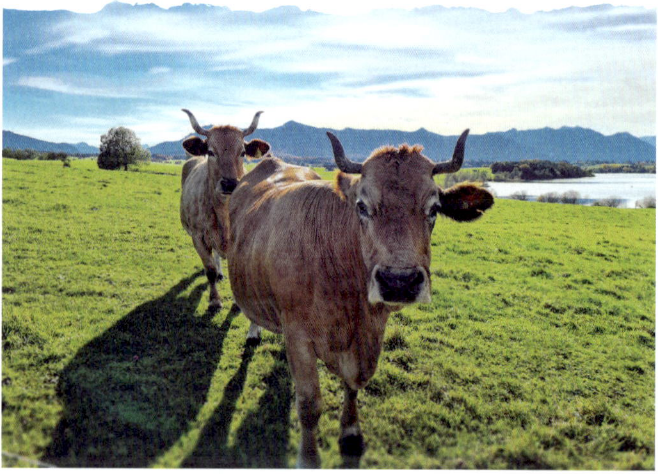

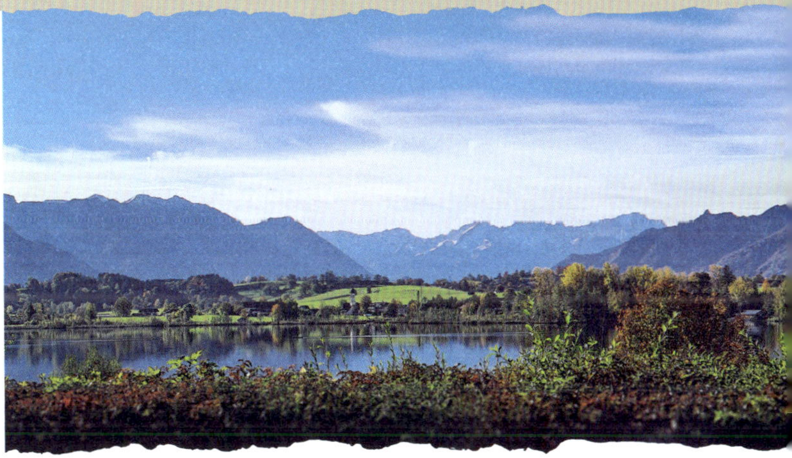

Bei Ausblicken wie diesem geht einem das Herz auf!

umsieht, dem wird nicht entgehen, dass über die kleinen Hügel und Wiesen recht viele winzige Kapellen verteilt sind. Manche markieren ebenfalls einen vorchristlichen Kultplatz, da unseren Vorfahren Hügel als Symbol für den fruchtbaren Leib von Mutter Erde heilig waren. Manch andere erinnern an die alte Tradition der Feld- und Hauskapellen, die den ersten Christen einen Ort für ihre Gebete und Bitten boten, bevor überhaupt größere Kirchen entstanden. Gerade in ländlichen Gebieten wurden diese Kapellen von den in der Nähe gelegenen Höfen weiterhin gepflegt, um auch im Winter oder bei körperlichen Gebrechen ein Gotteshaus besuchen zu können.

Ganz gleich, ob man einen Bezug zu dieser spirituellen Vergangenheit hat oder nicht, die fantastische Sicht von diesem kleinen Kapellenhügel aus wird jeden berühren. Sie reicht von Ost nach West, fast 360 Grad weit. Der Ausblick schillert in allen Facetten vom Moosgrün des Seeufers über das Dunkelblau des Wassers bis hin zum Dunkelgrün der Bergwälder, dem Hellgrau der Berge und dem Blau des Himmels. Und wer mag, kann sich diesen Horizont mit der kleinen Geschichte von der „Weisheit des alten Adlers" noch einmal erweitern ✧ **Geschichte S. 52**.

Über den ▸ *Wiesenweg* kehren wir wieder zur Straße und zu dem ▸ *Feldweg zurück*, den wir hergekommen sind, weiterhin mit ausgiebiger Sonne und Aussicht. Ausgreifende Schritte lassen uns zwischen den Wiesen dahinschreiten und die schier grenzenlose Freiheit genießen. Auf dieser ▸ *Kiesstraße* verbleiben wir, bis wir rund eine halbe Stunde nach dem Start an der Kapelle wieder die

Riegseer Kapellenweg

1:25 h Gehzeit – 5,3 km Länge – 65 hm

Ausgangspunkt in 82418 Riegsee:

Parkplatz am Haus des Gastes, Dorfstraße 43, oder am „Parkplatz für Wanderungen am See" (Google-Eintrag)

Weg:

Wiesenpfade, Feldwege und Straßen; meist sonnig, bei Schneeschmelze an schattigen Stellen vereist. Überwiegend unbeschildert, aber leicht zu finden.

Besonderheiten:

- Kirche St. Stephanus mit Ganzkörperreliquie des heiligen Generosus
- Alte Dorfanwesen von Riegsee
- Wiesenpfad am Seeufer
- Badeplätze im Sommer
- Schlittschuhlaufen im Winter
- Sonnenreiche Wege
- Mesnerhauskapelle
- Panoramablick

Einkehr:

- Seestube Riegsee (beim Campingplatz) www.seestube-riegsee.de
- Gasthof Post in Aidling www.gasthof-post-aidling.de
- Gastronomie Murnau

Zuganfahrt:

Mit dem Zug nach Murnau, Bus 9631 Richtung Huglfing, Ausstieg Gemeinde Riegsee.

Variationen:

Ein Verkürzen der Tour ist möglich, indem man entweder der Runde nur bis zum Badeplatz folgt und dann gleich den Feldweg wieder Richtung Ort nimmt, oder an dem Wanderparkplatz nahe Aidling parkt und von dort aus nur den nördlichen Teil der Runde geht. Verlängern lässt sich der Weg durch die Ergänzung der Runde um den Froschhauser Weiher oder um einen Spaziergang um den gesamten Riegsee.

Tipps:

- Bootsverleih Riegsee Beim Haus Am See 4
- Angelkarten und Infos www.riegsee-angeln.de
- Lederhosen nach Maß www.lederhosen-michi.de
- Hofladen des Alpakahofs Schmid www.alpakahof-riegsee.de
- Hofverkauf Weideochsen-Fleisch www.riegseer-weideochs.de
- Hofladen Bauernhof Bichlbaur www.bichlbaur-riegsee.de

Tourist-Info:

Dorfstraße 35
82418 Riegsee
Tel.: 08841-3985
E-Mail: verwaltung@gemeinde-riegsee.de
www.gemeinde-riegsee.de

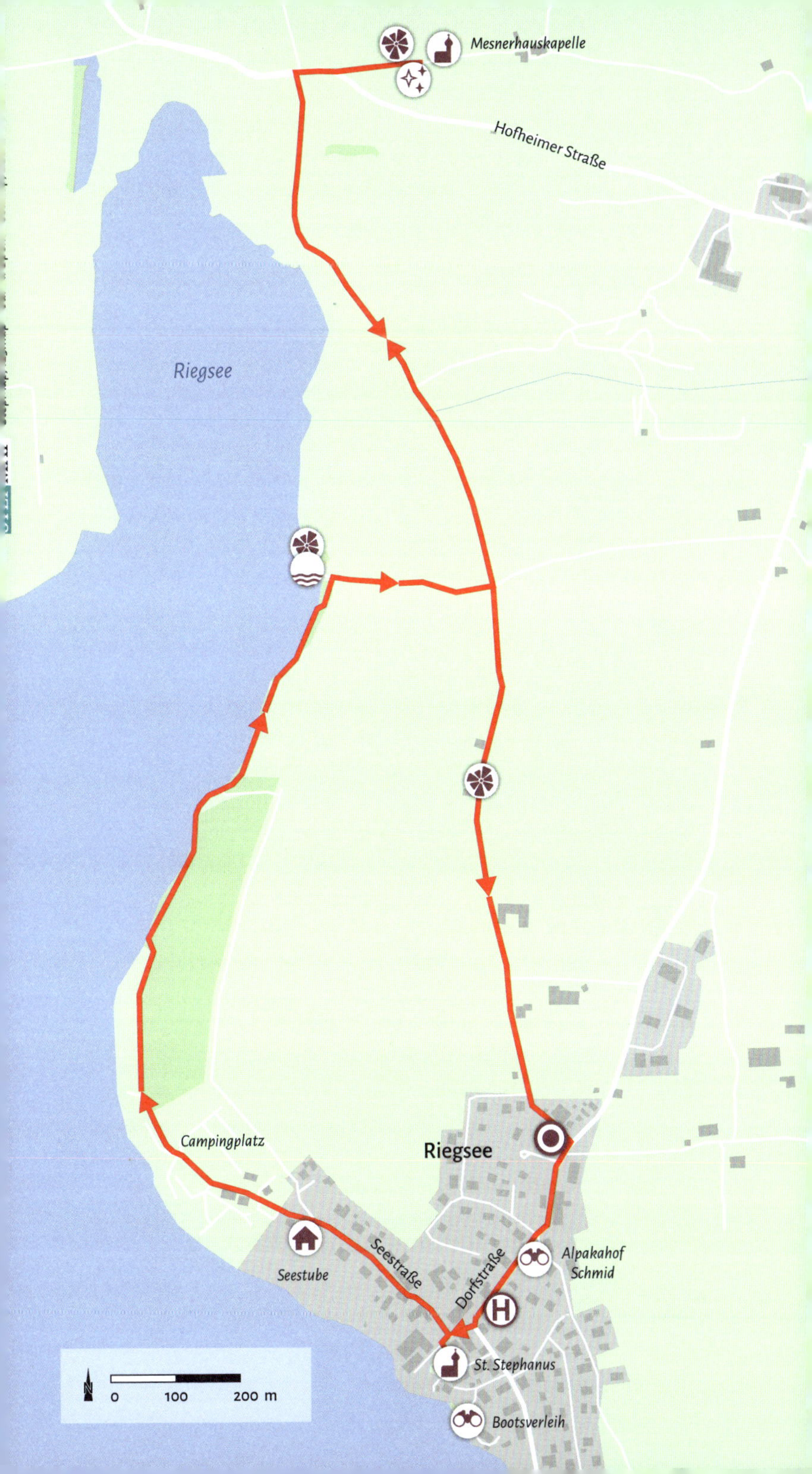
Mesnerhauskapelle
Hofheimer Straße
Riegsee
Campingplatz
Riegsee
Seestube
Seestraße
Dorfstraße
Alpakahof Schmid
St. Stephanus
Bootsverleih
0 100 200 m

▶ *Dorfstraße* in Riegsee und mit ihr zur Rechten das ▶ *Haus des Gastes* erreicht haben. Nun ist noch reichlich Gelegenheit, sich nach einer passenden Einkehr umzusehen oder einem der zahlreichen Hofläden der Gegend einen Besuch abzustatten.

Die Weisheit des alten Adlers

ab 8 Jahren
Frei nach einer Geschichte, gehört bei dem österreichischen Märchenerzähler Helmut Wittmann

Einst lebte ein alter Adler in den Bergen. Er hatte einen Sohn und als es an der Zeit war, diesem sein Wissen über das Leben weiterzugeben, unterwies er ihn in der Kunst des Fliegens, Kreisens und Jagens.

Der junge Greifvogel aber war dabei ganz ungeduldig und sagte: „Jetzt lass mich endlich in die Lüfte aufsteigen, Vater. Alles, was du mir erzählst, das kann ich längst!"

„Nun gut", erwiderte der Alte. „Dann ist es an der Zeit, dass du dir dein Futter selbst beschaffst. Viel Erfolg!"

Der junge Adler breitete seine Schwingen aus und stieg sofort in die Lüfte. Schon sah man ihn am Himmel kreisen und sogleich stürzte er sich in die Tiefe, um seine Beute zu fangen. Doch der erste Versuch misslang – und auch der zweite. Der junge Vogel probierte es ein ums andere Mal …

Als die Sonne langsam am Horizont verblasste, kehrte er erschöpft zu seinem Vater zurück. „Ich verstehe das einfach nicht", schnaufte er. „Keiner fliegt so schnell wie ich! Keiner stößt so blitzartig zu Boden wie ich! Keiner schlägt so hart zu wie ich! Und doch habe ich keine einzige Beute erlegen können." Entmutigt schaute er zu Boden.

Der alte Adler schwieg eine Weile, dann sagte er: „Vielleicht hast du ja das Wichtigste vergessen?"

„Wie?", entgegnete der junge Adler. „Was soll es denn sonst noch geben, was mich zum Erfolg bringen könnte?"

„Nun, das Wichtigste im Leben überhaupt", antwortete der erfahrene Greifvogel bedächtig. „Das Kreisen, mein Sohn, das Kreisen …"

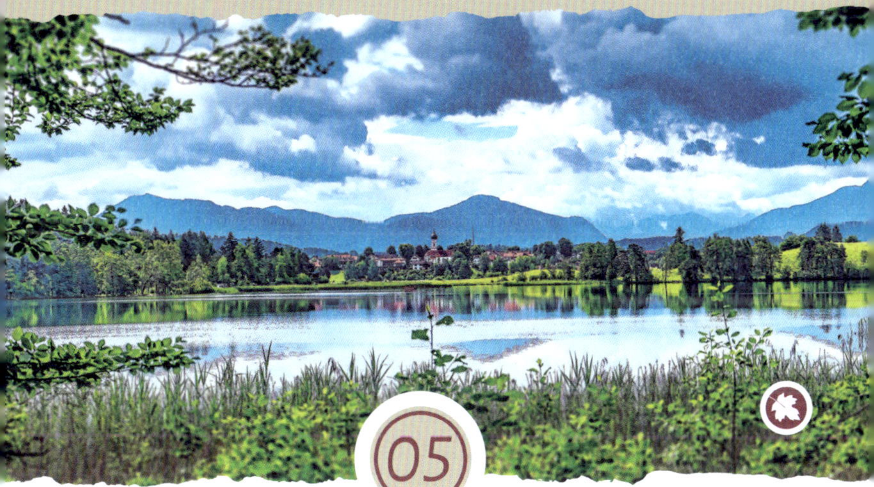

05

Kleine Fohnsee-Runde

Karibik im Kleinformat

1:05 h Gehzeit – 4,4 km Länge – 8 hm

Idyllische Badebuchten, karibikblaues Wasser und ausdrucksvolle Bäume verleihen dieser kleinen Runde um den Fohnsee bei Iffeldorf einen außergewöhnlichen Zauber. Gerade an Bilderbuchwetter-Tagen ist sie hoch frequentiert, versprüht aber in allen Jahreszeiten ihren besonderen Charme, sodass auch Schmuddelwetter-Freunde auf ihre Kosten kommen. Insbesondere an sonnigen Herbsttagen, wenn die Mischwälder an den Osterseen in einen orange-goldenen Farbrausch verfallen und uns eine Brücke nach der anderen in stets neue Welten führt.

Früh dran zu sein, lohnt sich bei diesem hübschen Wegerl allerdings immer. Dann findet sich auf dem ▸ *Parkplatz an der Jägergasse* in Iffeldorf noch ein freier Platz und es kann gleich Richtung Fohnsee losgehen. Wir verlassen den Ort also auf dem breiten ▸ *Kiesweg Richtung Westen*. Links von uns grüßen in weiter Ferne die Berge herüber, davor erstreckt sich eine der faszinierendsten Eiszerfallslandschaften Bayerns.

Vor rund 20.000 Jahren war der Alpenraum von gigantischem

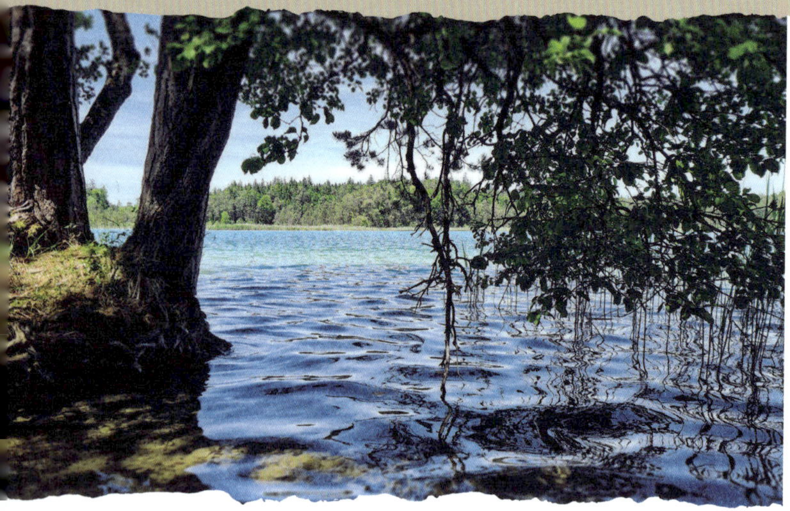

Kristallklares Quellwasser speist die Osterseen und leuchtet in den herrlichsten Farben.

Gletschereis bedeckt, das am Ende der Würm-Kaltzeit abschmolz und damit die Voralpenlandschaft prägte. Im Gebiet der Osterseen präsentieren sich deshalb inmitten der Schotterflächen und Eisrandterrassen die typischen kegelförmigen Hügel und die in Seen verwandelten Toteislöcher, die von kristallklarem Quellwasser gespeist werden. Ein anmutiges Spiel mit Farben und Formen ist daraus entstanden, nicht zuletzt durch die besondere Mischung an Pflanzen, die zwischen Moor und Waldboden ihren Platz gefunden haben. Da wechseln sich Moorkiefern mit Buchen, Fichten und Tannen ab, während Erlen und Eschen die Seeufer säumen. In der warmen Jahreszeit lösen die unterschiedlichsten Orchideen die violett-gelben Teppiche aus Märzenbechern, Leberblümchen und Scharbockskraut ab.

So lohnt es sich zu jeder Jahreszeit, den nun folgenden Weg zu erkunden, von dem aus man immer wieder den Blick auf das türkisblaue Wasser eines der angrenzenden Seen genießen kann. Auf Luftaufnahmen sind die insgesamt 19 Einzelseen gut zu erkennen, die sich zwischen Wäldern und Sümpfen erstrecken. Der breite Kiesweg bringt uns erst einmal hinein in dieses verwunschene, von Schilf umgrenzte Land mit seinen Magerrasen und Mischwäldern. Nach etwa zehn Minuten erreichen wir die ▸ *Straße „Am Brücklein“*, an der ein ▸ *grün-weißer Wegweiser rechts Richtung Lauterbach* zeigt. Wir folgen ihm knapp fünf Minuten, bis wir zu einem neuerlichen

▸ *rechten Abzweig* kommen, der uns zu einer erfrischenden Besonderheit, der ▸ *„Blauen Gumpe“*, führt, die rund hundert Meter von hier auf der linken Seite im Großen Ostersee zu entdecken ist. Dabei handelt es sich um einen smaragdgrün leuchtenden Quelltrichter, aus dem Grundwasser von bester Qualität und mit einer gleichbleibenden Temperatur von etwa zehn Grad austritt.

Von dort lenkt ein ▸ *Waldweg* unsere Schritte erst unter ein grünes Dach von Fichten, Buchen und Föhren und schließlich an einem hübschen Abschnitt des Seeufers entlang, der mit seinen einzeln stehenden Bäumen und Windbrüchen nicht nur auf Fotografen eine einzigartige Anziehungskraft ausübt. Man kann gar nicht anders, als hier zu verweilen und sich dieser wunderbaren Stimmung hinzugeben.

Der weitere Weg setzt sich ▸ *in nördlicher Richtung* fort und überquert eine Brücke. Wer mag, kann mit ihm noch länger das Ostufer des Großen Ostersees begleiten, wir biegen jedoch ▸ *gleich nach der Brücke unbeschildert rechts auf einen Wurzelweg* ab. Sehr bald blinzelt das blaue Glitzern des Fohnsees durch das lichte Blätterwerk. Eine sehr vergnügliche Viertelstunde sind wir hier mit herrlichen Ausblicken bis hin-

Abwechslungsreich führt die Runde an Ufern entlang, über Brücken, durch luftige Wälder und sonnengeflutete Wiesen.

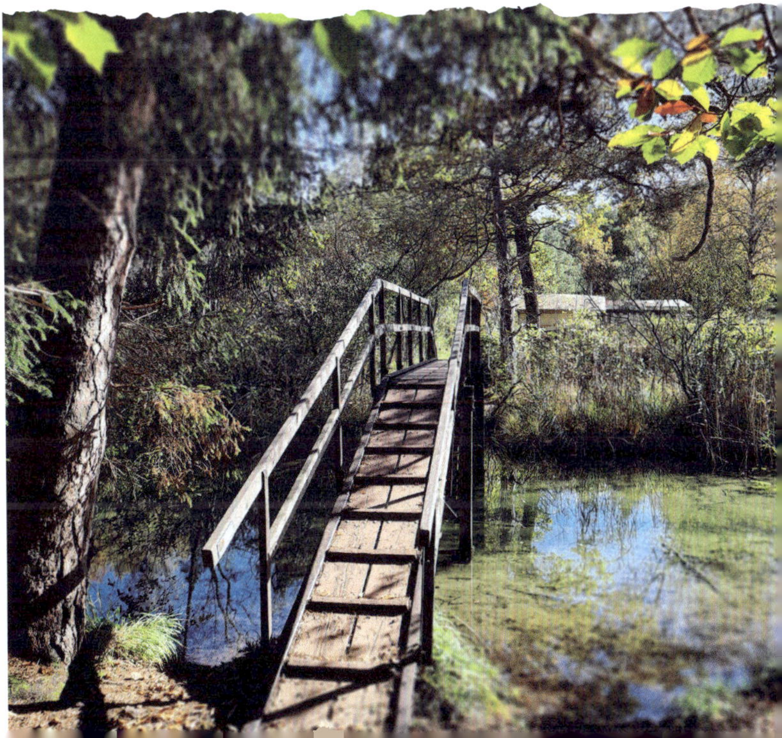

über nach Iffeldorf unterwegs. Einige Bänke haben an den schönsten Stellen ihren Platz gefunden und bieten reichlich Möglichkeiten, die schelmische Geschichte von den „zwei Hälften des Lebens" zu lesen und ein bisserl darüber nachzusinnen, was wahrhaft wichtig ist im Leben **Geschichte S. 60**.

Nach insgesamt 35 Minuten Fußweg bringt uns erneut eine Brücke in eine andere Welt. Diesmal ist es ein kleiner ▸ *Campingplatz, den wir durchqueren*, um schließlich zum ▸ *Restaurant „Waldhaus am Fohnsee"* mit seinem Badeplatz zu gelangen und dann von dort aus auf einer wenig befahrenen ▸ *Straße nach Iffeldorf* zurückzukehren.

Wie schillernde Perlen reihen sich hinter dem Fohnsee der Wolfel-, der Seng-, der Schiffhütten- und der Waschsee aneinander. Und je höher wir uns auf die sanften Hügel um Iffeldorf aufschwingen, umso mehr kommt das schmucke Dorf mit seinem Kirchturm vor traumhafter Alpenkulisse in den Blick.

Ein Bilderbuchmotiv nach dem anderen bietet sich uns dar, während der ▸ *Fohnseeweg* in die ▸ *Osterseenstraße* übergeht und wieder sanft zum Ort hin abfällt. Freilich kann man der Straße bis in die Dorfmitte folgen. Schöner aber ist es, bei der ▸ *Hausnummer 11a rechts in den Fußweg* zu biegen, der sich an das mit Schilf umgürtete Seewasser schmiegt und noch einmal zahlreiche Holzbänke, die vom

Im Herbst entfaltet sich ein Feuerwerk aus Gelb, Orange, Bronze und Gold.

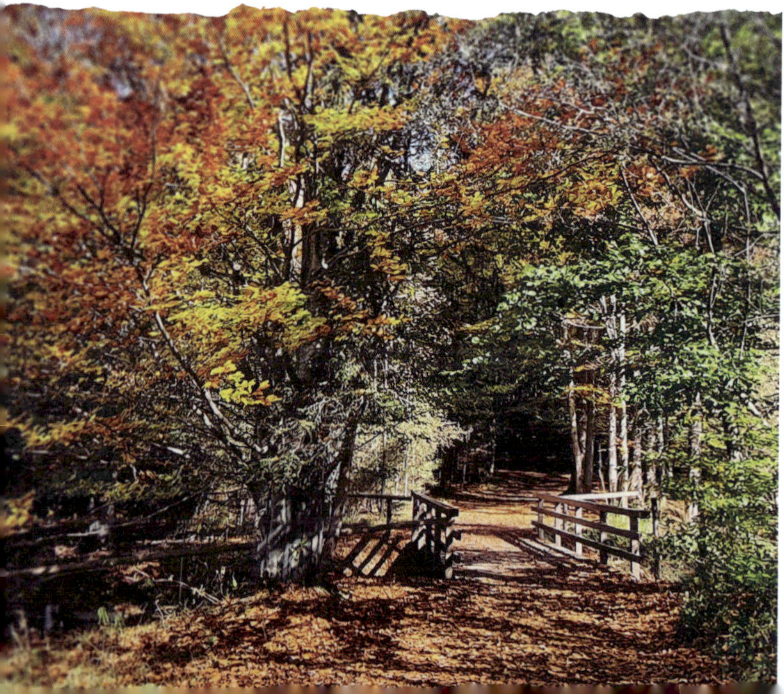

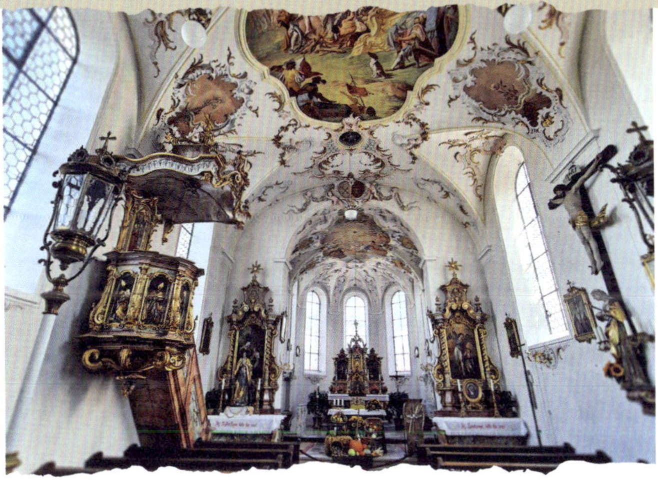

In der Karwoche beherbergt die Kirche St. Vitus ein sogenanntes Heiliges Grab aus beleuchteten Glasmosaiksteinen.

Ortsverschönerungsverein aufgestellt wurden, zu bieten hat.

Nach rund einer Stunde Fußmarsch nimmt uns nun die barocke ▸ *Pfarrkirche St. Vitus* in Empfang. Schon ein gotischer Vorgängerbau zierte einst diesen Platz. 1699 fiel er jedoch einem Brand zum Opfer und wurde zu Anfang des 18. Jahrhunderts wahrscheinlich nach Plänen von Caspar Feichtmayr, einem der bedeutendsten Wessobrunner Baumeister, neu errichtet.

In der Karwoche lässt sich dort ein außergewöhnliches Kunstwerk bestaunen. Die Kirchengemeinde Iffeldorf hat 1895 ein sogenanntes Heiliges Grab erworben, das im Sudetenland zwar als Katalogware gefertigt worden war, aber mit seinen 27.000 beleuchteten Glasmosaiksteinen ein beeindruckendes christliches Glaubenskunstwerk darstellt. Früher hundertfach gefertigt, sind heute nur noch wenige solcher Kunstobjekte der Öffentlichkeit zugänglich.

Wer eher weltliches Design und moderne Handwerkskunst bevorzugt, ist bei der Keramikwerkstatt von Ruth Hartung, die der Kirche gegenüberliegt, an der richtigen Adresse. Für einen köstlichen Abschluss der kleinen Runde gibt es gleich mehrere Möglichkeiten: das Lokal „Vitus" unmittelbar neben der Werkstatt, zwei weitere Cafés in der Hofmarkstraße in östlicher Richtung oder der winzige Kiosk mit großem Angebot direkt am Wanderparkplatz, zu dem wir entweder ▸ *über die Jägergasse* oder ▸ *unten am Seeufer über den Fischersteig* mit letzter herrlicher Aussicht auf die Osterseen zurückkehren können.

Kleine Fohnsee-Runde

1:05 h Gehzeit – 4,4 km Länge – 8 hm

Ausgangspunkt in 82393 Iffeldorf:

Parkplatz Jägergasse

Weg:

Feld- und Waldwege, Pfade, Straßen; überwiegend schattig, bei Schneeschmelze oftmals eisig. Überwiegend beschildert und leicht zu finden.

Besonderheiten:

- Eindrucksvolle Eiszerfallslandschaft
- Moore und markante Hügel
- Lichter Mischwald
- Karibikblaue Seen
- Blaue Gumpe
- Waldwege am Ufer
- Idyllische Badeplätze
- Bergblicke
- Kirche St. Vitus

Einkehr:

- Waldhaus am Fohnsee www.fohnsee.de
- Vitus Lokal & Café www.vitus-iffeldorf.de
- Café Hofmark www.cafe-hofmark.de
- Landgasthof Osterseen www.landgasthof-osterseen.de
- Parkplatzkiosk Osterseelchen www.facebook.com/seemadames/
- Gastronomie Iffeldorf

Zuganfahrt:

Mit dem Zug nach Iffeldorf, 15-minütiger Fußmarsch bis zum Fohnseeweg, der zum Waldhaus am Fohnsee führt, Start von dort aus.

Variationen:

Ein Verkürzen der Tour ist nur durch Umkehren möglich. Verlängern lässt sich die Runde mit einem Spaziergang um den Staltacher See oder um den Großen Ostersee.

Tipps:

- Keramikatelier Ruth Hartung www.keramik-iffeldorf.de
- Heuwinklkapelle
- Gut Aiderbichl www.gut-aiderbichl.com/besuchen/iffeldorf-bei-muenchen/
- Waldspielplatz Kirnbergwiese
- Iffeldorfer Meisterkonzerte www.iffeldorfer-meisterkonzerte.de

Tourist-Info:

Staltacher Straße 34
82393 Iffeldorf
Tel.: 08856 – 9019920
E-Mail: gemeinde@iffeldorf.de
www.iffeldorf.de

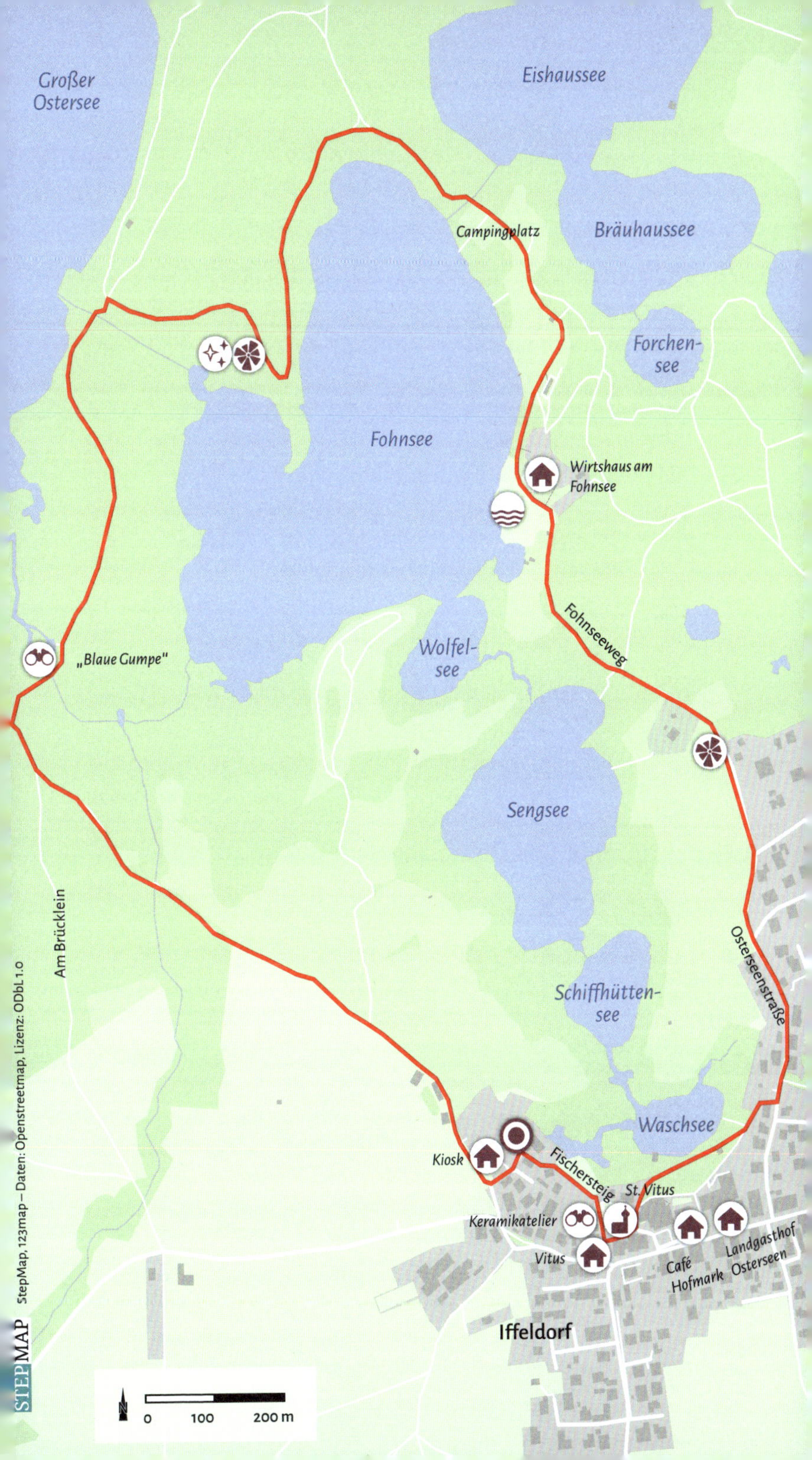
Großer Ostersee
Eishaussee
Campingplatz
Bräuhaussee
Forchen-see
Fohnsee
Wirtshaus am Fohnsee
Wolfel-see
„Blaue Gumpe"
Fohnseeweg
Sengsee
Am Brücklein
Osterseenstraße
Schiffhütten-see
Waschsee
Kiosk
Fischersteig
St. Vitus
Keramikatelier
Vitus
Café Hofmark
Landgasthof Osterseen
Iffeldorf
0
100
200 m
STEPMAP

Die zwei Hälften des Lebens

ab 6 Jahren
Frei nach einer persischen Geschichte, entdeckt in Nossrat Peseschkians Buch „Der Kaufmann und der Papagei"

Ein islamischer Gelehrter, ein Mullah, lud eines Tages den Dorflehrer zu einer kleinen Bootsfahrt auf dem Kaspischen Meer ein. Die Sonne schien heiß und der Schulmeister räkelte sich genüsslich unter dem Vordach.

Nach einiger Zeit brummte der Mullah: „Nun, besser, wir fahren wieder in den Hafen, denn, wenn du mir fragst, dann kommt ein Sturm!"

Der Dorflehrer wollte seinen Ohren nicht trauen: „Was hast du gerade gesagt? Hast du denn nie die richtige Grammatik gelernt? Das muss ‚mich' heißen und nicht ‚mir'!"

„Hm", der Mullah schien nicht sonderlich beeindruckt. „Was kümmert mir die Grammatik?"

Der Schullehrer war fassungslos: „Wenn du keine Grammatik kannst, dann ..., dann ..., dann ist ja die Hälfte deines Lebens vergeudet!"

Der Mullah zuckte mit den Achseln, drehte sich um und deutete dann auf den Horizont. Tatsächlich zogen nun rasch dunkle Wolken auf und der Wind peitschte in Böen übers Meer. Die beiden waren mit ihrem nun schwer gegen die Wellen ankämpfenden Boot aber noch weit vom Ufer entfernt.

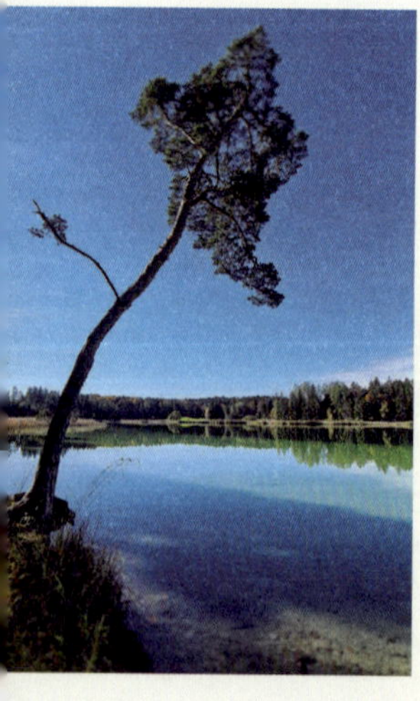

Schließlich schrie der Mullah gegen das Rauschen des Sturms an: „Dorflehrer, ich hoffe, du kannst schwimmen!"

„Warum sollte ich schwimmen können?", rief dieser entrüstet. „Das habe ich noch nie in meinem Leben gebraucht!"

„Naja," entgegnete ihm der Mullah mit lauter Stimme. „Ich fürchte, dass du damit nun nicht nur eine Hälfte deines Lebens vergeudet hast, sondern dein ganzes. Denn unser Boot ist gerade dabei zu sinken ..."

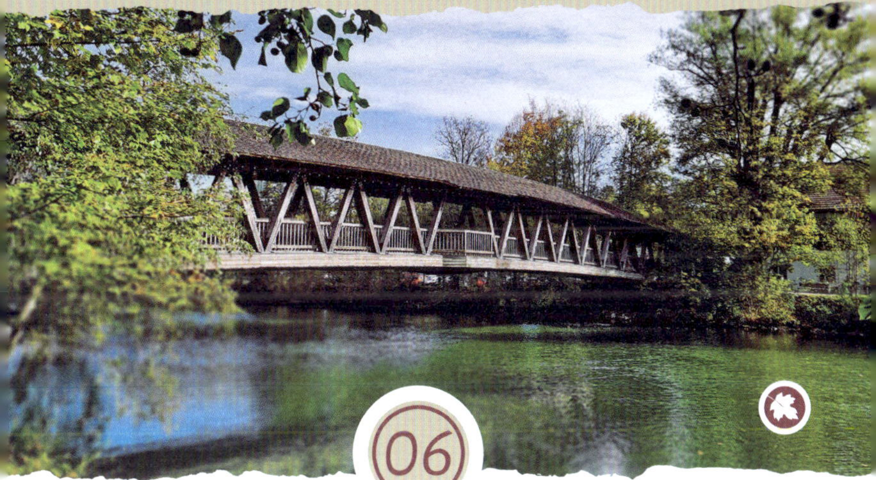

06

Wolfratshauser Bergwaldpfad

Wo einst die Burgfräulein wandelten

1:15 h Gehzeit – 3,9 km Länge – 97 hm

Flusswasser, Wald und Berge rahmen diesen kleinen Rundgang in Wolfratshausen aufs Schönste ein. Vor allem im Herbst wandelt man durch ein wahres Feuerwerk an leuchtenden Farben und kann bei klarer Sicht das eindrucksvolle Voralpenpanorama genießen. Zudem birgt Wolfratshausens Vergangenheit gleich mehrere Geheimnisse, die an verschiedenen Stationen auf dem märchenhaften Weg gelüftet werden. Tauchen wir also ein in die wildromantische Geschichte des Städtchens an der Loisach und ihres Bergwalds!

Als Ausgangspunkt bietet sich der ▸ *Parkplatz an der Loisachhalle* an, der mit einer Schranke versehen ist und entsprechend der genutzten Parkdauer bezahlt werden kann. Von hier aus starten wir, der Beschilderung „Kinderflößerpfad" folgend, ▸ *in Richtung Süden den Josef-Bromberger-Weg* am Ostufer der Loisach entlang. Eine Infotafel und eine Skulptur erzählen uns Wissenswertes über die Flößerei, die im 12. Jahrhundert ihren Anfang nahm, sich über die Jahrhunderte zu einem einzigartigen Transportweg entwickelte und maßgeblich zur Erfolgsgeschichte Wolfratshausens beitrug. Wo

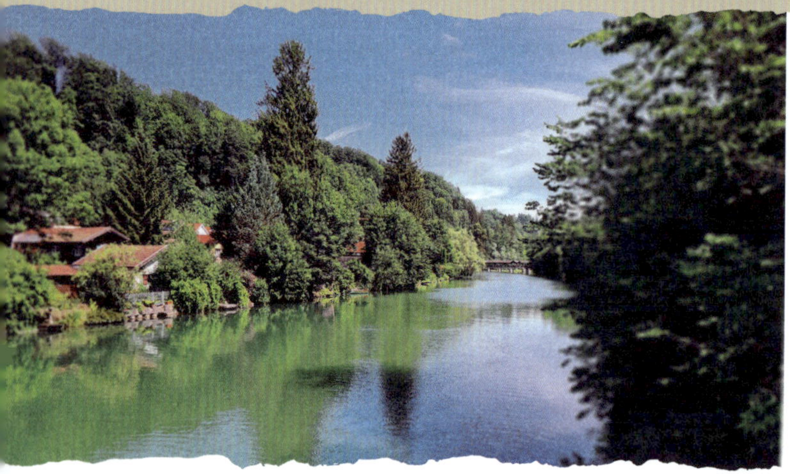

Die grünblaue Lebensader von Wolfratshausen: die Loisach

sentliche Informationen dazu bietet der kleine Rückblick auf **S. 67**.

Wir ▸ *überqueren die Brücke Richtung Westen* und folgen nun dem ▸ *Lauf der Loisach nach Norden*. Rechterhand wacht der Brückenheilige St. Nepomuk über uns, linkerhand lädt der kleine Japanische Garten der Freundschaft zu einer kurzen Stippvisite ein. Der Fußgängerweg am Flussufer bringt uns mit hübschen Blicken auf die Stadt zurück zum ▸ *Sebastiani-Steg*, von dem aus wir ▸ *links durch die Rathauspassage zum Untermarkt* gelangen.

Auf der ▸ *anderen Straßenseite empfängt uns St. Andreas*, die katholische Pfarrkirche von Wolfratshausen und eine ursprünglich gotische, später barockisierte Hallenkirche. Hinter ihr führen ▸ *Betonstufen* an einem unscheinbaren Häuschen vorbei, das sich als ehemaliges Sommerdomizil des Dichters Rainer Maria Rilke entpuppt, der sich dort 1897 mit seiner Gefährtin Lou Andreas-Salomé aufhielt und sicherlich den herrlichen Blick auf die Voralpenkette genossen hat, der uns auch heute noch begeistert.

Kurz sei an dieser Stelle noch erwähnt, dass der nun vor uns liegende ▸ *Bergwald* durchaus abenteuerlich sein kann, wenn es um die Beschilderung geht. An manchen Stellen verwandelt er sich nahezu in ein kleines Labyrinth aus Wegen, sodass eine gehörige Portion Orientierungssinn oftmals sehr hilfreich ist. Ein wenig Trittsicherheit und Sportlichkeit an steilen Stellen können ebenfalls nicht schaden.

Nun denn, frohgemut ans Werk! Wenn sich die Treppe gabelt, nehmen wir den ▸ *linken Abzweig* und biegen ▸ *auf dem Eichheimweg erneut links* ab. An einem schönen ▸ *Aussichtsplatz* erwartet uns ein weiteres Geheimnis von Wolfratshausen. Auf diesem Höhenzug oberhalb der Loisach wurde nämlich schon im Jahr 1116 eine Burg errichtet, und zwar von einer Seitenlinie der Grafen von Dießen-Andechs. Die Burg fiel Mitte des 13. Jahrhunderts an die Wittelsbacher und wurde in den folgenden Jahrhunderten immer weiter ausgebaut, bis sie mit ihrer Vielzahl von Gebäuden den gesamten nördlichen Teil des Bergrückens überzog: Neben dem ausladenden Schlossbau gab es schließlich einen Getreidekasten, einen Weinkeller, einen Rossstall, eine Pfister- und Badestube, Viehställe und Heustadel sowie eine innen- und eine außenliegende Kirche. Anfang des 17. Jahrhunderts wurde die Anlage jedoch immer weniger genutzt und kaum mehr repariert. Spätestens im 18. Jahrhundert, während dem sie teilweise als Ausweichkaserne verwendet wurde, verfiel die Burg zusehends. Ein Blitzeinschlag am 7. April 1734 machte ihr dann endgültig den Garaus: Im höchsten Schlossturm lagerten 350 Zentner Pulver, die zu einer gewaltigen Explosion führten, nach der kaum noch etwas von der ehemals imposanten Anlage übrigblieb. Der Großteil an Steinen, Holz und Eisen wurde für den Bau der Münchner Residenz und für Wolfratshauser Häuser wiederverwendet. Somit markiert nur noch der Gedenkstein für den einstigen Prachtbau den nahezu höchsten Punkt unseres heutigen Spaziergangs.

Um diesen zu erreichen, ziehen wir in ▸ *Richtung Süden* weiter, folgen nun der ▸ *Beschilderung „Walderlebnispfad“* und biegen den ▸ *Neuhaussteig halbrechts ab*. Auf diesem gelangen wir munter bergauf zum westlichen Waldrand und können die einfallsreichen Stationen des Walderlebnispfades alsbald ▸ *in nördlicher Richtung* entdecken. Weiter westlich von uns liegen übrigens Grabhügel aus der Hallstattzeit verborgen, die zwischen 800 und 450 v. Chr. entstanden sein dürften und somit

Zuerst nach München, dann nach Wien, Budapest – ja sogar bis ans Schwarze Meer reichte die Flößerei.

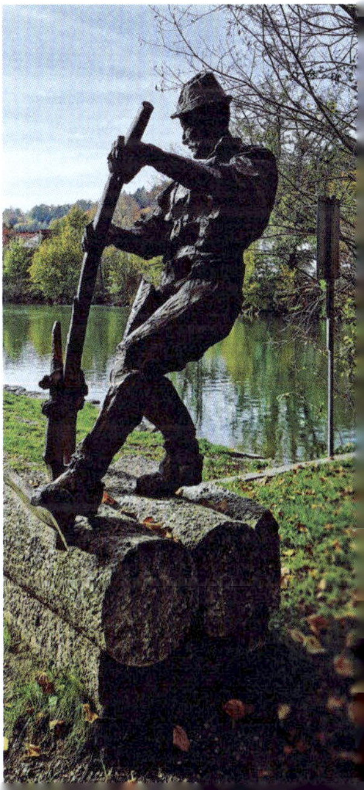

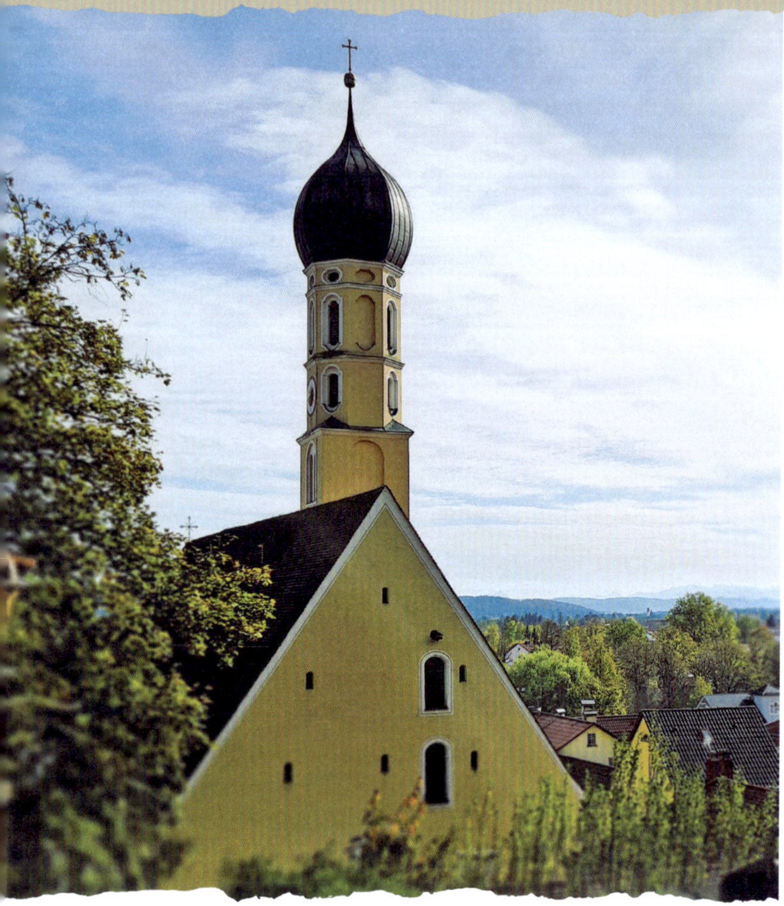

Schon Rainer Maria Rilke hat diesen Ausblick bei St. Andreas genossen.

zu den ältesten Spuren menschlicher Besiedelung in diesem Gebiet zählen.

Während wir zwischen Wald- und Wiesenrand wandeln, wie es einst sicherlich auch die feinen Fräulein der Wolfratshauser Burg getan haben, begegnen uns auf der rechten Seite immer wieder Abzweiger zur Stadt hinunter. Der zweite davon, der nach einer Hütte mit Waldmärchen wieder talabwärts führt, kommt an einem Kreuzweg mit Kalvarienberg und Kapellen aus dem 18. Jahrhundert vorbei. Wem also mehr nach geistlicher Einkehr ist, der kann hier abbiegen und zur Stadt zurückkehren. Unsere Route folgt stattdessen noch etwa eine ► *Viertelstunde dem Höhenweg nach Norden*, der zwischen Wiesen und Waldgrenze verläuft, bis er sich schließlich gabelt.

Die Tafel des Walderlebnispfads, der uns später wieder zur Loisach hinabbringen wird, weist nach rechts. Ein Schild „Burgweg – Gedenkstein & Fernsicht" lenkt unsere Schritte indes ▸ *weiter in nördliche Richtung* zu einem markanten Waldrand. Deutlich sichtbar ragen hier die alten Burgwälle auf, der Graben davor ist halb verschüttet. Jetzt wird es richtig spannend – und etwas unübersichtlich.

Der auf manchen Karten eingezeichnete Pfad links am Waldrand entlang ist nicht zu empfehlen, außer man liebt es, auf einem engen Trampelpfad zwischen ausladenden Ästen und Stacheldraht über umgefallene Baumstämme zu klettern. Sicherer ist es, sich dem ▸ *schmalen Waldweg* anzuvertrauen, der sich weiterhin ▸ *nach Norden* schlängelt und schließlich auf einen ▸ *ungekennzeichneten Forstweg* trifft. Hier gilt es, ▸ *rechts abzubiegen* und die Augen offen zu halten. Denn manchmal stolpert man über alte, kleine Tonscherben. Andernorts finden sich abgeschliffene Steine, die aussehen, als ob sie einst die Innenhöfe pflasterten. Mit etwas Fantasie sind hier und dort noch Grundrisse der Anlage zu entdecken.

Am Ende des von Rodungsarbeiten etwas verwüsteten Areals erwartet uns eine unscheinbare Anhöhe, auf der nur noch der schlichte ▸ *Gedenkstein der Burg* vom einstigen Macht- und Verwaltungszentrum zeugt. Hinter ihm wurde der Bergwald gelichtet und man kann zumindest ein wenig erahnen, welche

Witzige Stationen des Bergwaldpfades lassen die Runde zu einer unterhaltsamen Entdeckungstour werden.

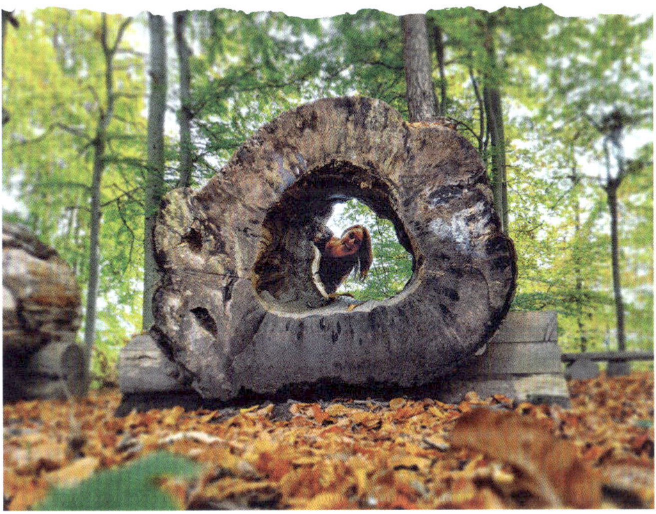

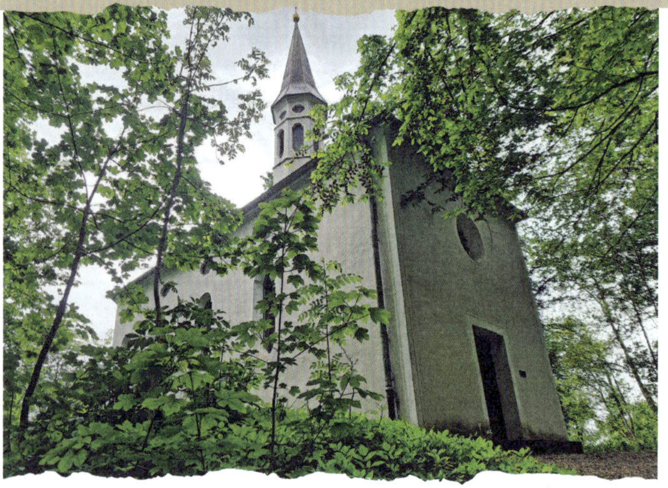

Statt einer gewaltigen Burg findet man im Bergwald nur noch den Kreuzweg mit der Dreifaltigkeitskapelle.

sensationelle Lage und Fernsicht die alte Burg gehabt haben muss.

Von hier aus geht es ▸ *auf dem gleichen Weg zurück*, bis wir wieder auf den Abzweig des Walderlebnispfads stoßen. ▸ *Bei den Infotafeln über die Pirsch* lenkt zwar ein breiter Forstweg unseren Blick nach links den Berg hinunter, wir wählen jedoch die ▸ *Treppe rechts* davon zurück zur Stadt. Die Stufen führen zu einer Forststraße, die zwei Möglichkeiten bietet. Wer möchte, kann nun noch den Kalvarienberg auf der gegenüberliegenden Seite erkunden. Ansonsten ▸ *zweigen wir links ab*, verbleiben an einer Kehre ▸ *geradeaus auf dem Kiesweg Richtung Norden* und erklimmen die kurzen ▸ *Stufen, die links hinauf* zu einem lohnenswerten Aussichtspunkt führen. Behänd geht es ▸ *auf der anderen Seite wieder hinunter* und auf dem ursprünglichen Weg samt weiterer Treppe zur ▸ *Münchner Straße*.

Auf der anderen Straßenseite schimmert schon das Smaragdgrün der Loisach herüber. Wir ▸ *queren die Fahrbahnen* und lassen uns vom Schild des Loisachrundwegs ▸ *zum Kastenmühlwehr* leiten, das bei der Überquerung ein wahrhaft berauschendes Erlebnis bietet. War zuvor im Burgwald immer mal wieder das Rauschen des Straßenverkehrs der Stadt zu hören, taucht man nun ein in das laute Tosen des Wassers, das unter der alten Anlage durchfließt. Die heutige Weidachmühle gehörte einst zur mittelalterlichen Burg. Ende des 20. Jahrhunderts wurde das Wehr umgestaltet, unter anderem so, dass die Fische weiterhin ihre Laichplätze erreichen können.

Nach dem Wehr lenken wir unsere Schritte ▶ *nach rechts am Loisachufer entlang Richtung Süden*. Malerisch muten hier und da die Gärten und Bootsanlegestellen an, die uns auf unserem gut fünfminütigen Weg zurück zu unserem ▶ *Ausgangspunkt* begegnen. Die evangelische Kirche St. Michael hält zum Abschluss noch einen besonderen Ort der Einkehr bereit. 1909 eingeweiht, erinnert sie an die alten oberbayerischen Dorfkirchen der vorbarocken Zeit und an die schöne Tradition, dort mit Freude und Dank im Herzen eine Kerze zu entzünden.

Auf der Loisach nach München – und bis ans Schwarze Meer

Einblicke in die Geschichte der Flößerei in Wolfratshausen

Seit dem 12. Jahrhundert wurden die Flüsse aus den Bergen zu wahren Lebensadern für die tiefergelegenen Gebiete und aufstrebenden Städte wie München, Freising und Landshut. Ab Garmisch hatte die Loisach genügend Wasser, sodass auf ihr Flöße über Eschenlohe, Ohlstadt, durch den Kochelsee, vorbei an Benediktbeuern und Beuerberg nach Wolfratshausen fahren konnten. Vor allem für das Baugewerbe wurden Holz, Steine, Kalk und Gips in Richtung München transportiert. Allein für den Bau der Münchner Frauenkirche wurden in der zweiten Hälfte des 15. Jahrhunderts 147 schwer beladene Bauholzflöße benötigt. 3.639 Flöße legten allein im Jahr 1496 in Wolfratshausen an, wo sich damals eine Zollstelle befand.

Inzwischen hatten sich die Flöße zu wahren Kramerläden gewandelt. Auf ihnen fand man nun Schränke und Truhen, Papier, Schafwolle, Kleidung, Kreide, Schleifsteine, Hopfenstangen, Lebensmittel verschiedenster Art und auch lebende Tiere. Teilweise wurde das Gut weit über München hinaus geschafft, bis hinunter nach Wien oder sogar Budapest. Seit 1623 verkehrte sogar das Reisefloß „Ordinari" einmal wöchentlich von München nach Wien.

Zur vollen Blüte kam die Floßfahrt ab 1687, als Venedig seinen Bozener Markt nach Mittenwald verlegte. Nun kamen über

Wolfratshauser Bergwaldpfad

1:15 h Gehzeit – 3,9 km Länge – 97 hm

Ausgangspunkt in 82515 Wolfratshausen:
Parkplatz Loisachhalle

Weg:
Fußgängerwege, Straßen, Waldpfade, Treppen; überwiegend schattig, bei Schneeschmelze oftmals eisig. Überwiegend beschildert mit „Kinderflößerpfad“ und „Walderlebnispfad“; häufig aber unübersichtlich, deshalb ist guter Orientierungssinn hilfreich.

Besonderheiten:
- Infotafeln Kinderflößerpfad
- Stationen Walderlebnispfad
- Kirche St. Andreas
- Lichter Mischwald
- Kalvarienberg
- Burg-Gedenkstein
- Kastenmühlwehr
- Aussichtspunkte
- Malerisches Loisachufer
- Kirche St. Michael

Einkehr:
- Wirtshaus Flößerei www.wirtshaus-floesserei.de
- Gasthof Humplbräu www.humplbraeu.de
- Burgschenke www.burgschenke-wor.de
- Gastronomie Wolfratshausen

Zuganfahrt:
Mit dem Zug nach Wolfratshausen; von dort aus zehnminütiger Fußweg zum Startpunkt.

Variationen:
Ein Verkürzen der Tour ist über frühere Abzweigungen im Bergwald möglich. Verlängern lässt sich die Runde über Wiesenwege nach Westen oder an der Loisach nach Nord und Süd.

Tipps:
- Museum Wolfratshausen https://museum.wolfratshausen.de/
- Hörpfad Flößerei www.tourismus.wolfratshausen.de/a-hoerpfad-floesserei
- Drehorte Hubert und/ohne Staller www.tourismus.wolfratshausen.de/hubert-staller
- Märchenwald www.maerchenwald-isartal.de
- Floßfahrten nach München www.tourismus.wolfratshausen.de/floesserei-2-1

Tourist-Info:
Untermarkt 10
82515 Wolfratshausen
Tel.: 08171-214206
E-Mail:
tourismus@wolfratshausen.de
www.tourismus.wolfratshausen.de

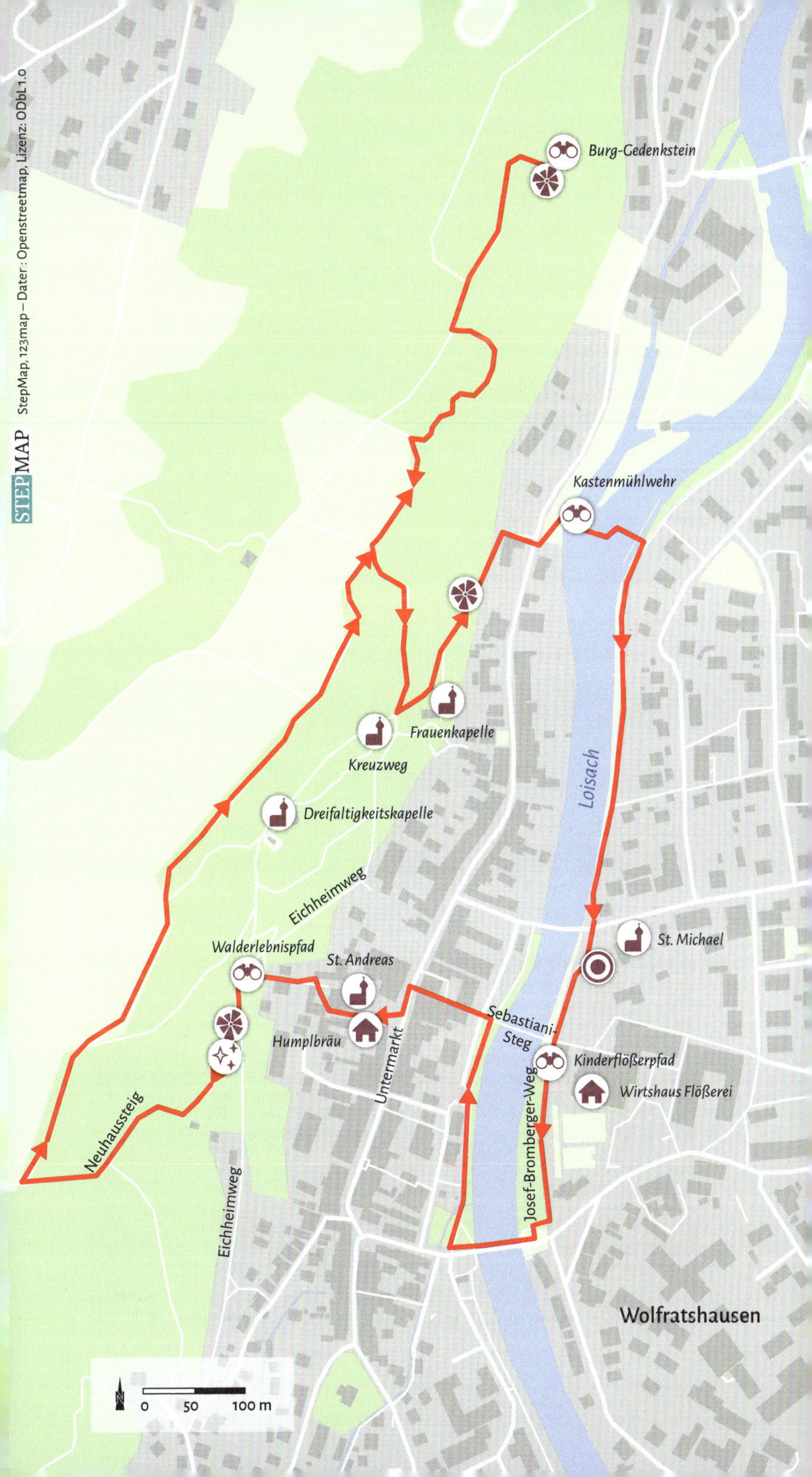

Burg-Gedenkstein
Kastenmühlwehr
Frauenkapelle
Kreuzweg
Dreifaltigkeitskapelle
Loisach
Eichheimweg
Walderlebnispfad
St. Andreas
St. Michael
Humplbräu
Untermarkt
Sebastiani-Steg
Kinderflößerpfad
Wirtshaus Flößerei
Josef-Bromberger-Weg
Neuhaussteig
Eichheimweg
Wolfratshausen
0 50 100 m
STEPMAP
StepMap, 123map – Dater: Openstreetmap, Lizenz: ODbL 1.0

die Isar sogar Südfrüchte, Gewürze, Baumwolle, Samt und Seide ins Oberland und wurden weitergeflößt.

Um 1800 schließlich hatte die Loisachstadt sieben Floßmeister und 26 Flößer. Ihren Höhepunkt erreichte dort die Flößerei 1848, als jährlich etwa 5.800 Flöße die Lände passierten. Dieses Transportmittel galt als das schnellste und kostengünstigste, zumindest bis im 19. Jahrhundert das Eisenbahnnetz ausgebaut wurde, dann Autos und Lastwagen zur Konkurrenz wurden und Wasserkraftwerke die Flüsse Isar und Loisach regulierten.

Heute ist aus dem einstigen Lastfloß ein „Lustfloß" geworden, das feucht-fröhliche Feiergäste nach München bringt. Aufgrund seiner lebendigen Flößereigeschichte schmückt sich Wolfratshausen inzwischen mit der Bezeichnung „Internationale Flößerstadt".

Wünschelrute

Schläft ein Lied in allen Dingen,
die da träumen fort und fort,
und die Welt hebt an zu singen,
triffst du nur das Zauberwort.

Joseph von Eichendorff (1788 – 1857)

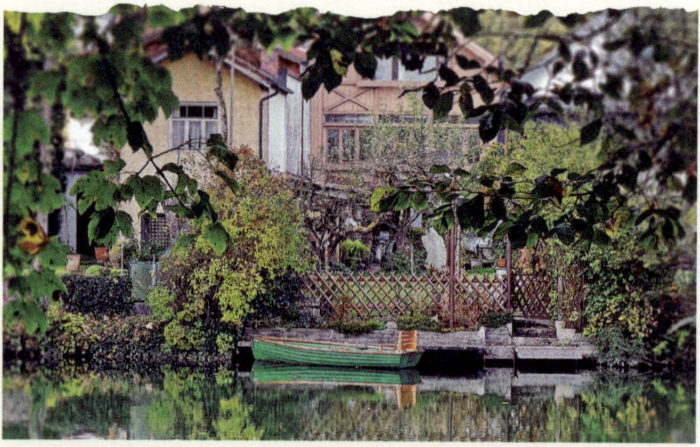

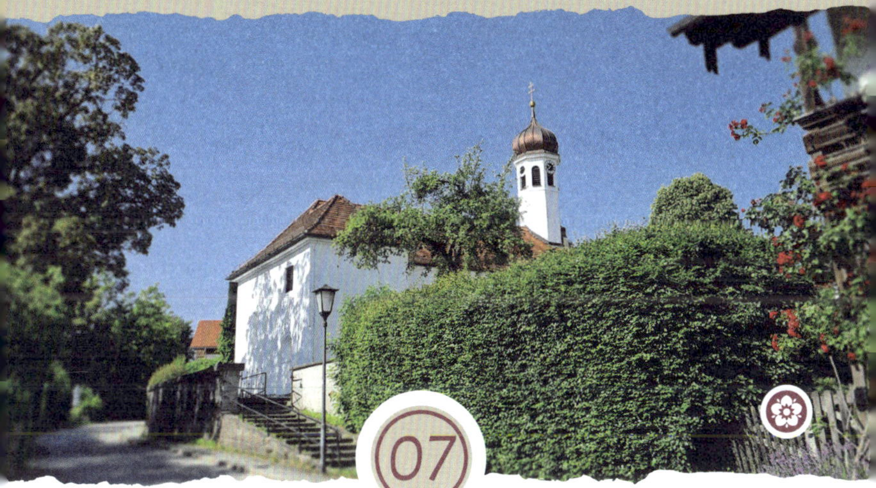

07

Kircherlweg nach Irschenhausen

Gotteshäuser, Gärten und Gebirgsblick

2:10 h Gehzeit – 8,2 km Länge – 160 hm

Fünf Gotteshäuser säumen diesen Rundweg, der vom Kloster Schäftlarn hinauf nach Eben- und Irschenhausen führt. Er erzählt damit nicht nur etwas von der christlichen Geschichte dieser Gegend, sondern auch vom dortigen Leben in vorgeschichtlichen Zeiten. Denn mindestens zwei der Kirchen haben uralte Wurzeln, die bis zu heidnischen Kultplätzen zurückreichen. Vor allem aber beschenkt uns dieser Spaziergang durch die beiden Orte mit himmlischer Weite und malerischen Gärten.

Schon in Kloster Schäftlarn erwarten uns zwei außergewöhnliche Gotteshäuser. So starten wir an einem der ▸ *Parkplätze rund ums Kloster* und statten sogleich der ▸ *Kirche St. Dionys* einen Besuch ab. Sie stammt im Wesentlichen aus der ersten Hälfte des 18. Jahrhunderts und gilt als Juwel des Rokoko. An ihrer Gestaltung waren bedeutende Künstler wie Francois Cuvilliés d. Ä., Johann Michael Fischer, Johann Baptist Zimmermann und Johann Baptist Straub beteiligt. Nicht zuletzt die Pilger des Jakobswegs Isar-Loisach-Leutascher Ache-Inn, die hier mit ihrer ersten Etappe starten, schätzen

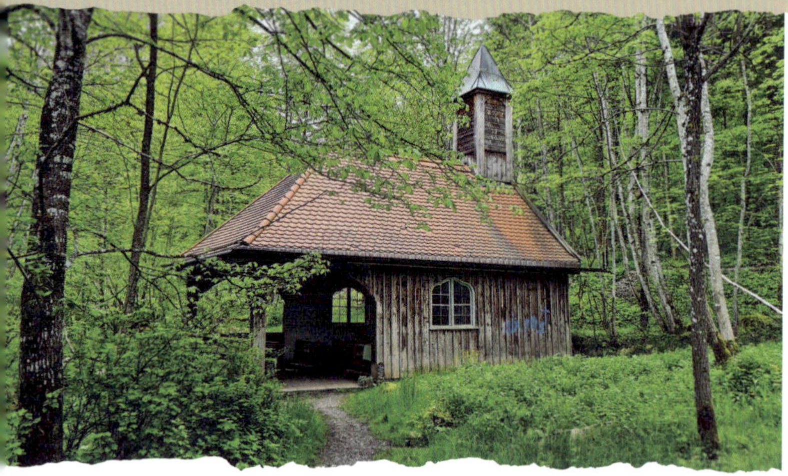

In der Waldkapelle Maria Rast übernehmen die Vögel den himmlischen Gesang.

die Kontemplation, zu der das Gotteshaus einlädt.

Nach dem Besuch der Kirche geht es kurz an der ► *Klosterstraße nach Norden*, bevor uns ► *links ein kleines Schild den Weg zur Kapelle Maria Rast* weist. Bereits fünf Minuten später ist die halboffene Holzkapelle erreicht, die seit 1870 an diesem Platz steht.

Von hier aus könnte man auch den ausgeschilderten Höhenweg gehen, der allerdings nach rund 20 Minuten schon wieder unseren Ausgangspunkt beim Kloster erreicht, weshalb wir den ► *Waldweg weiter hinauf* nehmen. In ► *Ebenhausen* angekommen, erreichen wir über ► *die Straße „Rodelweg" nach rechts die Wolfratshauser Straße* und überqueren sie sowie den wenige Meter dahinter liegenden Bahnübergang. Nach rund 150 Metern auf der ► *Lechnerstraße* wechseln wir nach ► *links in die Gartenstraße*. Sie bringt uns an den unterschiedlichsten Gärten vorbei zur ► *Alpenblickstraße, auf der wir rechts abbiegen*. Wir folgen ihr, bis uns auf der linken Seite ein gelber Wegweiser zum ► *Aussichtspunkt mit Tempelchen* schickt.

Nach wenigen Minuten ist der ► *Rand des Wäldchens* erreicht und vor uns breitet sich die Weite des Voralpenlandes aus, die am südlichen Ende von der Alpenkette begrenzt wird. In dem kleinen Tempelhaus erwarten uns eine Sitzbank und eine Infotafel zu den zahlreichen Gipfeln, die bei klarem Himmel deutlich erkennbar vor uns aufgereiht sind – Wendelstein, Wallberg, Zugspitze, um nur die markantesten zu nennen. Einfach traumhaft! Man kann sich kaum losreißen, muss das aber auch nicht, denn dieser Anblick wird uns in der nächsten Stunde immer wieder begegnen.

Zunächst spazieren wir auf dem ▸ *Wiesenweg* vor uns der Sonne entgegen. Der Pfad macht schließlich eine ▸ *Biegung nach rechts*, verwandelt sich in einen ▸ *Feldweg* und führt uns an den ersten Gärten vorbei südwestlich zum ▸ *Zeller Weg*. Sobald wir die Straße erreicht haben, kommt übrigens rechts in einem kleinen Park das Haus Eggenberg in den Blick, eine 1910 erbaute Villa, die nun eine Schule beherbergt.

An den letzten Bäumen und Häusern, bevor die Straße wieder über offenes Gelände führt, verweilen wir kurz und schauen in südöstlicher Richtung über eine Wiese, die ein Geheimnis birgt. Unter ihr befinden sich eingeebnete Grabhügel aus vorgeschichtlicher Zeit, die auf eine frühe Besiedelung des Höhenzugs hinweisen. Auf unserer Runde werden wir später nochmals auf Spuren der damaligen Siedler stoßen.

Am Rand des wenig befahrenen Zeller Wegs geht es nun ▸ *nach Irschenhausen* hinüber. Bald kommen wir am Landgasthof Rittergütl vorbei, der mit seiner urigen Stube und seinem luftigen Biergarten immer einen Besuch wert ist. Unsere Tour geht nun die ▸ *Ebenhauser Straße rechts leicht bergauf*. Ein prächtiges Bauernanwesen nach dem anderen erscheint vor uns, stets mit kleinen Tafeln versehen, die den Hausnamen und etwas über die jeweilige Geschichte verraten. Eine besondere Blumenpracht präsentieren die Häuser und Gärten

Ebenhauser Trilogie von Korn, Mohnblumen und famosem Panorama

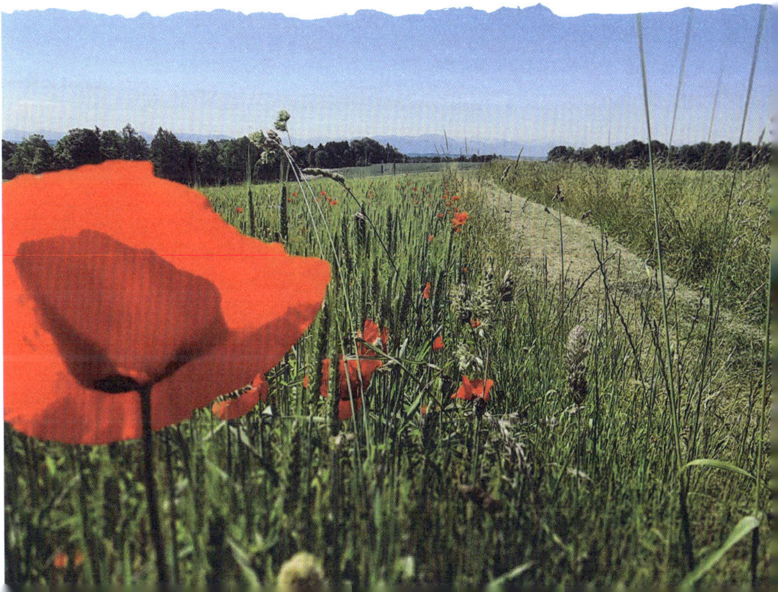

freilich im Sommer, nur sollte man bedenken, dass ein Großteil des Wegs sonnengeflutet dahingeht und dadurch zur Mittagsstunde recht anstrengend sein kann.

Darum ist für mich das späte Frühjahr die schönste Zeit, um hier meine Runde zu drehen und kurz vor dem Ende der Ebenhauser Straße einen ▸ *Abstecher zur Kirche St. Anian* zu machen. Ein alter Friedhof umgibt das kleine Gotteshaus, dessen Patron zu den ersten Missionaren dieser Gegend gehört. Der Legende nach soll Anian zusammen mit seinem Onkel Marinus das Oberland im 7. Jahrhundert christianisiert haben. Beide werden in der Wallfahrtskirche Wilparting am Irschenberg verehrt. Interessant ist, dass hier sowohl über die Kirchenpatrone als auch über die Ortsnamen eine Verbindung anklingt. Leider gibt es aktuell keine weiteren wissenschaftlichen Erkenntnisse, inwieweit die beiden Orte tatsächlich zusammenhängen.

Irschenhausen gehört jedenfalls zu den ältesten Siedlungsorten im Isartal und befand sich als „Ursenhusen" im Besitz des Klosters. Die erste Holzkirche des frühen Mittelalters wurde 1160 durch eine Steinkirche ersetzt. Der jetzige Bau stammt im Kern aus dem 14./15. Jahrhundert und ist leider jedoch meist verschlossen. Das ist besonders schade, da das Kircherl einen ungewöhnlichen Schatz, nämlich einen Kreuzweg aus Stoff, Papier und anderen Mate-

Faszinierender Fund: Ein Brandopferplatz der Bronzezeit wurde am südlichen Ufer des Stockerweihers entdeckt.

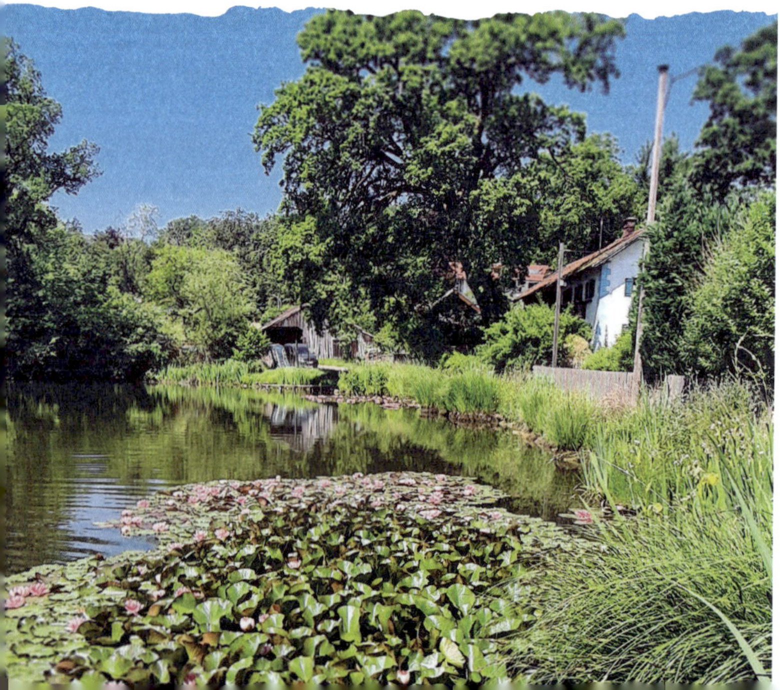

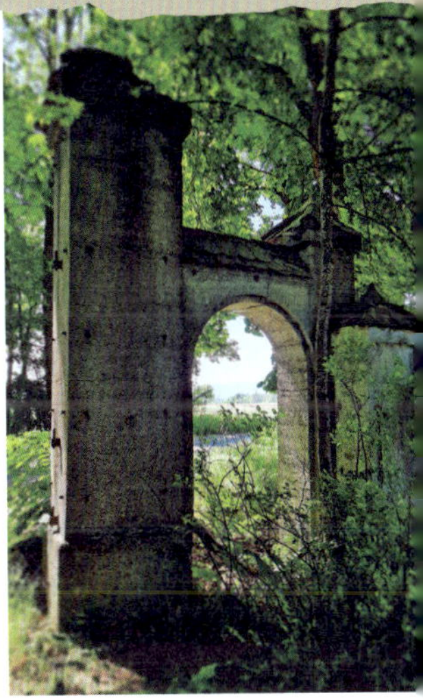

Am Eingang zum Park der ehemaligen Villa Eggenberg wacht dieser romantische Torbogen.

rialien, sogenannte Spickelbilder, beherbergt. Diese Beispiele für alte klösterliche Handwerkskunst zeigen den Leidensweg Christi in sorgfältig gestalteten Motiven mit individuellen floralen Rahmen aus Tulpen, Nelken, Kornblumen oder Akeleien. Als Vorlage dienten wohl Stiche, weshalb die Figuren fein gezeichnet sind. Es lohnt sich also durchaus, für den Ausflug einen Termin zu wählen, an dem die Kirche geöffnet ist.

Von St. Anian aus muss man unbedingt einen weiteren ▸ *Schlenker nach Süden zum Stockerweiher* unternehmen. Verträumt liegt er mit seinen leuchtenden Teppichen aus Seerosen da und lässt keinesfalls vermuten, dass an seinem südwestlichen Ende die Menschen der mittleren und späten Bronzezeit einst ihre Brandopfer darbrachten. Vor etwa 3.500 Jahren gab es hier also schon einen Kultplatz, der für die Siedler von großer Bedeutung war.

Wir kehren ▸ *zur Ortskirche zurück* und können nun rechts oder links von ihr ▸ *weiter nach Norden* gehen. Wichtig ist nur, dass wir das ▸ *Hollerhaus* nicht verpassen, das am Neufahrner Weg auf uns wartet. Das hübsche Anwesen mit der Hausnummer 3 wird manch einem bekannt vorkommen, spielte es doch als „Pension Resi" in der Krimiserie „Der Bulle von Tölz" eine nicht unwesentliche Rolle. Inzwischen ist das nunmehr etwa 600 Jahre alte Bauernhaus weitum für Kunst und Kultur bekannt.

Der ▸ *Neufahrner Weg* bringt uns nun – an einer kleinen Töpferei vorbei – in westlicher Richtung bergauf und dreht sich dann nach Norden. Wir biegen ▸ *rechts in die Straße „Eggenberg"* ab und lassen uns von ihr zu den Wiesen nördlich von Irschenhausen lotsen. Hinter der letzten Hecke geht es an einer umzäunten Wiese weiter, bis uns eine junge Eiche auf einen ▸ *Wiesenpfad* aufmerksam macht, der ▸ *rechts nach Osten* zu einem sensationellen Aussichtspunkt führt. Neben einem blumengeschmückten Wegkreuz findet sich hier im Schatten ausladender Bäume eine Holzbank, die nur darauf wartet, sonnenmüden Wanderern eine Abkühlung und einen faszinierenden Ausblick zu schenken. Zeit also für ein Päuschen – und für den tiefsinnigen und berührenden Text von Bernhard von Clairvaux „Gönne dich dir selbst“ auf **S. 79**.

Erfrischt kehren wir nun ▸ *auf den Feldweg zurück*, der stracks ▸ *nach Norden* zum Waldrand führt. Hier treffen wir auf ein Labyrinth aus Wanderpfaden, die uns nur dann ans Ziel kommen lassen, wenn wir den jeweils breitesten wählen, der noch dazu ▸ *auf der Höhe rechts bleibt* und nicht nach links unten abfällt.

Einmal führt der Waldweg kurz ▸ *über die Max-Rüttgers-Straße*, lässt Blicke in Rosamunde-Pilcher-Landhausgärten zu, verschwindet dann jedoch alsbald wieder im grünen Dschungel der alten Fichten und Buchen. Wir halten uns ▸ *wiederum rechts auf der Höhe* und kommen somit nach nur gut 600 Metern schon wieder zu den nächsten Häusern mitsamt kleinem Waldtümpel. Die ▸ *Rößlstraße* schlängelt sich ebenfalls an illustren Gärten vorbei nach Nordost, stößt dann auf den ▸ *Adalbert-Stifter-Ring*, an dem wir ▸ *kurz rechts abbiegen*, um am stattlichen Wehnerbauern vorbei, der 1929 im Heimatstil erbaut wurde, die ▸ *Zeller Straße links* hinaufzuwandern. Rechts an der Kreuzung liegt übrigens ein ebenfalls denkmalgeschütztes Anwesen, ein ehemaliges Kindersanatorium aus dem Jahr 1907.

Im Frühsommer kommen Gartenfreunde bei dieser sonnigen Runde voll auf ihre Kosten.

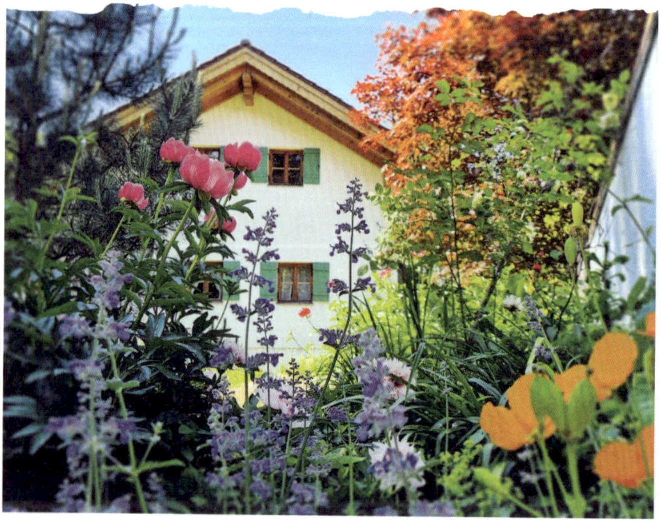

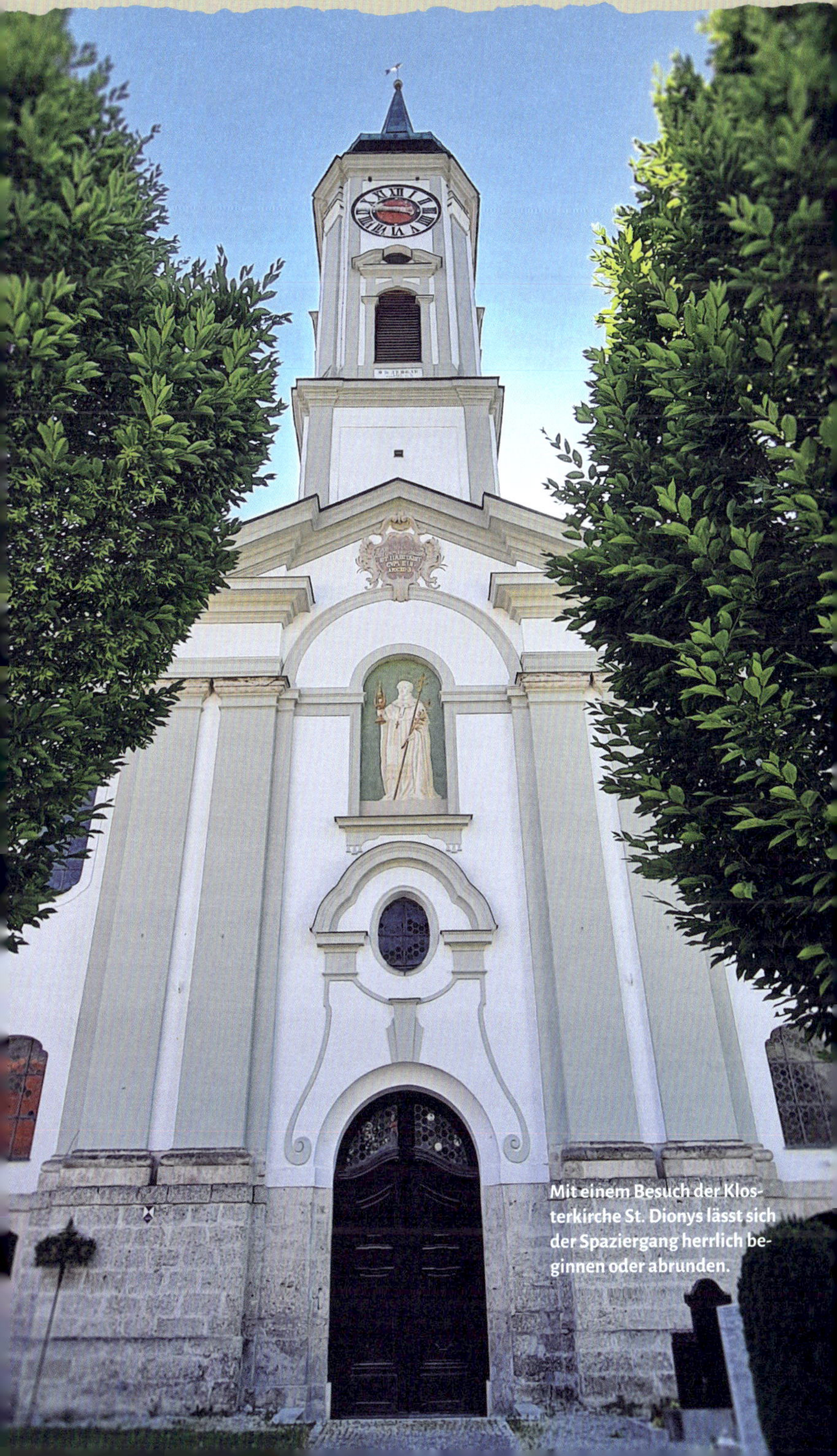

Mit einem Besuch der Klosterkirche St. Dionys lässt sich der Spaziergang herrlich beginnen oder abrunden.

Nach wenigen Minuten haben wir den ▸ *Friedhof Ebenhausen-Zell* erreicht und mit ihm ein weiteres interessantes Ziel, nämlich die kleine ▸ *Kirche St. Michael*. Geweiht 1206, erfolgte ein romanischer Saalbau, der in den folgenden Jahrhunderten immer wieder überarbeitet und ausgebaut wurde. Die Fresken im Chorgewölbe stammen aus dem 13., 14. und 15. Jahrhundert. Auf dem Friedhof sind mehrere bekannte Persönlichkeiten zu finden, unter anderem die Puppenmacherin Käthe Kruse. Seit 2021 erinnert außerdem eine Gedenktafel an neun Spartakisten, die 1919 in der Zeit der bayerischen Räterepublik nach einem verhängnisvollen Aufeinandertreffen mit einer Gruppe von Regierungssoldaten, bei der ein Unteroffizier den Tod fand, im Kloster Schäftlarn hingerichtet und hier anonym begraben wurden.

Bemerkenswert ist bei diesem Kircherl auch der Patron St. Michael, vor allem in Verbindung mit der nahe gelegenen Pfarrkirche von Hohenschäftlarn, die ebenfalls auf exponiertem Platz zu finden ist und dem heiligen Georg geweiht ist. Deren erste urkundliche Erwähnung geht sogar auf das Jahr 778 zurück. Bezieht man nun die offiziellen Bodendenkmäler im Umfeld mit ein, allen voran die Birg, eine frühmittelalterliche Wallburganlage, in der es auch keltische Einzelfunde gab, und westlich davon den Siedlungsplatz aus der Bronze- bis zur Latènezeit, dann liegt es nahe, dass auch unter diesen zwei Gotteshäusern vorgeschichtliche Kultorte verborgen liegen. Geschah es doch häufig, dass man heidnische Opferplätze mit Michaels- und Georgskirchen überbaute, um die Siedler zu christianisieren.

Welche beeindruckende Vergangenheit diese Kirchen auch immer haben, viel davon werden sie leider nicht mehr preisgeben. Deshalb setzen wir unseren Weg ▸ *Richtung Norden* fort, wechseln auf den ▸ *Gerhart-Hauptmann-Weg*, der uns – am evangelischen Seniorenheim vorbei – mit neuerlichem Bergblick zur evangelischen ▸ *Heilandskirche* bringt. Die fast hundert Jahre alte Kirche nimmt sich neben ihren barockisierten Kolleginnen eher schlicht aus, schenkt aber gerade durch ihre Einfachheit einen besonderen Raum zur Meditation.

Die ▸ *Zechstraße führt uns auf rechter Seite* nun zur ▸ *Lechnerstraße, auf die wir links abbiegen* und zu einem letzten Kirchenbau kommen. Die katholische ▸ *Kirche St. Benedikt* wurde zwar erst 1965 gebaut, aber aufgrund von zu hohen Sanierungskosten 2023 profaniert und ist deshalb leider nicht mehr zugänglich.

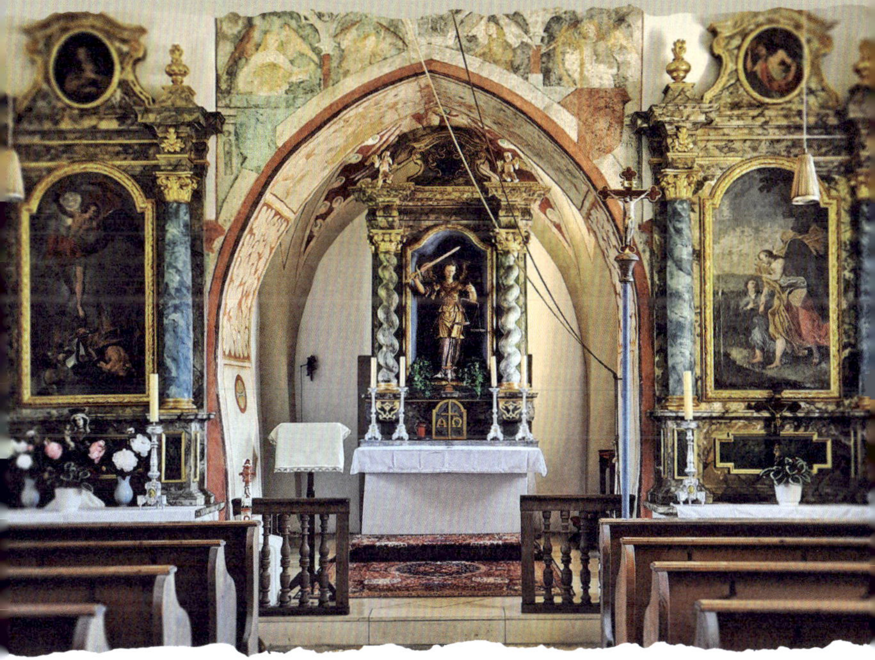

So schreiten wir die ▸ *Lechnerstraße weiter leicht bergab*, bis wir den Bahnübergang und die B11 erreichen. Zwar geht es nun auf ▸ *demselben Weg wieder zum Kloster Schäftlarn zurück*, wie wir ihn heraufgekommen sind, doch tragen wir mit Sicherheit ganz neue, vielfältige Eindrücke dieses abwechslungsreichen Spaziergangs in uns.

Die Fresken in der Zeller Friedhofskirche St. Michael stammen aus dem 13. bis 15. Jahrhundert.

Gönne dich dir selbst

Aus einem Brief von Bernhard von Clairvaux (1090 – 1153) an Papst Eugen III. (ca. 1080 – 1153)

Wo soll ich anfangen? Am besten bei Deinen zahlreichen Beschäftigungen, denn ihretwegen habe ich am meisten Mitleid mit Dir. Ich fürchte, dass Du, eingekeilt in Deine zahlreichen Beschäftigungen, keinen Ausweg mehr siehst und deshalb Deine Stirn verhärtest; dass Du Dich nach und nach des Gespürs für einen durchaus richtigen und heilsamen Schmerz entledigst. Es ist viel klüger, Du entziehst Dich von Zeit zu Zeit Deinen Beschäftigungen, als dass sie Dich ziehen und Dich

Kircherlweg nach Irschenhausen

2:10 h Gehzeit – 8,2 km Länge – 160 hm

Ausgangspunkt in 82067 Schäftlarn:

Parkplatz im Umfeld des Klosters

Weg:

Kieswege, Forststraßen, Wiesen- und Waldpfade, Straßen, Gehwege; überwiegend sonnig, auch nach Regen und leichtem Schneefall gut zu gehen; im Winter im Wald manchmal eisig. Wenig beschildert; Orientierungssinn sehr wichtig.

Besonderheiten:

- Benediktinerabtei Schäftlarn mit Klosterkirche www.abtei-schaeftlarn.de
- Waldkapelle Maria Rast
- Aussichtsplatz
- Vorgeschichtliche Hügelgräber
- Kirche St. Anian Irschenhausen
- Brandopferplatz der Bronzezeit
- Künstlerhaus „Hollerhaus“ www.hollerhaus-irschenhausen.de
- Schattige Waldwege
- Kirche St. Michael in Zell
- Grabstätte von Käthe Kruse
- Heilandskirche in Ebenhausen

Einkehr:

- Klosterbräustüberl Schäftlarn www.klosterbraeustueberl-schaeftlarn.de
- Landgasthof Rittergütl www.ritterguetl.de

Zuganfahrt:

Mit der S-Bahn nach Ebenhausen-Schäftlarn; Start von dort aus.

Variationen:

Verkleinern kann man die Tour, indem man die Runde über Querstraßen abkürzt.. Oder man findet in Ebenhausen einen der dort raren Parkplätze und kann somit den ersten Wegteil vom Kloster aus weglassen. Verlängern lässt sich die Runde mit dem Spaziergang Nr. 8 „Schäftlarner Allee-Runde“.

Tipps:

- Mariengrotte nördlich an der Klosterstraße
- Prälatengarten im Kloster Schäftlarn
- Klosterladen Schäftlarn www.abtei-schaeftlarn.de/wirtschaft-betriebe/klosterladen

Tourist-Info:

Gemeindeverwaltung
Starnberger Straße 50
82069 Hohenschäftlarn
Tel.: 08178-93030
E-Mail: post@schaeftlarn.de
www.schaeftlarn.de

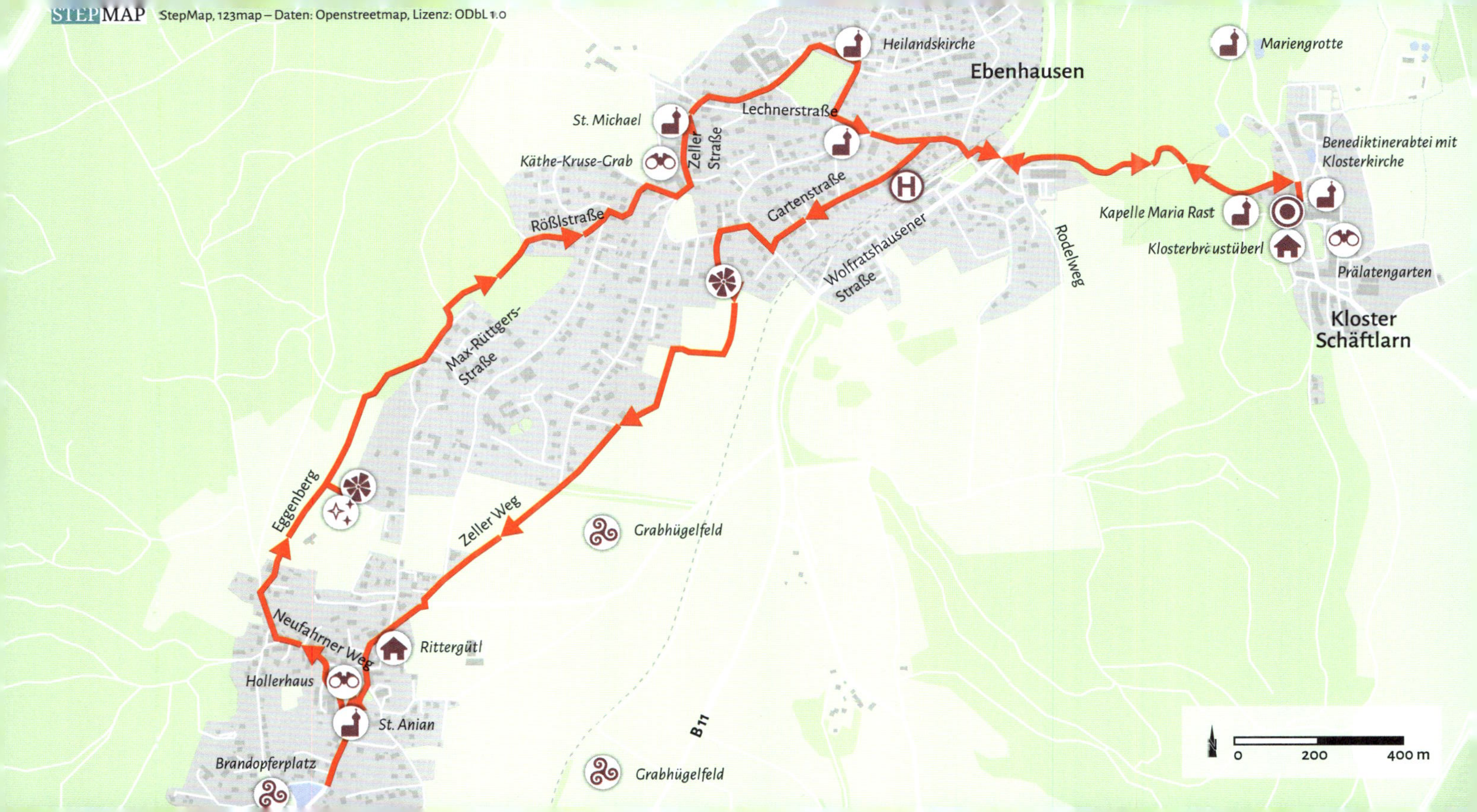
STEPMAP
StepMap, 123map – Daten: Openstreetmap, Lizenz: ODbL 1.0
Heilandskirche
Mariengrotte
Ebenhausen
St. Michael
Lechnerstraße
Zeller Straße
Benediktinerabtei mit Klosterkirche
Käthe-Kruse-Grab
Gartenstraße
Kapelle Maria Rast
Rößlstraße
Klosterbräustüberl
Wolfratshausener Straße
Rodelweg
Prälatengarten
Kloster Schäftlarn
Max-Rüttgers-Straße
Eggenberg
Zeller Weg
Grabhügelfeld
Neufahrner Weg
Rittergütl
Hollerhaus
St. Anian
B11
Brandopferplatz
Grabhügelfeld
0
200
400 m

nach und nach an einen Punkt führen, an dem du nicht landen willst. Du fragst an welchen Punkt? An den Punkt, wo das Herz anfängt, hart zu werden. Frage nicht weiter, was damit gemeint sei: wenn Du jetzt nicht erschrickst, ist Dein Herz schon so weit.

Das harte Herz ist allein; es ist sich selbst nicht zuwider, weil es sich selbst nicht spürt. Was fragst Du mich? Keiner mit hartem Herzen hat jemals das Heil erlangt, es sei denn, Gott habe sich seiner erbarmt und ihm, wie der Prophet sagt, sein Herz aus Stein weggenommen und ihm ein Herz aus Fleisch gegeben. Wenn Du Dein ganzes Leben und Erleben völlig ins Tätigsein verlegst und keinen Raum mehr für Besinnung vorsiehst, soll ich Dich da loben?

Darin lobe ich Dich nicht. Ich glaube, niemand wird Dich loben, der das Wort Salomons kennt: „Wer seine Tätigkeit einschränkt, erlangt Weisheit" (Sir 38, 25). Und bestimmt ist es der Tätigkeit selbst nicht förderlich, wenn ihr nicht die Besinnung vorausgeht.

Wenn Du ganz und gar für alle da sein willst, nach dem Beispiel dessen, der allen alles geworden ist (1. Kor 9, 22), lobe ich Deine Menschlichkeit – aber nur, wenn sie voll und echt ist. Wie kannst Du aber voll und echt sein, wenn Du Dich selber verloren hast? Auch Du bist ein Mensch. Damit Deine Menschlichkeit allumfassend und vollkommen sein kann, musst Du also nicht nur für alle anderen, sondern auch für Dich selbst ein aufmerksames Herz haben. Denn, was würde es Dir nützen, wenn Du – nach dem Wort des Herrn (Mt 16, 26) – alle gewinnen, aber als einzigen Dich selbst verlieren würdest? Wenn also alle Menschen ein Recht auf Dich haben, dann sei auch Du selbst ein Mensch, der ein Recht auf sich selbst hat. Warum solltest einzig Du selbst nicht von Dir alles haben? Wie lange bist Du noch ein Geist, der auszieht und nie wieder heimkehrt (Ps 78, 39)? Wie lange noch schenkst Du allen anderen Deine Aufmerksamkeit, nur nicht Dir selber?

Ja, wer mit sich schlecht umgeht, wem kann der gut sein? Denk also daran: Gönne Dich Dir selbst. Ich sage nicht: Tu das immer, ich sage nicht: Tu das oft, aber ich sage: Tu es immer wieder einmal. Sei wie für alle anderen auch für Dich selbst da, oder jedenfalls sei es nach allen anderen.

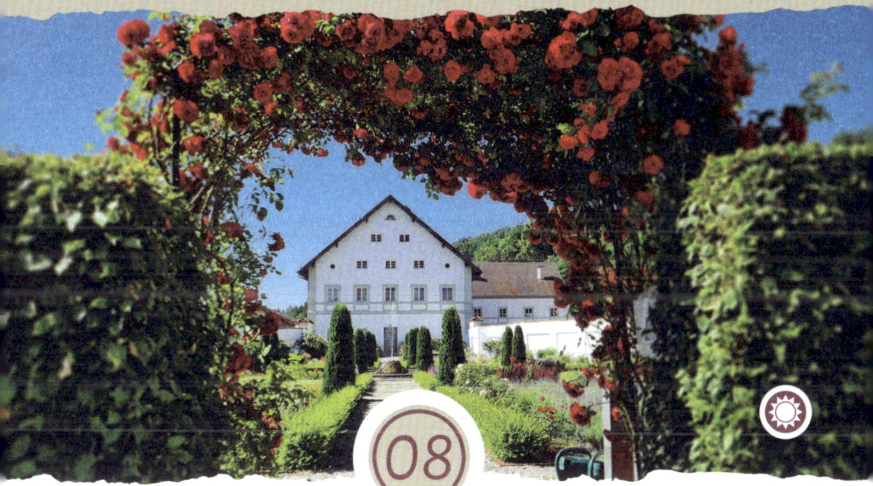

08

Schäftlarner Allee-Runde

Wenn alte Bäume das Bergpanorama rahmen

1:50 h Gehzeit – 7,2 km Länge – 104 hm

Bei diesem abwechslungsreichen Ausflug ins Gebiet von Schäftlarn spaziert man nicht nur durch drei völlig verschiedene Landschaftsformen, sondern auch durch unterschiedliche Epochen. Ein ehemaliger Gletschersee hat im Isartal seine unübersehbaren Spuren hinterlassen. Tiefe Schluchtwege wechseln sich mit ausgedehnten Höhenzügen ab, auf denen schon vor Jahrtausenden die ersten Siedler lebten.

Und zudem kann man hier – gerahmt von prächtigen Alleen – den weiten Blick auf die Voralpenkette genießen wie an kaum einer anderen Stelle im Oberland. Zur blattlosen Zeit, also im Winter und im Frühling, ist die Aussicht am prächtigsten.

Von den zahlreichen Parkmöglichkeiten um das Kloster Schäftlarn bietet sich für diese Runde der ▸ *südlichste Platz beim Klosterbräustüberl* an. Hier informiert ein kleiner Schilderbaum über die abzweigenden Wege und weist uns in ▸ *Richtung Süden nach Ebenhausen*.

Der ▸ *Forstweg* steigt zuerst langsam an und lässt uns noch kurz über das weite Isartal blicken – und damit überraschenderweise

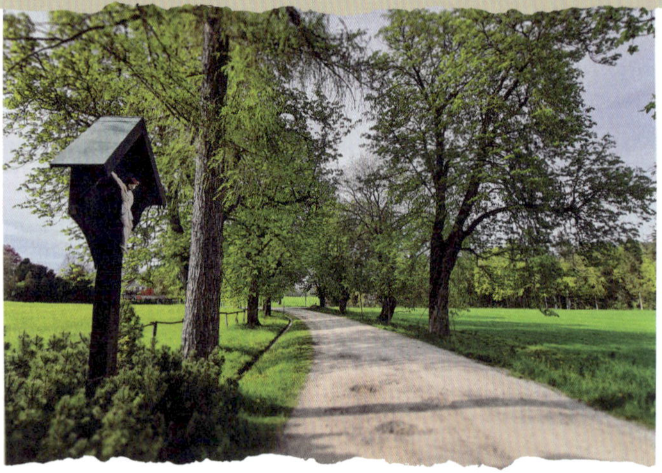

Hier ist eine Allee schöner als die andere.

auf einstigen Seegrund. Vor gut 15.000 Jahren war das Oberland nämlich von einer 200 bis 300 Meter dicken Eisschicht bedeckt. Beim Vor- und Zurückweichen schürften Gletscherzungen dieses weite Becken aus, das sich bei der anschließenden Schmelze mit Wasser füllte. Der sogenannte Wolfratshauser See war damals Teil einer mächtigen Seenplatte und erstreckte sich 30 Kilometer lang vom Penzberger Höhenzug im Süden bis zum heutigen Kloster Schäftlarn im Norden. Er war bis zu 150 Meter tief und reichte von Achmühl im Westen bis Dietramszell im Osten.

Sein Ende war besiegelt, als sich die Ur-Isar nördlich von Bad Tölz einen neuen Weg bahnte, anstatt weiter über den Teufelsgraben zur Mangfall zu strömen. Fortan mündete sie in den Wolfratshauser See, der daraufhin ebenfalls verstärkt in nördlicher Richtung abfloss, dabei immer tiefer in die Endmoräne einschnitt und das canyonartige Isartal schuf. Durch die hohen Kiesmengen der Isar verlandete der See mehr und mehr. Heute erzählen nur noch die faszinierenden Landschaftsformen und Gesteine von Eiszeiten und Gletscherschmelze. So wie der mächtige ▸ *Schluchtweg*, der uns nun steil hinauf auf die ▸ *Schäftlarner Ebene* bringt. Fast schnurgerade geht es hier auf der sogenannten Alten Rodelbahn knapp hundert Höhenmeter bergauf, bis sich der dunkle Hohlweg zu Wiesen und Weiden öffnet.

Einen hübschen zusätzlichen Schlenker verspricht der Rodelweg, der rechts zu den ersten Häusern von Ebenhausen führt. Wer diese kleine Allee hinaufschreitet, kann entweder direkt vor den Gärten links nach Westen und später nach Süden biegen oder über die Straßen „Rodelweg" und „Am Kreuzweg" links über einen munteren Wiesenweg zu unserer Runde zurückkehren, übrigens im Mai aufs Schönste gesäumt von blühenden Obstbäumen.

Weiter geht es für uns nun den ▸ *Holzner Graben hinauf*, bis die wir die letzten Bäume auf südlicher Seite erreicht haben. Hier biegt ein ▸ *Feldweg nach links* ab und schenkt uns mit jedem weiteren Schritt einen ausladenden Blick auf die beeindruckende Voralpenkette.

Zwischen Wiesen geht es fröhlich dahin, bis uns eine prächtige ▸ *Kastanienallee* in Empfang nimmt und zu den herrschaftlichen Gebäuden von Holzen geleitet. Wir folgen der breiten Kiesstraße und den Pferdekoppeln ▸ *rechts um das Gut herum* wenige Minuten weiter ▸ *in südliche Richtung*. Gut hundert Meter nach einer Biegung in westlicher Richtung, zweigt hinter dem hölzernen Weidezaun ein schmaler ▸ *Wiesenpfad rechts ab*. Zwischen stattlichen Linden steigt er schnell höher und führt schließlich zu einem wundervollen ▸ *Aussichtsbankerl*, von dem aus bei guter Sicht hinter der Silhouette von Icking die westliche Gebirgskette zu erspähen ist. Eine Brotzeit bietet sich hier ebenso an wie eine kleine Inspiration durch die Geschichte von der „Maske des Königs" **Geschichte S. 89**.

Für alle Geschichtsliebhaber gibt es hier noch interessante Informationen zur einstigen Besiedlung dieses Höhenzugs. So erzählt der

Auf dem Höhenrücken geht es mit Blick auf die Berge gemütlich dahin.

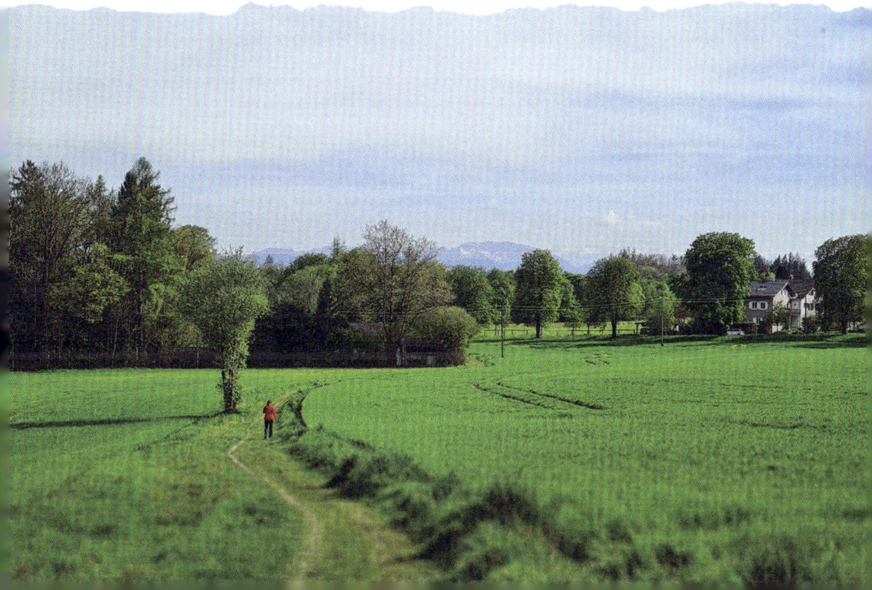

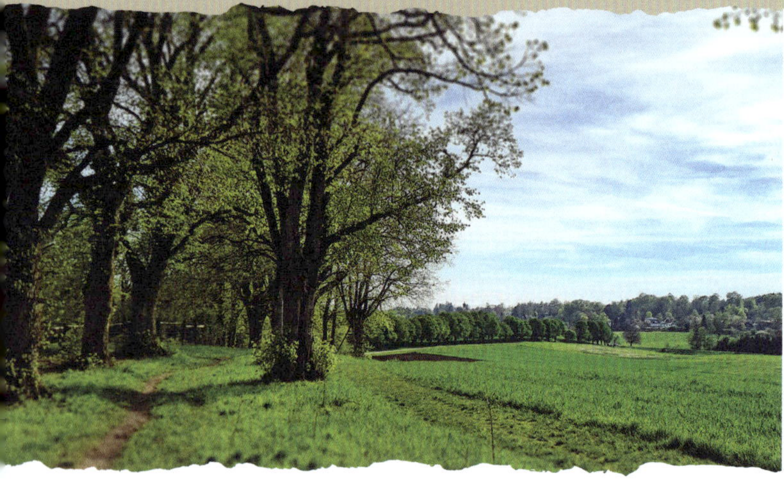

Man kann hier einfach nur lustwandeln – oder in die geheimnisvolle Geschichte des Oberlandes eintauchen.

„Bayerische Denkmal-Atlas" von einigen herausragenden, zwar mit bloßem Auge nicht mehr zu erkennenden Besonderheiten, die vom Leben in anderen Epochen berichten. Auf westlicher Seite der B 11 liegt ein vorgeschichtliches Grabhügelfeld, das durch die jahrhundertelange landwirtschaftliche Nutzung freilich längst eingeebnet ist. Auf dem Ulrichshügel, einer heute bewaldeten und im Norden Ickings gelegenen Anhöhe, wird eine keltische Kultstätte vermutet. Nachgewiesen werden konnten dort ein Burgstall aus dem hohen Mittelalter und eine inzwischen abgegangene Kirche der frühen Neuzeit. Südlich von unserem Aussichtspunkt sind die Reste eines römischen Landguts, einer „Villa Rustica", im Wald verborgen. Nicht zuletzt deutet die Endung „-ing" bei dem wohl im 6. Jahrhundert entstandenen „Icking" auf einen Bezug zu einem freien Germanen namens „Ikko" hin. So spannend kann ein Blick übers Land und in die Geschichte sein!

Auf unserem weiteren Weg geht es nun erst einmal die ▸ *wenigen Meter wieder zur Lindenallee zurück* und dann ▸ *links nach Norden* weiter. Kurz durch ein Wäldchen und an weiteren Gutshäusern vorbei, bis wir der ▸ *breiten Kiesstraße nach Norden* folgen. Bevor wir die B 11 erreichen, lädt uns ein ▸ *Feldweg auf rechter Seite* ein, auf ihm wieder den ▸ *Feldweg „Am Holzner Graben"* zu erreichen. Dieser bringt uns ▸ *rechts erneut zum Waldeck*, von dem aus der aussichtsreiche Weg nach Süden begonnen hat. Man könnte nun den bekannten Hinweg zum Startpunkt zurückgehen.

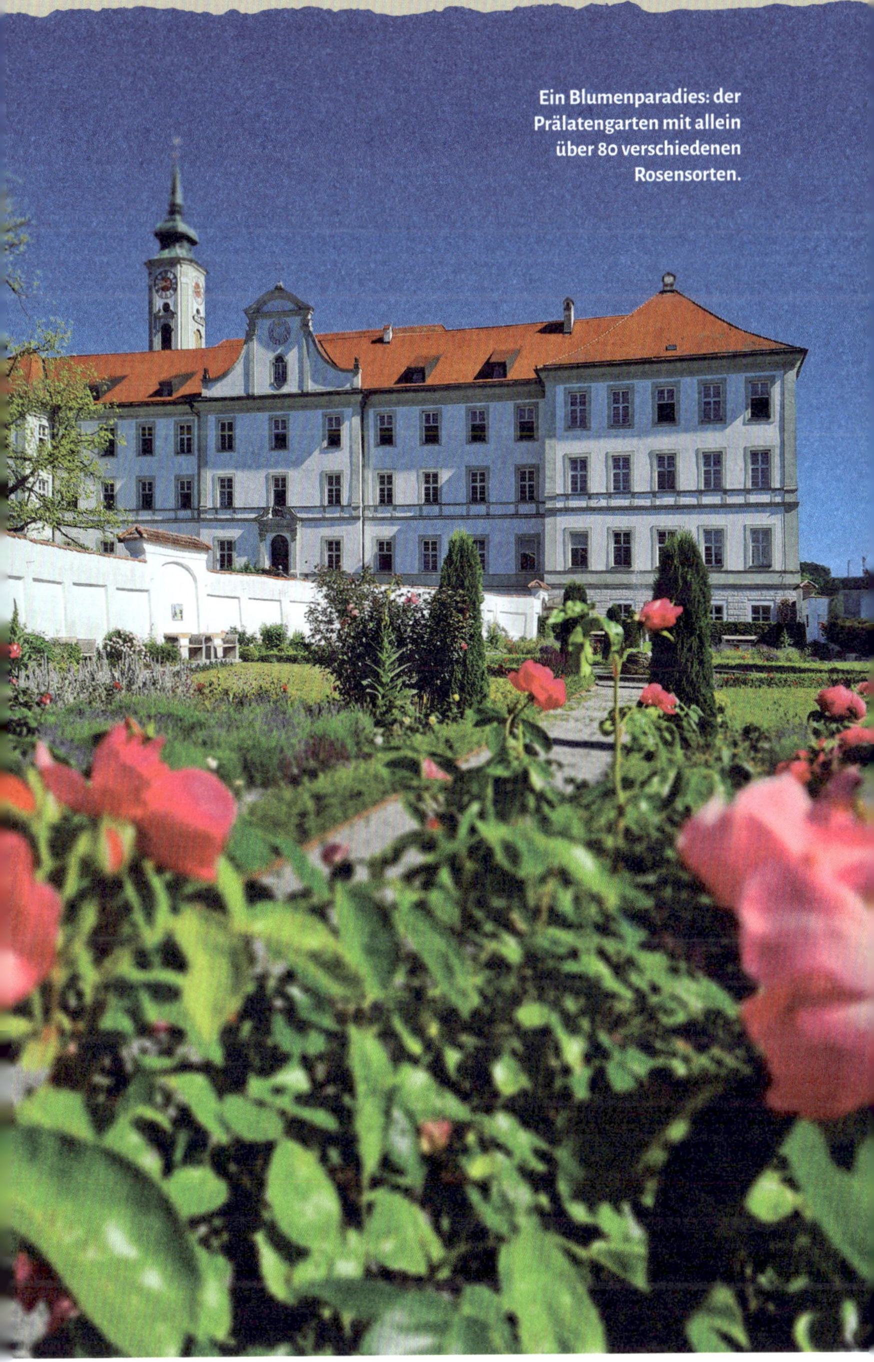

Ein Blumenparadies: der Prälatengarten mit allein über 80 verschiedenen Rosensorten.

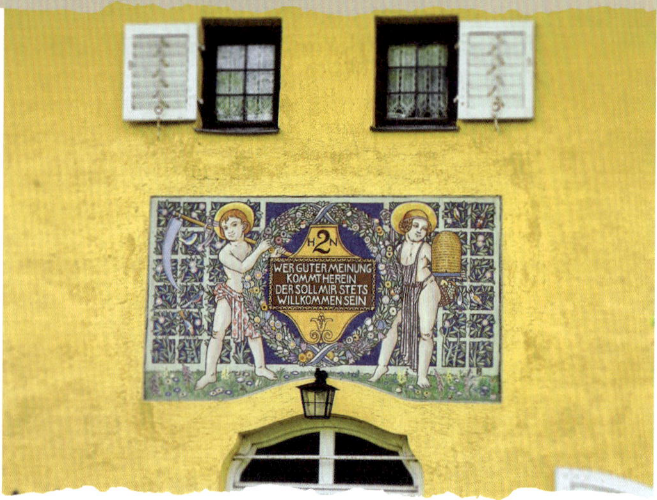

Nicht nur die Alleen und der Bergblick bezaubern, sondern auch die alten Anwesen von Gut Holzen.

Wer etwas Abwechslung liebt, für den gilt jetzt aufgepasst: Wir gehen erst noch einmal ▸ *wenige Meter nach rechts Richtung Süden* und biegen dann aber gleich ▸ *links auf einen Forstweg* in den Wald hinein ab. Begleitet von Vogelgezwitscher schlendern wir in diesem lichten Mischwald sanft bergab. An der nächsten Wegkreuzung geht es nahezu ▸ *geradeaus weiter*, wenn man davon absieht, dass der Weg nun in ganz großem Bogen auf Ost und teilweise Nordost dreht. Wir spazieren ihn gegen den Uhrzeigersinn weiter, stoßen schließlich im Osten auf eine ▸ *Straße, die linkerhand zwischen Wiesen und Waldrand nach Norden zurück zum Kloster* führt. Man könnte auch einen Forstweg wählen, der bereits kurz zuvor abzweigt und wenige Meter oberhalb durch den Wald führt, aber dieser ist eher unattraktiv. Für alle, die ihre Runde noch verlängern wollen, bietet sich eine Erweiterung zur Isar an. Dazu biegt man an der Straße rechts ab und folgt dann dem Weg nach Osten bis zum Flusslauf.

Alsbald winkt der Turm der Klosterkirche herüber. Und mit ihm offenbart sich die letzte Station geschichtlicher Zeugnisse. 762 als Benediktinerorden gegründet, gehört Schäftlarn zu den bayerischen Urklöstern. Es durchlebte Höhen und Tiefen, war beispielsweise im 10. Jahrhundert als Abtei erloschen, lebte dann aber im 12. Jahrhundert als Sitz des Prämonstratenserordens wieder auf. Der heutige barocke Klosterbau wurde im frühen 18. Jahrhundert errichtet. Nach der Säkularisation diente er als Badeanstalt und

Fayence-Manufaktur. Inzwischen steht das Kloster erneut unter der Leitung der Benediktiner und fühlt sich als Abtei und Gymnasium der Bildung, der Seelsorge sowie der Pflege der Kulturgüter und der Natur verpflichtet.

Für unsere kleine Runde bieten sich deshalb vielerlei Abschlussmöglichkeiten an: Die einen lädt die Kirche zur stillen Einkehr, die anderen lockt der aufwendig angelegte Prälatengarten mit über 80 verschiedenen Rosensorten, mit Lavendel und Buchs, mit Blumenbeeten und Fontänenbrunnen. Gleich daneben geht es zum Klosterladen mit seinen Kleinoden und Köstlichkeiten, die vor allem aus der klösterlichen Imkerei und Brennerei stammen. Nicht zu vergessen, die beiden Gasthäuser in der Nähe, die nur darauf warten, hungrige Sonntagsspaziergänger bewirten zu dürfen.

Die Maske des Königs

ab 6 Jahren
Frei nach einer Geschichte von Alan Cohen

Vor langer, langer Zeit lebte einmal ein König, der sehr ungerecht, ungnädig und verbittert war. Tiefe Sorgenfalten hatten sich in sein Gesicht eingegraben und seine Augen blickten argwöhnisch in die Welt. Er war bei seinen Untertanen inzwischen so verhasst, dass er immer und überall mit Attentaten und Aufständen rechnen musste. Das zermürbte ihn noch mehr, weshalb er eines Tages seinen weisesten Berater zu sich kommen ließ.

„Was kann ich nur tun, damit ich endlich in Frieden leben kann?“, fragte er ihn.

Der Weise überlegte und sagte schließlich: „Nun, Eure Majestät, ich wüsste da tatsächlich ein Zaubermittel. Aber Ihr müsst bereit sein, es um jeden Preis einzusetzen.“

Der König willigte ein, nur um endlich zur Ruhe zu kommen.

Einige Tage später brachte ihm der kluge Gelehrte etwas sehr Ungewöhnliches: eine Maske, die dem König aufs Haar glich – die jedoch ein freundliches Lächeln im Gesicht trug und glatte, angenehmen Züge hatte.

Schäftlarner Allee-Runde

1:50 h Gehzeit – 7,2 km Länge – 104 hm

Ausgangspunkt in 82067 Schäftlarn:

Parkplatz südlich der Klosterwirtschaft

Weg:

Kieswege, Forststraßen, Wiesenpfade; teils schattig, teils sonnig, bei Schneeschmelze teilweise eisig, bei viel Schnee nicht empfehlenswert. Nur teilweise beschildert, aber leicht zu finden.

Besonderheiten:

- Ausblicke ins Isartal
- Mächtige Schluchtwege
- Von Alleen gesäumte Wege
- Aussichtsplatz mit Bank
- Benediktinerabtei Schäftlarn mit Klosterkirche www.abtei-schaeftlarn.de
- Prälatengarten

Einkehr:

- Klosterbräustüberl Schäftlarn www.klosterbraeustueberl-schaeftlarn.de
- Gasthaus zum Bruckenfischer www.bruckenfischer.com
- Gasthaus zur Mühle www.gasthausmuehle.de
- Gastronomie Hohenschäftlarn, Irschenhausen und Icking

Zuganfahrt:

Mit der S-Bahn nach Ebenhausen-Schäftlarn, dann etwa 5 min Fußweg zum Rodelweg; Start von dort.

Variationen:

Ein Verkürzen der Tour ist möglich, indem man auf der Alten Rodelbahn wieder zum Kloster zurückkehrt. Oder man findet in Ebenhausen einen der raren Parkplätze und verkürzt die Tour auf die höhergelegene Allee-Runde. Verlängern lässt sich die Tour mit dem im Text beschriebenen Schlenker auf dem Rodelweg, dem Spaziergang Nr. 9 „Kircherlweg nach Irschenhausen" oder auf einem der vielfältigen Wege im Isartal.

Tipps:

- Mariengrotte beim Kloster
- Waldkapelle Maria Rast
- Klosterladen Schäftlarn www.abtei-schaeftlarn.de/wirtschaft-betriebe/klosterladen
- Heimathaus der Gemeinde Schäftlarn www.neuchl-anwesen.de
- Vorgeschichtliche Grabhügel und Villa Rustica der römischen Kaiserzeit im Umfeld

Tourist-Info:

Gemeindeverwaltung
Starnberger Straße 50
82069 Hohenschäftlarn
Tel.: 08178-93030
E-Mail: post@schaeftlarn.de
www.schaeftlarn.de

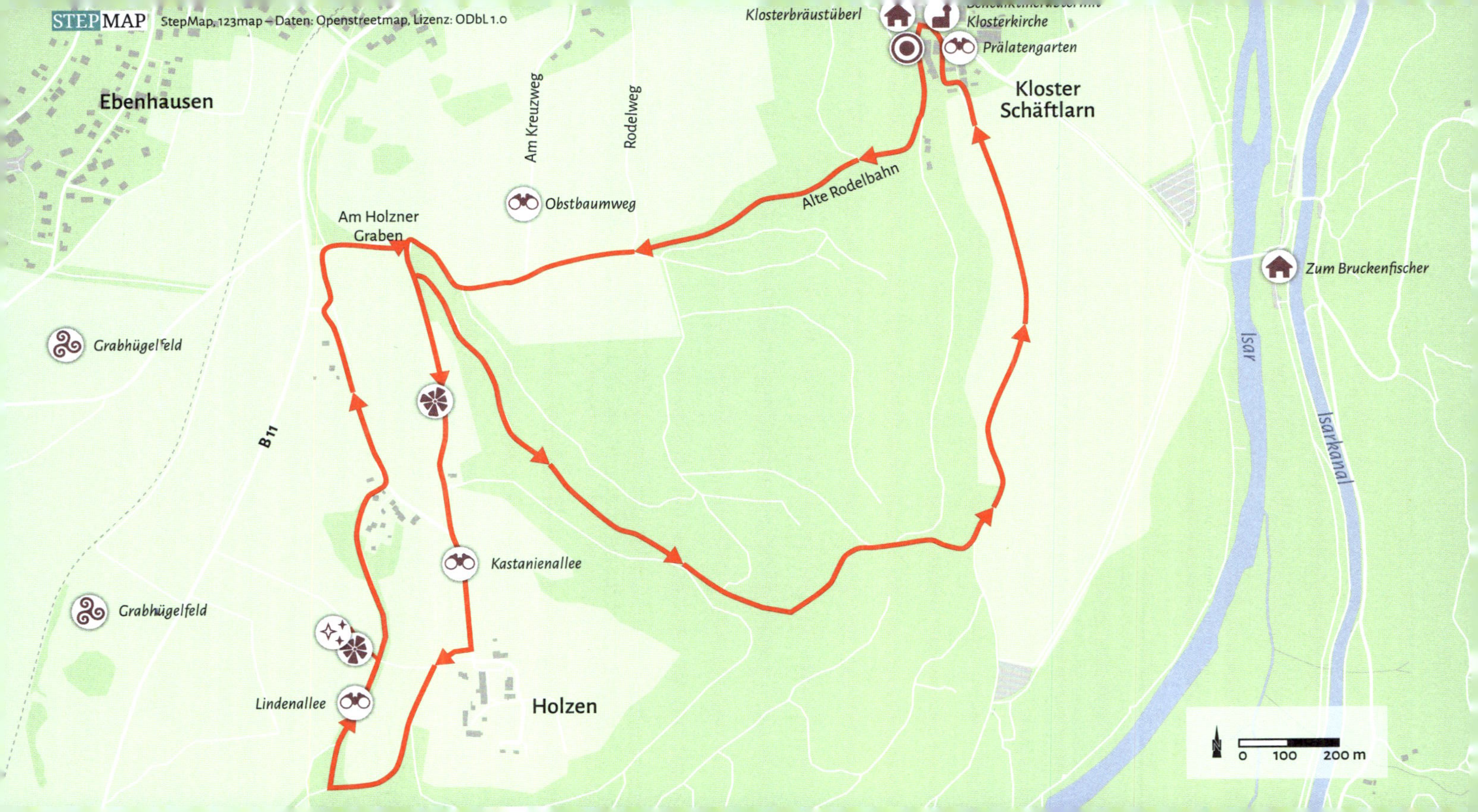
STEPMAP
StepMap, 123map – Daten: Openstreetmap, Lizenz: ODbL 1.0
Klosterbräustüberl
Klosterkirche
Prälatengarten
Kloster Schäftlarn
Ebenhausen
Am Kreuzweg
Rodelweg
Obstbaumweg
Alte Rodelbahn
Am Holzner Graben
Zum Bruckenfischer
Grabhügelfeld
B11
Isar
Isarkanal
Kastanienallee
Grabhügelfeld
Lindenallee
Holzen
0 100 200 m

„Das werde ich nicht tragen!", wehrte der König schroff ab. „So sehe ich niemals aus, niemals! Jedem wird sofort klar sein, dass dies eine Maske sein muss."

„Nun", antwortete der Weise ruhig, „es liegt ganz bei Euch, ob Ihr irgendwann in Frieden leben wollt oder ob es so weitergehen soll wie bisher."

Der König überlegte und überlegte. Als er erkannte, dass er eigentlich nichts mehr zu verlieren hatte, zog er schließlich die Maske über sein Gesicht.

Von diesem Augenblick an passierte Erstaunliches. Die Menschen in seiner Umgebung verloren ihre Abwehr, sie begannen ihm mehr und mehr zu vertrauen. Seine Untertanen wurden freundlicher zu ihm und manchmal kam es sogar vor, dass sich ein Kind liebevoll an ihn drückte.

Der König veränderte sich ebenfalls, auch er fasste mehr Vertrauen in sein Volk. Er hörte den Untertanen zu, die mit Bitten und Anliegen zu ihm kamen. Er erwiderte ihre Freundlichkeit.

Und so kam es, dass nach und nach Frieden und Wohlstand im Königspalast, wie auch im gesamten Land einkehrten. Nur nicht ins Herz des Königs. Er kam sich wie ein Verräter vor, da doch diese Veränderungen lediglich durch eine falsche Maske entstanden waren. Schweren Herzens beschloss er, die Maske wieder abzulegen und zu seinem wahren Gesicht zu stehen.

Stück für Stück schälte er sie eines Abends ab – und blickte völlig verwundert in sein Gesicht. Es war nicht mehr das alte, sorgenvolle Antlitz. Aus dem Spiegel blickten ihm jetzt zwei kluge Augen freundlich entgegen und seine Sorgenfalten waren zwei Lachfalten gewichen. Das Gesicht des Königs hatte sich tatsächlich verwandelt und strahlte nun Freude und Güte aus. Die Maske hatte seine innere Schönheit zum Vorschein gebracht.

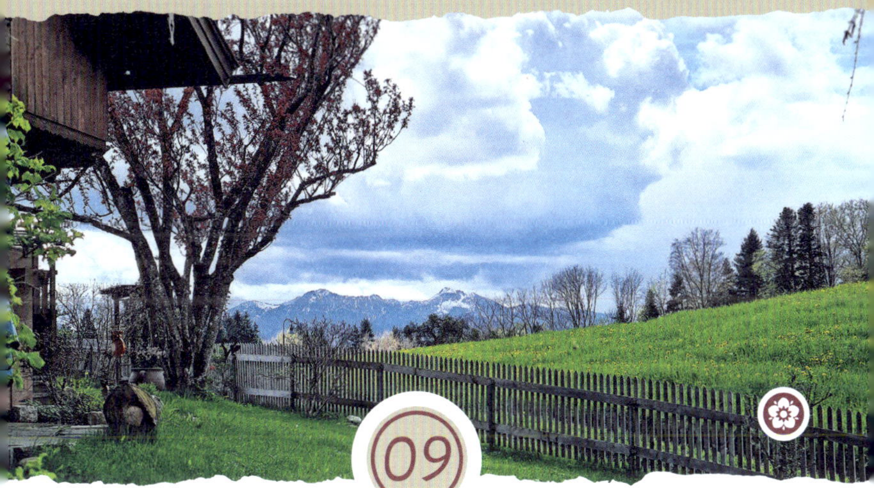

Bad Heilbrunn-Ramsau-Runde

Von Bädern, Bärlauch und Biergärten

1:10 h Gehzeit – 4,5 km Länge – 70 hm

Ein knoblauchartiger Geruch liegt bei dieser Runde in der Luft, zumindest wenn man im März oder April unterwegs ist. Denn dann macht die Ramsau ihrem Namen alle Ehre: die Au voller Bärlauch, altbayerisch „Rams" genannt. Dieser Spaziergang lohnt sich also im Frühjahr ganz besonders, gleichwohl er auch zu allen anderen Jahreszeiten herrlich abwechslungsreich ist. In der wärmeren Saison kommen dann die beiden anderen Begriffe des Titels ins Spiel: Bäder und Biergärten.

Den Anfang nimmt diese Runde in Bad Heilbrunn, auf dessen Gebiet wohl schon die Kelten die Jod- und Heilquelle entdeckt hatten, die dem kleinen Kurort später zum Titel „Bad" verhalf. Die Quelle selbst gibt es im Ortskern noch, sie befindet sich aber in Privatbesitz und ist derzeit stillgelegt.

Gut beschildert nimmt unser Weg seinen Anfang am Haus des Gastes und dem danebenliegenden ▸ *Parkplatz des Kursaals*. Vom Wörnerweg aus führt der ▸ *Talweg gut hundert Meter nach Norden*, hinab zu einem ▸ *aussichtsreichen Platz*, an dem zwei mächtige Lin-

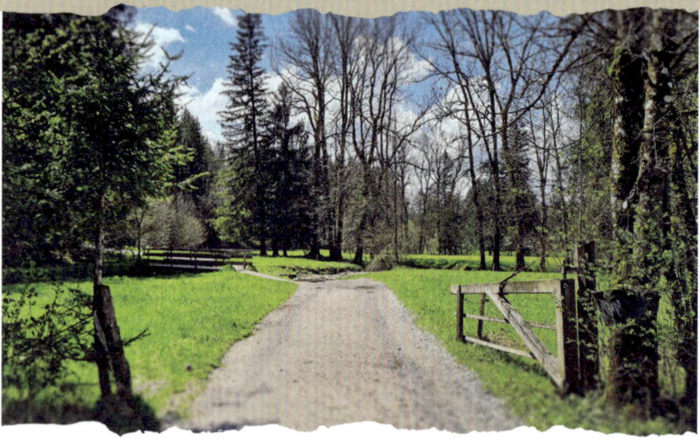

Ramsau, Schönau – auenreicher kann ein Wanderweg nicht sein.

den eine kleine Säule mit Jesusfigur umrahmen. Daneben präsentiert sich ein weit ins Alpenvorland reichender Ausblick. Eine kleine Holzbank eröffnet hier den Reigen der zahlreichen Bankerl, die uns auf unserem Rundweg begleiten werden.

Von diesem Platz aus geht es auf einem ▸ *geteerten Weg rechts weg* unterhalb der Fachklinik entlang hinüber zur ▸ *Kapelle Maria am Weg* und weiter bis zu den ▸ *Höfen des Weilers Ramsau*. Ein grüner Wegweiser schickt uns noch vor dem ersten Anwesen ▸ *links über eine Wiese* zu einer kurzen Treppe samt Brücklein über den Stallauer Bach.

Sind wir im Frühjahr unterwegs, tauchen wir jetzt in einen grünen Teppich aus wildem Knoblauch ein. Der Bärlauch fühlt sich hier nämlich besonders wohl und bedeckt jedes noch so kleine schattige Fleckchen unter den Bäumen und Büschen. Sein volkstümlicher Name wird auf das germanische „Hroms" oder das althochdeutsche „Ramesadr" zurückgeführt und weist darauf hin, dass dieses blutreinigende Heilkraut auch bei den Kelten, Germanen und Römern beliebt war. Schon im Jahr 812, während der Herrschaft Karls des Großen, taucht der Bärlauch auf einer Liste wichtiger Nutzpflanzen auf. Hier bieten sich für Pflanzenkenner unzählige Möglichkeiten zum Sammeln, wobei sicherheitshalber auf die Gefahr einer Verwechslung mit Maiglöckchen und Herbstzeitlose hingewiesen sein soll.

Wer Kräuter lieber in ihrer schon zubereiteten Form genießen möchte, kann in dem nun vor uns liegenden Gasthaus „RamsAu" auf seine Kosten kommen. Gleich ob in den neu gestalteten Räumen

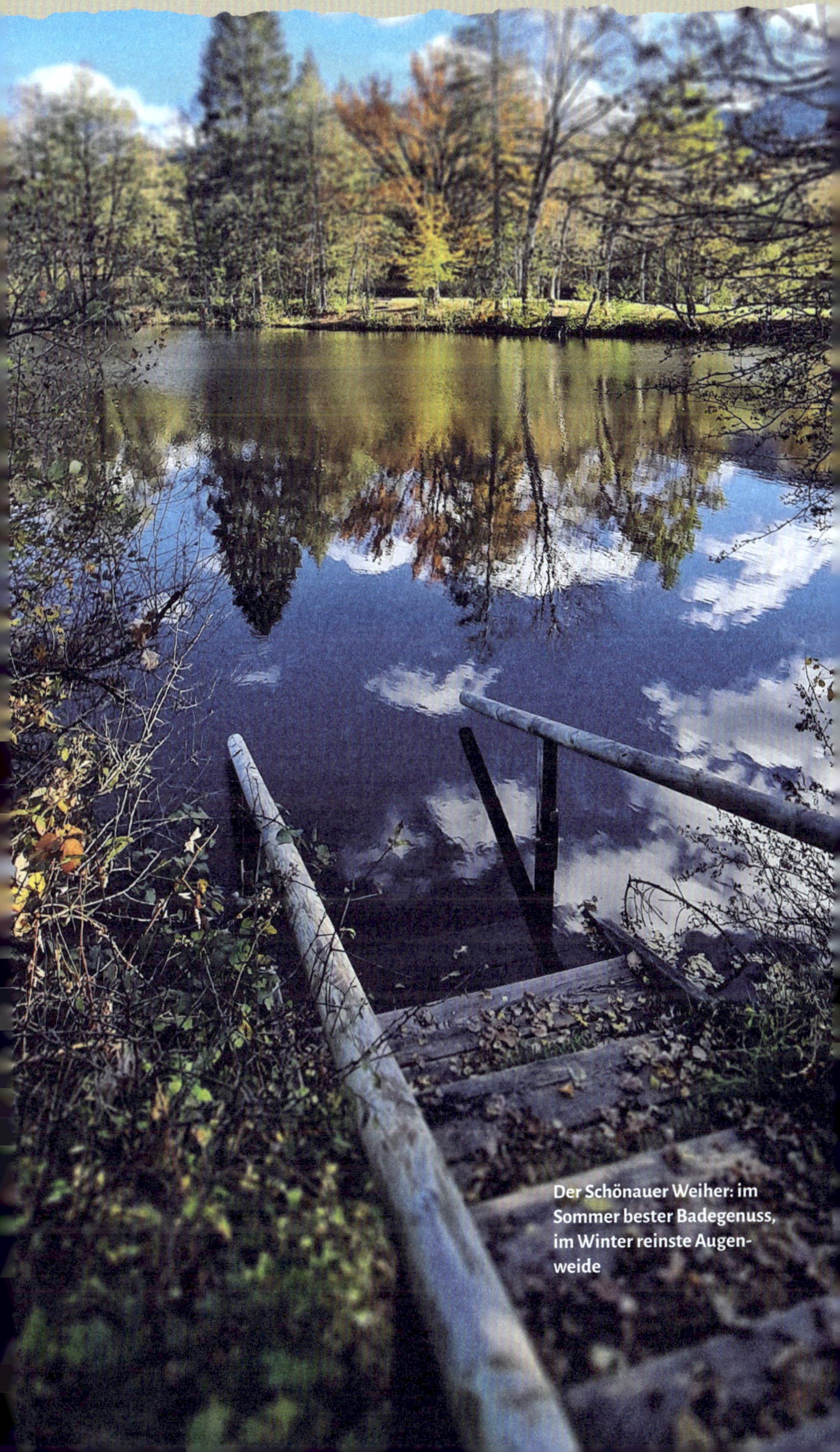

Der Schönauer Weiher: im Sommer bester Badegenuss, im Winter reinste Augenweide

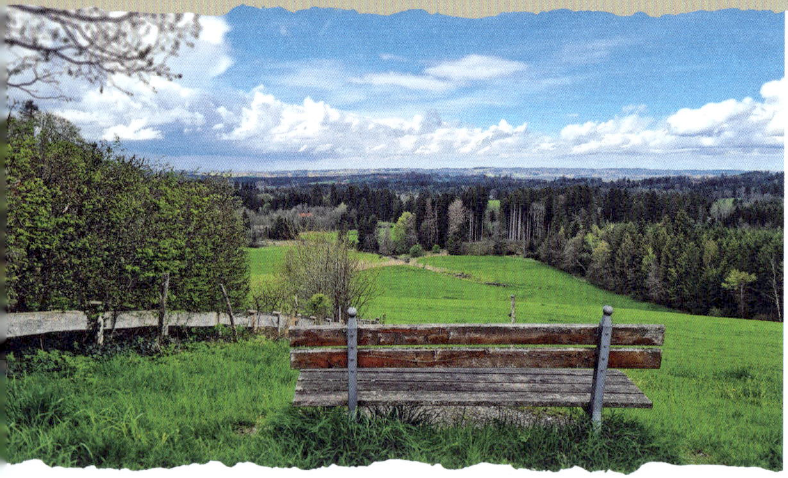

Im Reigen der zahlreichen Holzbankerl auf dieser Runde ist das die „aussichtsreichste" …

des aus dem 18. Jahrhundert stammenden Gebäudes oder unter den mächtigen Kastanien des Biergartens, hier lässt es sich zu jeder Jahreszeit gut aushalten.

Weiter geht es vom Gasthaus aus ▸ *am Bachlauf entlang Richtung Westen*. Möchte man den Rundweg um etwa eine Dreiviertelstunde erweitern, hat man nun die Gelegenheit zu einem über eineinhalb Kilometer entfernten Aussichtspunkt zu gehen. Ein grünes Schild weist den Weg nach Norden zu der auf offener Wiese liegenden Bank, von der aus man die weitläufige Landschaft vor den Hügelketten des Stallauer und Enzenauer Ecks betrachten kann.

Ansonsten geht es auf dem ▸ *Feldweg nach Westen* weiter, ▸ *bis links von uns eine kleine Brücke* zu sehen ist, die unsere Schritte in ▸ *südwestliche Richtung* lenkt. Das satte Grün des Bärlauchs in den Bachauen ist alsbald geschmückt mit dem Gelb der Sumpfdotter- und Schlüsselblumen, dem Weiß der Buschwindröschen und dem Violett der Veilchen.

Mit dem Uferbereich des ▸ *Schönauer Weihers* betreten wir wiederum ganz anderes Terrain. Ein Biber hat an den Baumstämmen deutlich sichtbar seine Spuren hinterlassen, Schilf ragt über Kopfhöhe hinaus auf und dichte Büschel von Seggen, also dekorativen Sauergräsern, zieren die Ränder des Moorweihers. Vor allem bei warmen Temperaturen lädt das moorige Wasser zu einer Erfrischung ein. Auf der Südseite gibt es hierfür sogar ein kleines Freibad mit Umkleiden.

In seiner Einfachheit wirkt dieser idyllische Platz fast wie aus der Zeit gefallen. Ganz so wie das ehemalige Café Kolb, dessen kleiner Biergarten unter Apfelbäumen südwestlich vom Weiher zu sehen ist. Viele Jahrzehnte lang konnte man es sich hier gemütlich machen und sich an Großmutters Küche erfreuen; aktuell ist es leider geschlossen und seine Zukunft noch ungewiss. In jedem Fall bieten aber die Bänke auf den Badewiesen eine gute Gelegenheit, zu rasten und die Legende von einem verhängnisvollen Bad in einem Brunnen auf sich wirken zu lassen **Geschichte S. 100**.

Vom Freibad aus führt im Süden eine ▶ *Kiesstraße sehr bald steil hinauf*, an mächtigen Buchen vorbei, durch ein kleines Wäldchen hindurch und erreicht nach zehn Minuten den ▶ *Ortsrand von Bad Heilbrunn*. An einer Antonius-Stele geht es ▶ *links auf dem Abt-Walther-Weg* weiter, der direkt am Café Park Villa vorbeiführt, dessen Aussichtsterrasse einen Blick bis hinüber zur Zugspitze bereithält. An der ▶ *Badstraße* angekommen, nehmen wir den ▶ *Fußgängerweg linkerhand* und gelangen auf ihm kurz darauf an die Kreuzung vorm Haus des Gastes mitsamt Café. Hier empfiehlt es sich unbedingt, noch einen ▶ *Schlenker durch den Kräuter-Erlebnis-Park*, und damit eine duftende und farbenfrohe Entdeckungsreise durch die bunte Vielfalt von Pflanzen aller Art zu unternehmen. Unser Auto erwartet uns anschließend auf der nördlichen Seite des kleinen Paradiesgartens.

… und dies die „besinnlichste“: die Bank bei der Kapelle Maria am Weg.

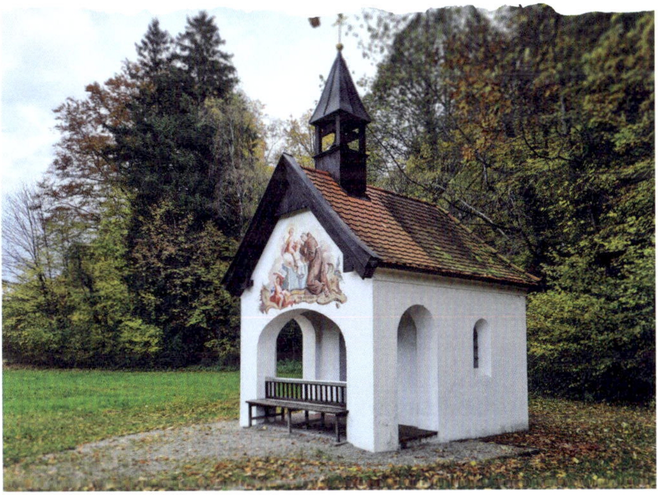

Bad Heilbrunn-Ramsau-Runde

1:10 h Gehzeit – 4,5 km Länge – 70 hm

Ausgangspunkt in 83670 Bad Heilbrunn:

Parkplatz am Haus des Gastes/ Kursaal, Wörnerweg 4/6

Weg:

Straßen, Feldwege, Wiesenwege; überwiegend sonnig, auch bei Regen gut zu gehen, bei Schneeschmelze abschnittsweise eisig. Durchgängig beschildert mit „Klima-Rundwanderweg 5".

Besonderheiten:

- Ausblick ins nördliche Alpenvorland
- Kapelle Maria am Weg
- Bärlauch und Frühlingsblüher
- Alte Anwesen mit Streuobstwiesen
- Lichte Wälder
- Schönauer Weiher mit Freibad
- Zahlreiche Einkehrmöglichkeiten

Einkehr:

- RamsAu – das Gasthaus www.ramsau-das-gasthaus.de
- Gasthaus Kronschnabl www.gasthaus-kronschnabl.com
- Café Restaurant Park Villa www.restaurant-parkvilla.de
- Bistro-Café am Kräuterpark www.dasbistrocafe.de
- Gasthof Reindlschmiede www.reindlschmiede.de
- Gastronomie Bad Heilbrunn

Zuganfahrt:

Mit dem Zug nach Bad Tölz; Bus 392 Richtung Kochel, Ausstieg „Birkenallee", von dort knapp 10 min zum Haus des Gastes.

Variationen:

Ein Verkürzen der Tour ist nur durch Umkehren möglich. Verlängern lässt sie sich durch den Schlenker zum Aussichtsplatz (Norden), über den Weg zum Weiler Linden (Osten), zur Reindlschmiede (Westen) oder auf der Straße Richtung Langau (Süden) und über einen der Waldwege zurück.

Tipps:

- Zauberkabinett (Hotel und Erlebnisrestaurant) www.zauberkabinett.com
- Kräuter-Erlebnis-Park https://www.bad-heilbrunn.de/kraeuter-erlebnis-park-2
- Geobiologischer Lehrpfad http://www.geobiologischer-beratungsdienst.de/lehrpfad.html

Tourist-Info:

Badstraße 3
83670 Bad Heilbrunn
Tel.: 08046-188922
E-Mail: info@bad-heilbrunn.de
www.bad-heilbrunn.de

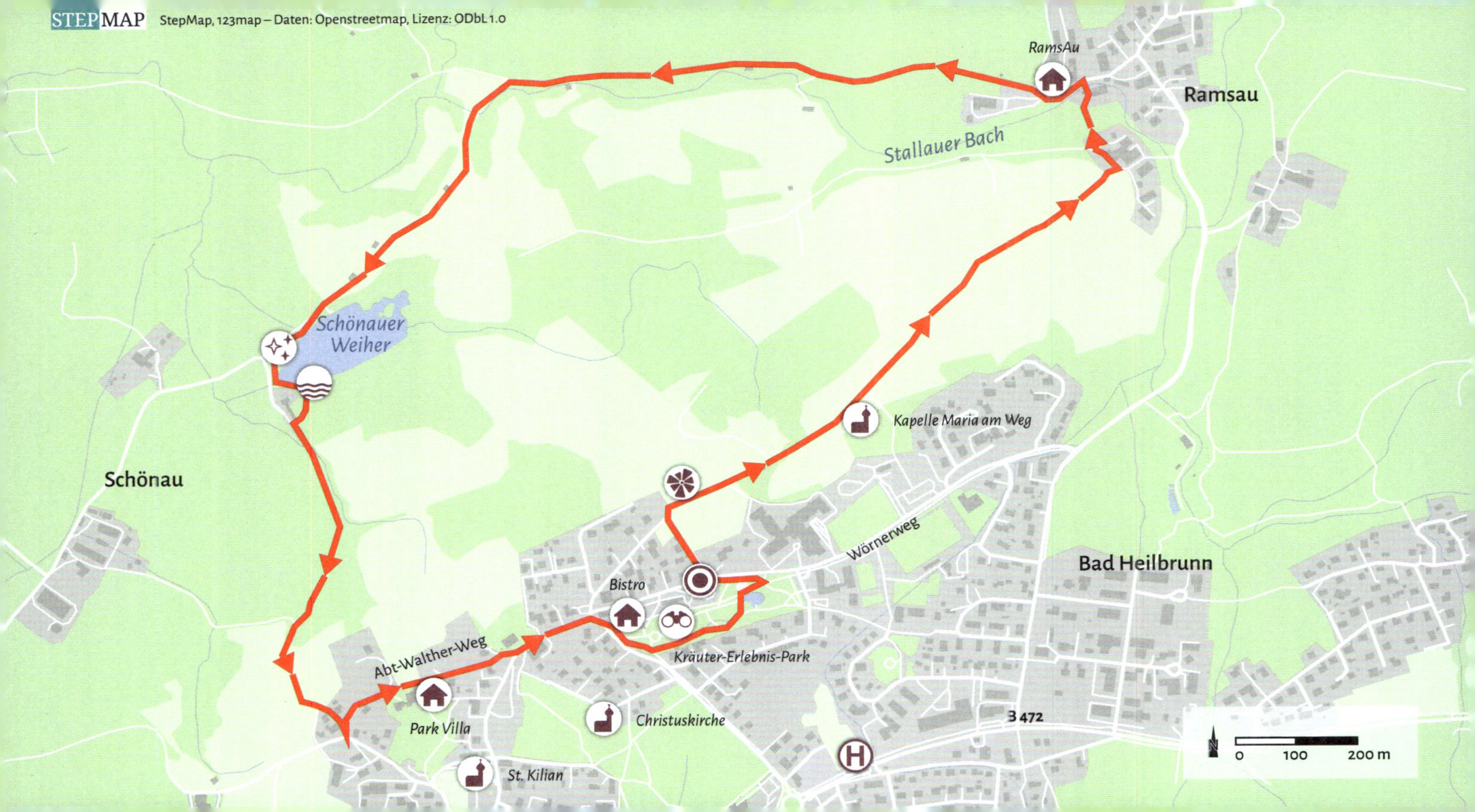
STEPMAP
StepMap, 123map – Daten: Openstreetmap, Lizenz: ODbL 1.0
RamsAu
Ramsau
Stallauer Bach
Schönauer Weiher
Schönau
Kapelle Maria am Weg
Wörnerweg
Bad Heilbrunn
Bistro
Kräuter-Erlebnis-Park
Abt-Walther-Weg
Park Villa
Christuskirche
St. Kilian
B 472
0
100
200 m

Von der Lüge und der Wahrheit

ab 4 Jahren

Nach einer Legende aus dem 19. Jahrhundert

An einem strahlend schönen Sommertag trafen sich einst die Lüge und die Wahrheit. „Was für ein sonniger Tag", jubelte die Lüge und die Wahrheit musste ihr zustimmen: „Ja, es ist wirklich traumhaft schön!"

„Lass uns doch ein wenig gemeinsam spazieren gehen", ermunterte sie die Lüge und so schlenderten die beiden im Schatten alter Bäume dahin. Schließlich kamen sie zu einem riesigen Brunnen, in dem tief und kühl das Wasser lockte.

„Was meinst du, das wäre doch eine wunderbare Gelegenheit, um ein kleines Bad zu nehmen", flüsterte die Lüge der Wahrheit zu, blickte sich um und fügte an: „Wie du siehst, sind wir hier ganz alleine. Keiner wird uns sehen."

Schon ließ die Lüge ihre Kleider fallen und stieg in den Brunnen. „Es ist einfach herrlich! Komm doch mit herein!"

Die Wahrheit überlegte, irgendwie war sie sich nicht sicher, ob sie der Lüge trauen konnte. Aber am Ende willigte sie ein, legte ihre Kleider ab und stieg in das erfrischende Wasser.

Die beiden hatten eine Weile gebadet, als die Lüge plötzlich aus dem Brunnen sprang, sich die Kleider der Wahrheit schnappte und auf und davon lief. Bis die Wahrheit den Beckenrand erreicht hatte, war die Lüge mit den gestohlenen Kleidern schon längst verschwunden.

Seither sucht die Wahrheit vergebens nach der Lüge. Die Welt will von ihr nichts wissen, denn keiner möchte die nackte Wahrheit sehen. Die Lüge aber reist verkleidet als Wahrheit durch die Lande und befriedigt bis heute die Bedürfnisse der Welt.

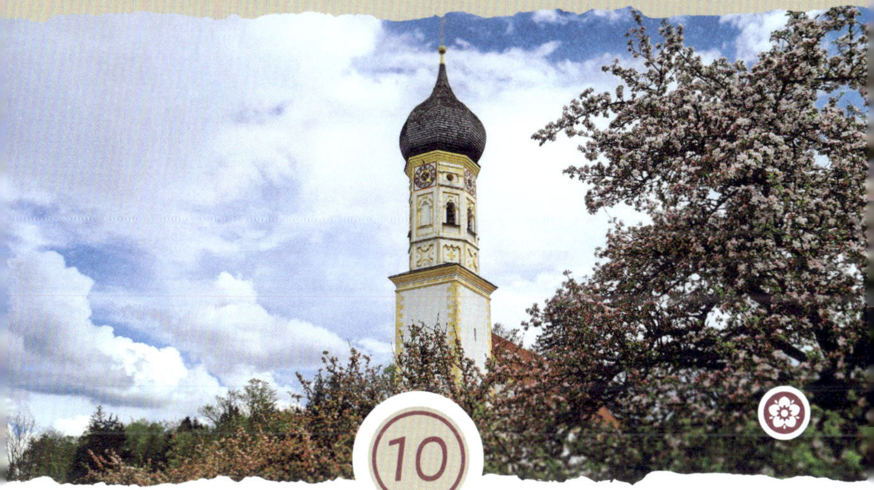

10

Fischbacher Moosweg

Ein Walzer zwischen Wald und Wiesen

1:15 h Gehzeit – 5,2 km Länge – 31 hm

Könnte man den Gesang von Vögeln fotografisch festhalten, dann wäre diese Tour mit zahlreichen Bildern fröhlich zwitschernder Piepmätze bestückt. Diese Runde schlängelt sich munter zwischen Wiesen und Wäldern hindurch, die mit ihrer Natürlichkeit und Artenvielfalt eine wahre Freude sind. Und wer sich von den heiteren Melodien der Singvögel anstecken lässt, wird bald das Gefühl haben, im Walzertakt voranzuschreiten.

Der Startpunkt unseres Spaziergangs befindet sich an der ▸ *Kirche St. Johann Baptist* in Fischbach (Gemeinde Wackersberg). Je nach Belieben kann man sich entweder zuerst im Landgasthof nebenan stärken oder sich die Einkehr bis zum Ende der Runde aufheben. Zusätzlich wartet auf halbem Weg noch ein kleines Café mit sahnigen Genüssen auf Gäste. Auch der Besuch des Fischbacher Gotteshauses lohnt sich. Die barocke Kirche stammt aus der 2. Hälfte des 17. Jahrhunderts und wurde vom Wessobrunner Meister Caspar Feichtmayr d. Ä. erbaut. In der nebenstehenden Friedhofskapelle hat eine kleine Lourdesgrotte ihren Platz gefunden.

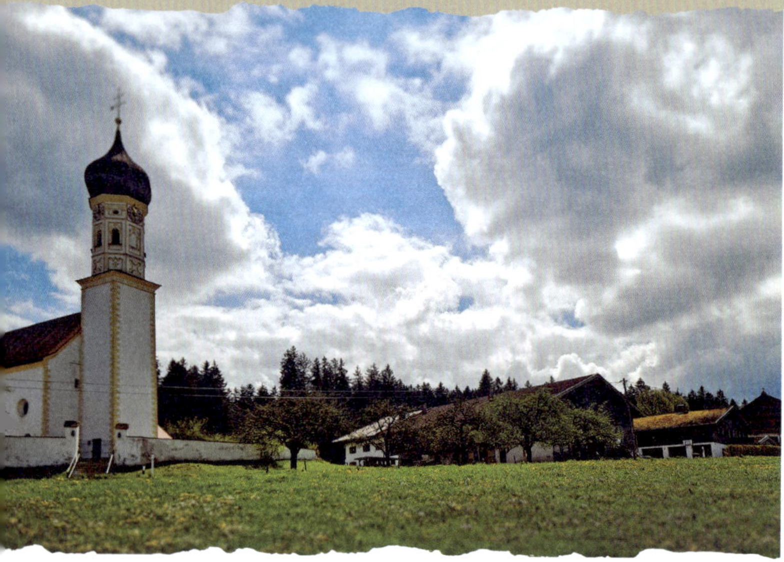

Zwei Orte der Einkehr: In Fischbach warten Gotteshaus und Gastwirtschaft auf Besuch.

Auf der ▸ *Westseite der Kirche* beginnt unsere kleine Tour durchs Moos, die übrigens zu den Heilklima-Rundwanderwegen des Tölzer Lands gehört und somit bestens beschildert ist. Zwischen löwenzahngelb-getupften grünen Wiesen geht es auf einem ▸ *Feldweg Richtung Wald* an einer Säule vorbei, die eine kleine Jesusfigur beherbergt. Am Stadel nehmen uns schon wieder die ▸ *grün-weißen Schilder* in Empfang und lotsen uns ▸ *weiter westlich* durch ein kleines Waldstück ins Fischbacher Moor. Im Frühling säumen Schlüssel- und Sumpfdotterblumen den Weg, später weißer Hahnenklee, Buschwindröschen und Leberblümchen.

Schließlich öffnet sich vor uns die Weite vom ▸ *Rothenrainer Filz*, einer geschützten Moorlandschaft zwischen Isar und Loisach und Heimat einer Vielzahl besonderer Tier- und Pflanzenarten. In den mageren Wiesen lassen sich Enziane oder Orchideen entdecken und auf den sumpfigen Flächen reihen sich Birken an Spirken, wie die Moorkiefern auch genannt werden. Darüber ein weiß-blauer Himmel – schöner kann es nicht dahingehen.

Ein ▸ *Feldweg* bringt uns über die kleine Rottach zu einem Hügel, auf dem uns schon der ▸ *Weiler Wolfsöd* erwartet, dessen Name daran erinnert, dass die großen, grauen Raubtiere bis vor rund 140 Jahren hier in der Gegend zu Hause waren. In einem weiten

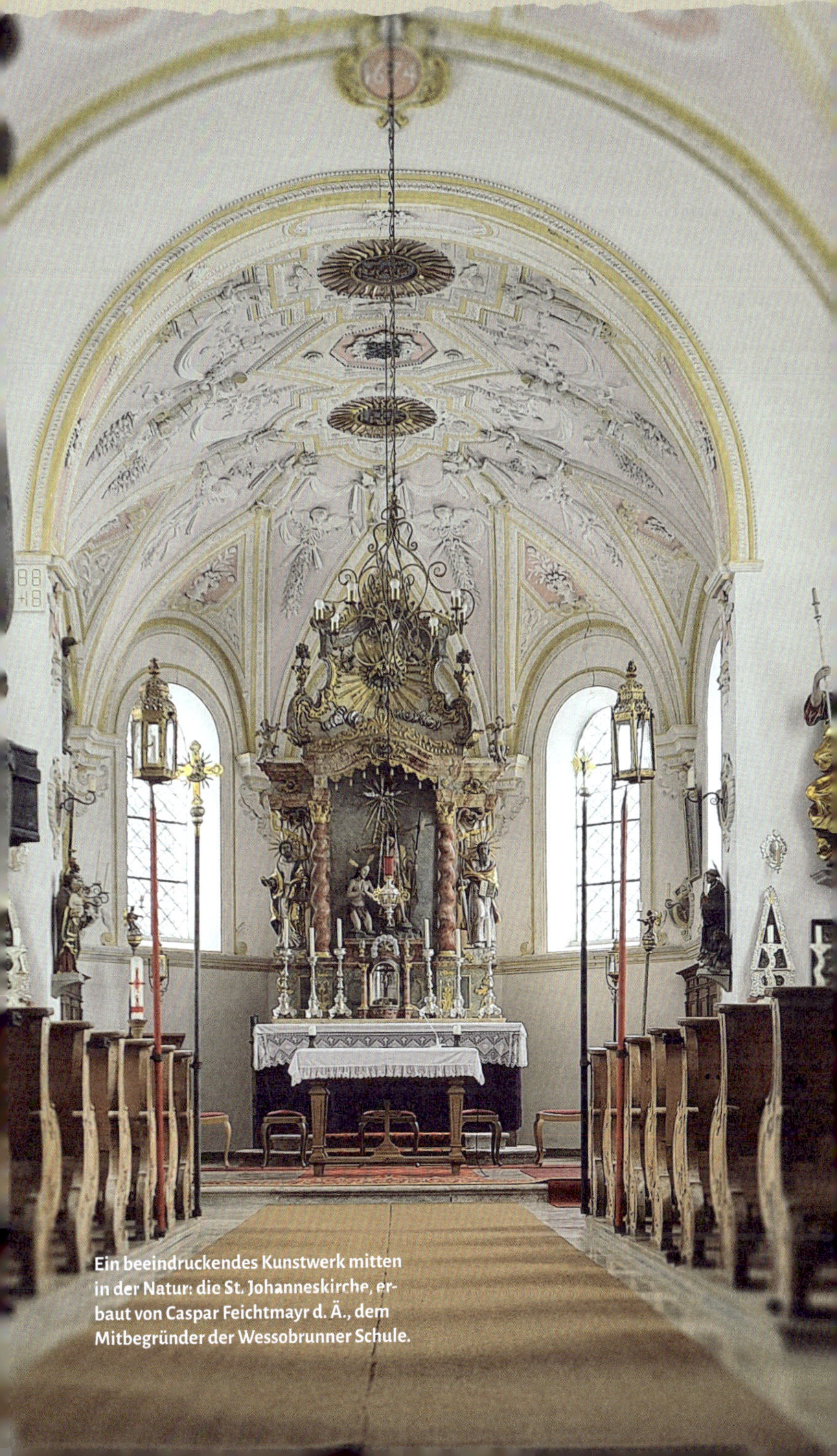

Ein beeindruckendes Kunstwerk mitten in der Natur: die St. Johanneskirche, erbaut von Caspar Feichtmayr d. Ä., dem Mitbegründer der Wessobrunner Schule.

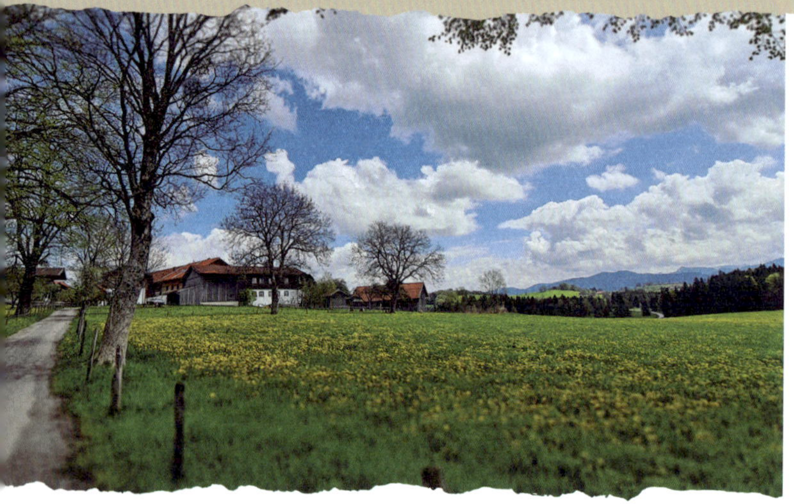

Der Weg tanzt zwischen Moor, Wiesen, Wäldern und Weilern dahin.

Bogen wandern wir den kleinen Hang hinauf und genießen den sich weitenden Blick, der an guten Tagen bis zum Karwendelgebirge reicht.

Nach einer knappen halben Stunde haben wir den Weiler mit seinen Bauernhöfen erreicht und biegen dann ▸ *nach rechts Richtung Norden* ab. Hinein geht es in einen Wald voller Vogelgezwitscher. Buchfinken und Meisen aller Art geben sich hier mit Amseln und vielen anderen gefiederten Gefährten die Ehre. Aus dunklen Baumwipfeln erschallt ihr entrückter Gesang und verwandelt den Nadelwald in ein kleines Märchenreich. Zu unseren Füßen wechseln sich Blaubeeren, Farne, Waldsauerklee und Veilchen munter ab.

Inmitten einer alten, moosüberwachsenen Wurzel hat jemand eine Schwarze Madonna platziert und ein Kerzerl davorgestellt. Sie gibt diesem ohnehin schon verwunschen wirkenden Hain eine noch mystischere Stimmung, die dazu einlädt, den Alltag zu vergessen und sorgenfrei dieses grüne Paradies zu durchschreiten.

Nach etwa einer Dreiviertelstunde lassen wir den Wald hinter uns und der ▸ *Feldweg* führt uns, nun gesäumt von mächtigen Eichen, Linden und Ahornbäumen, zum nächsten Weiler.

▸ *Rothenrain* liegt auf einem lang gezogenen Hügel, umgeben von zahlreichen Obstbäumen. Auf der ▸ *Dorfstraße* geht es ▸ *kurz links weiter hinauf*. Rechts von uns wacht die neugotische Weilerkapelle vom Ende des 19. Jahrhunderts. Andere Anwesen gehen in ihren Grundbauten sogar bis ins 16. Jahrhundert zurück. Schließlich erreichen wir die größere Straße, die Rothenrain mit der Umgebung verbindet, und wenden uns ▶ *den Berg hinab nach Süden*.

Sonnenanbeter können die herrliche Aussicht in dem kleinen Garten des Cafés „Bleib steh'" genießen, das seinen Namen nicht umsonst trägt. Dabei kann man sich – neben Kaffee und Kuchen – ein wenig mit der Geschichte vom „klugen König Salomo" beschäftigen **Geschichte S. 108**.

Umschwirrt vom süßen Duft der Blumenwiesen und Apfelblüten vergeht die Zeit wie im Fluge. Von hier aus geht es eine halbe Stunde zunächst bergab und dann gemütlich dahin. Etwa 800 Meter schlendern wir ▶ *am Straßenrand in südlicher Richtung*, werfen immer wieder einen Blick über die Auen, Moore, Wipfel und Gipfel. Schließlich überqueren wir noch einmal die schmale Rottach und biegen dann auf einem ▶ *Feldweg rechts wieder in den Wald* hinein. Ein handgemaltes Heiligenbildchen hat dort seinen Platz am Stamm einer großen Fichte gefunden. Kleine Buchen setzen helle Farbtupfer in dem ansonsten eher dunklen Wald, der sich schon nach fünf Minuten wieder lichtet und einen Blick auf das verträumte ▶ *Fischbachmühl* freigibt. Von dort sind es nur noch ▶ *wenige hundert Meter zurück zu unserem Ausgangspunkt*, an dem sich erneut die Möglichkeit bietet, in dem alten Landgasthof einzukehren, der schon seit 1873 besteht und unsere Moosrunde mit seiner urigen Gaststube nebst griabign Biergarten nicht schöner abschließen könnte.

Sonne, luftige Weite und Vogelgesang – was will man mehr?

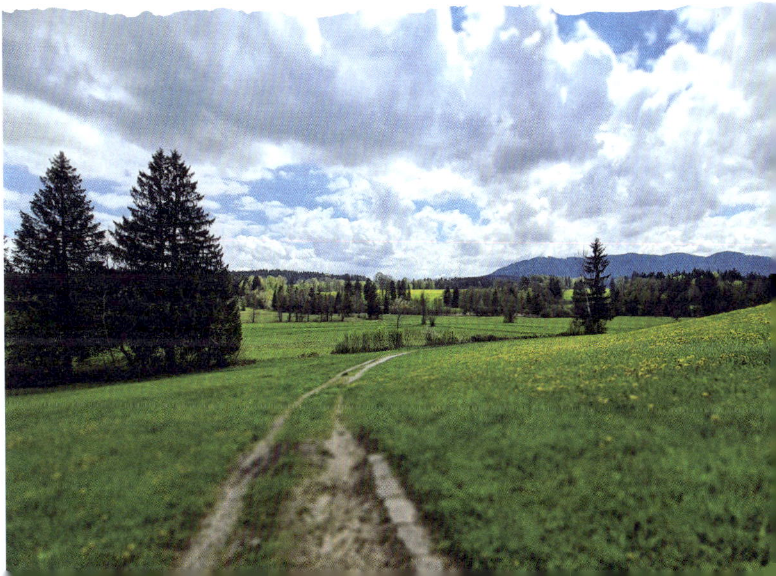

Fischbacher Moosweg

1:15 h Gehzeit – 5,2 km Länge – 31 hm

Ausgangspunkt in 83646 Wackersberg:

Parkplatz unterhalb der Kirche, Fischbach 47

Weg:

Forstwege, Wiesenpfade und Straßen; teils sonnig, teils schattig, bei reichlich Schnee nicht empfehlenswert. Gut beschildert mit „Fischbacher Moosweg W 50".

Besonderheiten:

- Kirche St. Johann Baptist in Fischbach
- Sonnige Wiesen
- Luftige Wälder
- Malerische Weiler
- Weite Ausblicke
- Kapelle in Rothenrain

Einkehr:

- Landgasthof Fischbach www.gasthaus-fischbach.de
- Café-Bleib steh' www.cafe-bleibsteh.com
- Gastronomie Wackersberg und Bad Tölz

Zuganfahrt:

Zug bis Bad Tölz, Bus 379 nach Wolfratshausen, Ausstieg „Valtl, Abzw. Haunleiten", von dort ca. 35 min Fußweg nach Fischbach.

Variationen:

Verlängern kann man die Runde über die umliegenden Dörfer Prösteln, Haunleiten und Bürg bis hinüber nach Bad Tölz oder in Richtung Nordwesten nach Kreut und Königsdorf.

Tipps:

- Kurstadt Bad Tölz mit der historischen Marktstraße, Läden, Cafés und Museen

Tourist-Info:

Bachstraße 8
(Ortsteil Oberfischbach)
83646 Wackersberg
Tel.: 08041-799280
E-Mail: info@wackersberg.de
www.wackersberg.de

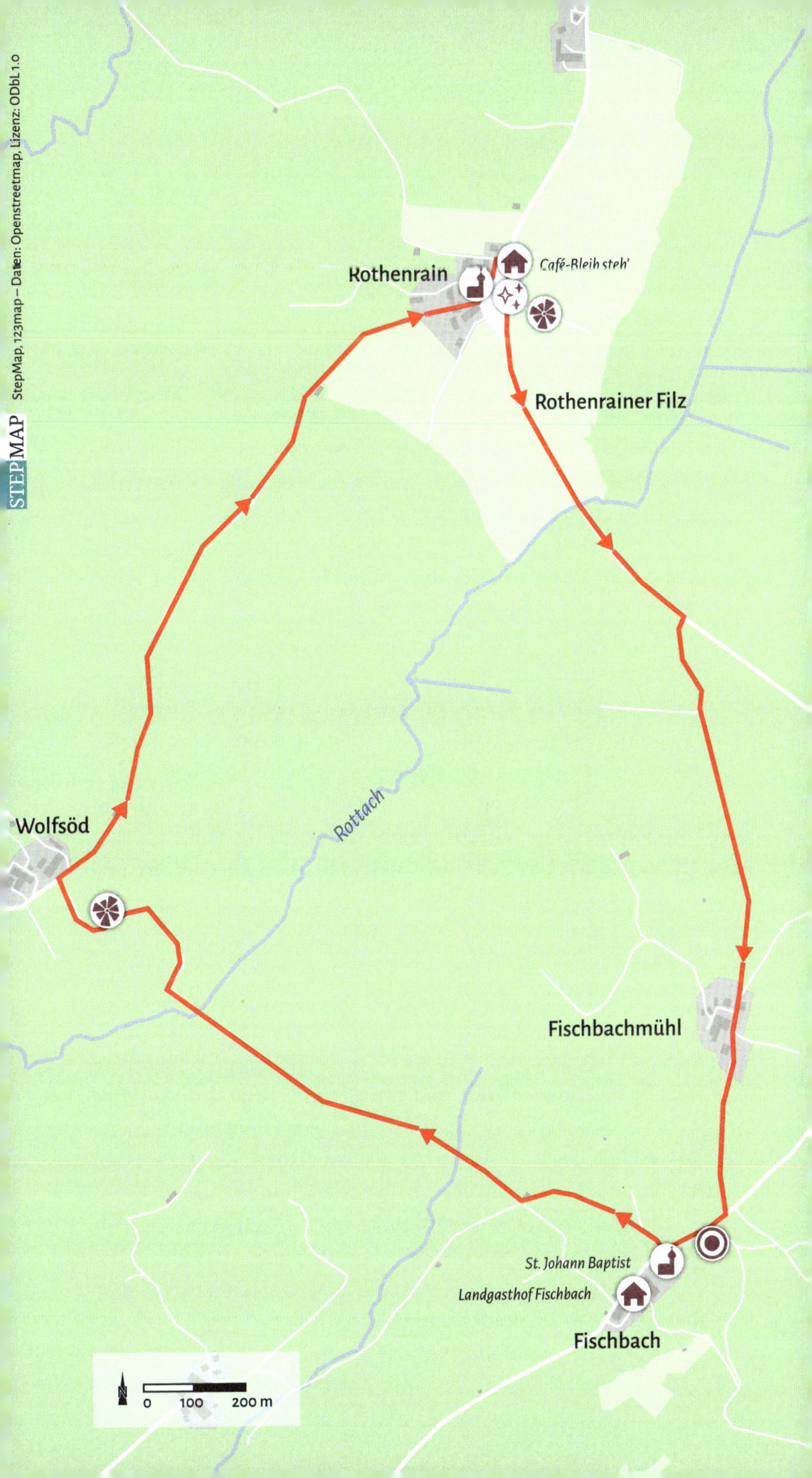
StepMap, 123map – Daten: Openstreetmap, Lizenz: ODbL1.0
STEPMAP
Rothenrain
Café-Bleib steh'
Rothenrainer Filz
Rottach
Wolfsöd
Fischbachmühl
St. Johann Baptist
Landgasthof Fischbach
Fischbach
0
100
200 m

Der kluge König Salomo

ab 4 Jahren
Frei nach einer alten Überlieferung

König Salomo war einst für seine Klugheit besonders berühmt. So kam es, dass ihn die Königin von Saba besuchte und seine Weisheit prüfen wollte.

Dazu ließ sie einen Saal mit wunderschönen Gastgeschenken füllen, mit künstlichen Blumen aus Seide und Wachs, die den echten zum Verwechseln ähnlich sahen.

Daraufhin sprach sie zu König Salomo: „Sieh nur all die schönen Blumen, die ich dir zum Geschenk mitgebracht habe. Nur eine einzige ist darunter, die nicht von Menschenhänden gefertigt wurde, sondern echt ist. Da du für deine Klugheit gerühmt wirst, wird es für dich wohl ein Leichtes sein, sie von allen anderen zu unterscheiden."

Ein stolzes Lächeln breitete sich auf dem Gesicht der Königin aus. Man sah ihr an, dass sie sich sicher war, König Salomo eine schier unlösbare Aufgabe gestellt zu haben.

Und tatsächlich: So sehr der König die Blüten auch mit seinen Fingerspitzen prüfte, so sehr er auch an ihnen roch und sie in seinen Händen wog, umso mehr zweifelte er daran, die einzig Echte aus dem farbenfrohen Meer der anderen herausfischen zu können. Schweiß stand ihm alsbald auf der Stirn und es war ihm, als würde die Mittagshitze schwer auf seine Schultern drücken. Also öffnete er ein Fenster und fächelte sich kühle Luft zu.

So kam es, dass sich mit dem frischen Wind auch eine kleine Biene in den Saal verirrte. Sie summte hierhin, summte dorthin und irgendwann ließ sie sich endlich auf einer der vielen hundert Blumen nieder und saugte genüsslich an ihr. König Salomo aber hatte sie aufmerksam beobachtet und lächelte schließlich beruhigt. Hatte ihm doch das Geschick der kleinen Biene geholfen, das Rätsel um die echte Blüte zu lösen.

Die Königin von Saba verkündete schließlich ebenso mit einem Lächeln das Ergebnis: „Wie klug du doch bist, mein lieber König Salomo. So klug, dass es nur eine kleine Biene vermag, noch mehr Weisheit als du zu besitzen."

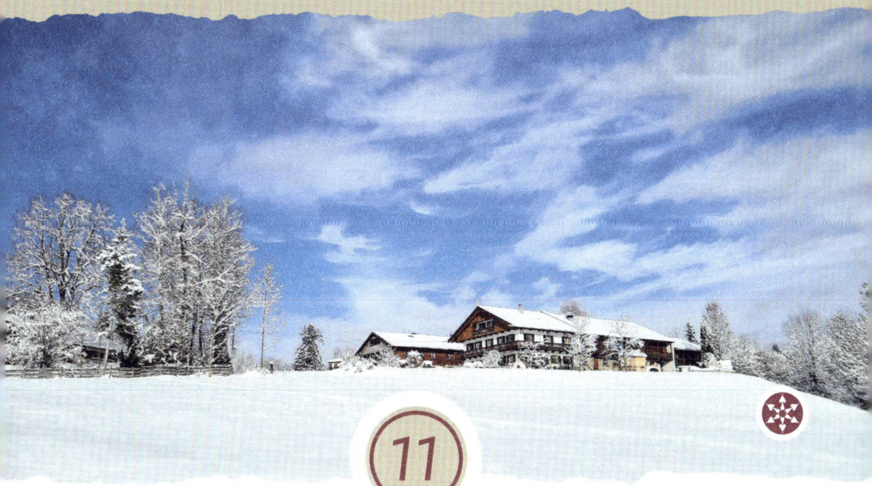

11

Gaißacher Panoramarunde

Auf aussichtsreichen Spuren in die Vergangenheit

1:15 h Gehzeit, 5 km Länge, 70 hm

Schon vor über 3.000 Jahren waren Menschen von diesem weiten Blick in den Isarwinkel angetan und haben sich hier niedergelassen. Der Ortsteil Gaißach-Dorf markiert den panoramareichen Ausgangspunkt unserer kleinen Runde, die sich von großer Höhe hinab zum Attenloher Filzen schwingt, vorbei an einer alten, verwunschenen Mühle und schließlich wieder hinauf auf das aussichtsreiche Plateau, auf dem sich bei genauer Betrachtung vorchristliche Hügelgräber entdecken lassen. Die erste schriftliche Erwähnung des heutigen Gaißach stammt übrigens aus dem Jahr 817, als die damals „Keizahu" genannte Ansiedlung wahrscheinlich samt einer Kirche dem Dom zu Freising geschenkt wurde.

Startpunkt unserer Runde ist der ▸ *neue Friedhof*, an dem uns zahlreiche Parkplätze zur Verfügung stehen. Von hier aus geht es wenige Meter an der ▸ *Dorfstraße Richtung Süden*. Rechts von uns ragt die imposante ▸ *Pfarrkirche St. Michael* auf, die im Kern spätgotisch ist, später barockisiert und mit Fresken im Rokoko-Stil ausgestaltet wurde. Schöner könnte unser Sonnenspaziergang nicht starten als bei diesem sensationell gelegenen Gotteshaus, das auf exponierter Anhöhe über die südlich gelegenen Gemeindeteile wacht. Ein kurzer Abstecher dorthin ist ein absolutes Muss: zum einen, um einen andächtigen Blick ins Kirchenschiff zu werfen und vielleicht auch bei der Muttergottes ein Kerzerl anzuzünden; zum anderen, um die gigantische Aussicht von einem der drei passend benannten „Ratschplatzerl" mit „himmlischer Ruhe" zu genießen und dabei „Dankbarkeit für unsere wertvolle Natur" zu spüren.

Von der Kirche aus geht es wieder ▸ *zurück zur Dorfstraße*, dann ▸ *rechts kurz bergab* und bei der stattlichen Linde samt Wegkreuz ▸ *gleich wieder links weg*, ausgeschildert „Filzen Rundweg – Greiling-Marienstein". Von hier aus verläuft die Straße nach Reut gemütlich hinunter zum Moor, vorbei an kleinen Häusern, vor allem aber weiterhin mit dem traumhaft schönen Blick in den Isarwinkel, der weit bis ins Karwendelgebirge reicht.

Ungefähr nach einer Viertelstunde Fußmarsch weist uns beim letzten großen Bauernhof erneut ein Filzen-Rundweg-Schild ▸ *nach rechts auf einen Feldweg*, von dem aus wenige Meter später ein entsprechender Wegweiser unseren Schritt ▸ *nach links* lenkt. Auf diesem Weg gehen wir etwa 200 Meter nach Osten und biegen an einem alten Holzstadl ▸ *noch einmal nach links* ab, freilich nicht, ohne dem kunstvoll geschnitzten Wegkreuz auf der Ostseite Beachtung zu schenken.

Im Gaißacher Moor kann man im Winter so richtig Licht tanken.

Nun geht es auf dem Feldweg etwa zehn Minuten fröhlich dahin. Links von uns blitzen auf der Anhöhe kleine Heuschober durch die Laub-

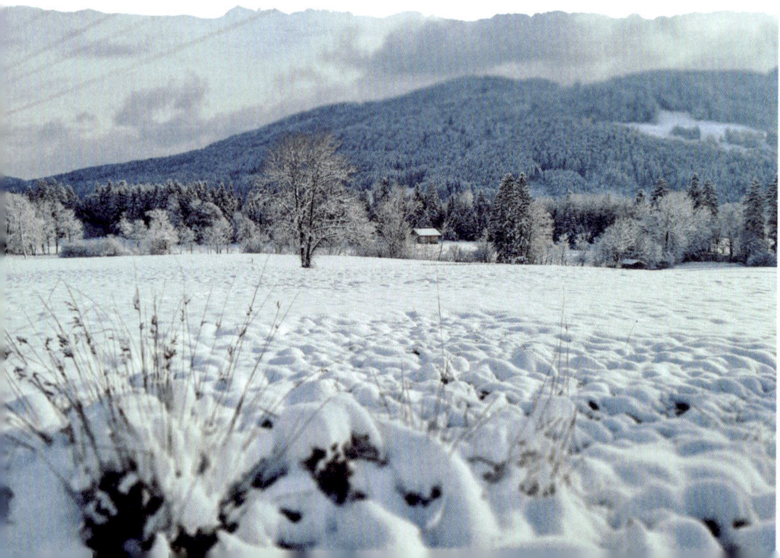

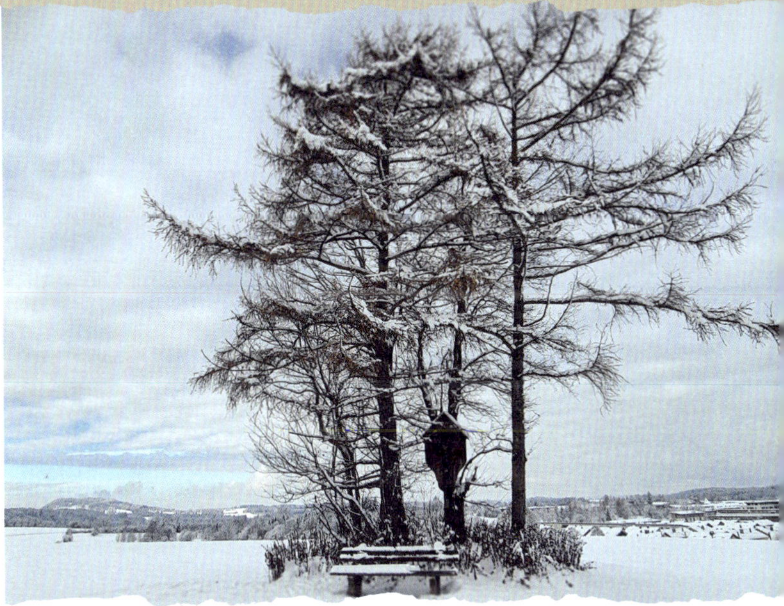

Auf der östlichen Seite dieses Wegkreuzes lassen sich bronzezeitliche Grabhügel ausmachen.

bäume hervor. Rechts von uns erstreckt sich der nördliche Ausläufer des Moors, das nach dem vor uns liegenden Weiler „Attenloher Filzen“ benannt wurde und als Hochmoor eine erstaunliche Vielfalt seltener Pflanzen und Tiere beherbergt.

Entstanden ist dieses außergewöhnliche Naturschutzgebiet durch den Isargletscher. Während der Eiszeiten formte er allmählich das Gaißacher Becken aus, das bei Reichersbeuern einst 170 Meter tief war. Manche Forscher gehen davon aus, dass hier der ursprüngliche Gletscherabfluss, quasi als Ur-Isar, den Kirchsee und daran anschließend den Teufelsgraben ausgebildet hat. Mit dem Rückzug der mächtigen Eiszungen wurde das Becken verfüllt und mit den Bächen, Quellen und Mooren entstand ein sensationeller Lebensraum für Flora und Fauna. Ein Handzettel der Regierung von Oberbayern beschreibt vor allem die Kalktuffquellen der Attenloher Hänge als „kleine, aber landesweit bedeutsame Juwelen“.

Zum Teil davon gespeist, mäandert die Große Gaißach hier entlang und betrieb einst auch die ▸ *alte Wassermühle*, die alsbald rechterhand in dem kleinen Wäldchen auftaucht, das wir durchqueren. Aus einem gusseisernen Brunnen plätschert frisches Wasser, eine Holzbank lehnt sich an einen dicken Ahorn. Idyllischer könnte

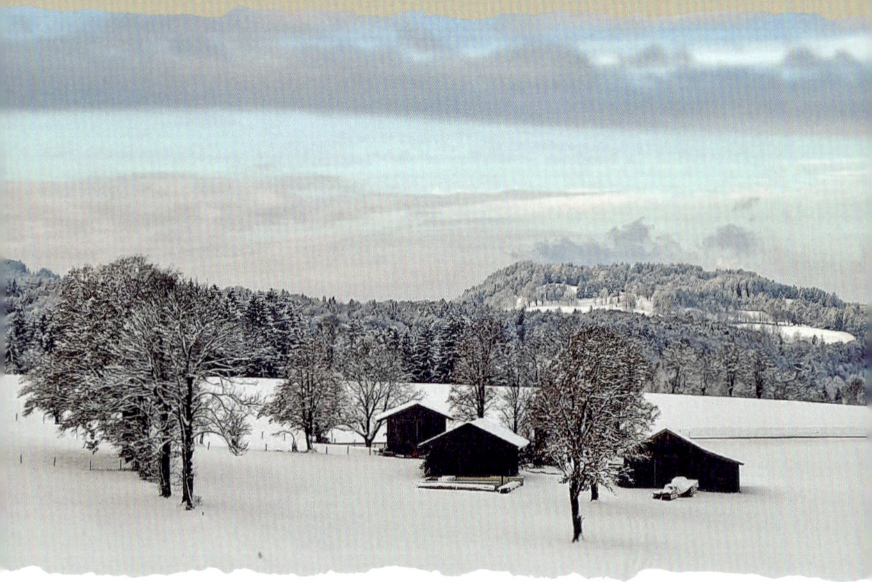

Eine traumhafte Runde, um den Blick in alle Richtungen schweifen zu lassen.

dieser Platz nicht sein – zumindest, solange man noch nichts vom schaurigen Mühlengeist gehört hat, der hier in Vollmondnächten sein Unwesen treiben soll.

Allmählich steigt unser Weg mehr und mehr an, bis er mit einem kurzen steilen Stich den Wald verlässt, scharf nach links dreht und wir in ► *Richtung Westen* auf weitere, zu Attenloh gehörende Anwesen zusteuern. Wieder erstreckt sich links von uns das Isartal mit beindruckender Weite und Schönheit, bevor unser Weg nach einem kleinen Pferdehof in einem Wald verschwindet.

Schließlich stoßen wir auf eine ► *kleine Kreuzung*, bei der es geradeaus zu einem Golfplatz geht. Von rechts stößt eine Straße von Greiling kommend dazu, die uns als ► *Forstweg nach links wieder Richtung Gaißach-Dorf* führt. Diesem folgen wir links leicht bergan.

Bevor wir die letzten Bäume hinter uns lassen, ist Aufmerksamkeit gefragt, wenn man nicht eine historische Besonderheit verpassen möchte. Ein unscheinbarer ► *Trampelpfad* verschwindet nach wenigen Metern ► *links im Gebüsch* und schlängelt sich am Waldrand entlang wieder hangabwärts. Ein kleiner Ausflug in den Gaißacher Dschungel lohnt sich durchaus, denn er wird alsbald zu einer Reise in die bronzezeitliche Vergangenheit der Region. Wachen Augen wird nämlich nicht entgehen, dass sowohl auf den westlich liegenden Weiden als auch auf dem östlichen Waldgrund immer wieder niedrige Erdhügel auftauchen. Mal sind sie kaum auszumachen, mal erheben sie sich über einen Meter in die Höhe und haben Durchmesser von fast 20 Metern.

Mindestens 64 Hügelgräber aus der mittleren Bronzezeit (1500 bis 1300 v. Chr.) liegen hier auf dem sogenannten Coronafeld im Norden und im Waldgebiet Lohwiesen verborgen. Eines davon wurde 1949 vom Bayerischen Landesamt für Denkmalpflege aufgegraben. Dieser „Kreuzhügel" war im Durchschnitt 14 Meter breit und beherbergte eine Grabkammer mit den Resten einer Brandbestattung, mit Holzkohle, Keramikscherben und Bronzeteilen.

Man geht davon aus, dass es in dieser Gegend eine entsprechende Ansiedlung gegeben haben muss. Der Gaißacher Moränenhügel mit seinen quellenreichen Hängen, Wasserläufen und Wäldern war als erhabener Platz über dem Isartal für die Siedler wohl ideal. Wo sich ihre Höfe genau befanden, konnte leider bisher nicht herausgefunden werden.

Durch die Entwicklung einer Kupfer-Zinn-Legierung hatten sich für die Menschen in der Bronzezeit neue Fertigungsmöglichkeiten für Waffen, Werkzeuge und Schmuck ergeben. Das Kupfer wurde aus dem Inntal herbeigeschafft, das Zinn teilweise aus dem Fichtel- oder Erzgebirge, manchmal

Bilderbuch-Oberbayern im Schneezauber

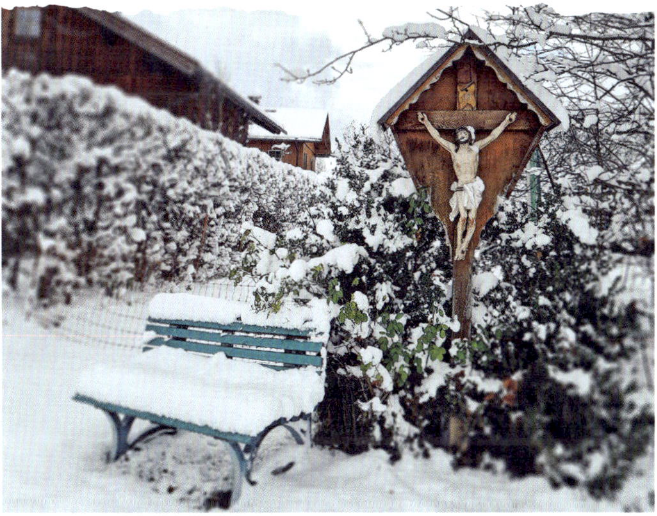

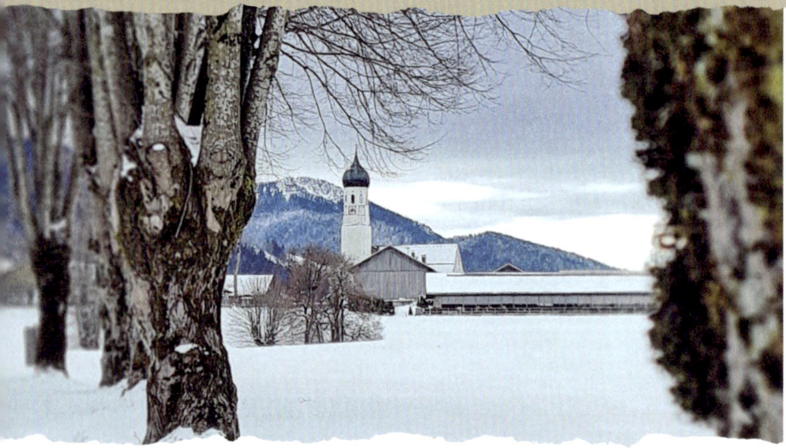

Wer mit der Bahn nach Bad Tölz fährt, kann an dieser Allee vorbei zu St. Michael wandern.

sogar aus England. Sowohl die Gaißacher als auch die Greilinger Dorfchronik widmen sich sehr eindrucksvoll dieser geheimnisvollen Geschichte des Isarwinkels. Für historisch Interessierte lohnt es sich deshalb allemal, einen Blick in diese Bücher zu werfen und dabei weitere Spuren der Vergangenheit zu entdecken. So verrät zum Beispiel der Name „Greiling" mit seiner Endung „-ing" etwas über die Entstehungszeit des Ortes in der späteren bajuwarischen Besiedlungszeit vor über 1.300 Jahren. Damals lag die Siedlung an der südlichsten Salzstraße des Voralpenlandes.

Das Hügelgräberfeld verteilt sich in heutiger Zeit über die aneinandergrenzenden Gemeindegebiete von Greiling und Gaißach. Und so werden sich auf unserem Weg zurück mit geübtem Blick noch weitere Hügel ausmachen lassen. Viele sind jedoch im Laufe der Jahrtausende eingeebnet worden und mit bloßem Auge nicht mehr zu erkennen. Die unheimlichen Geschichten von kopflosen Toten und umhergeisternden Schimmeln haben sich jedoch bis heute erhalten.

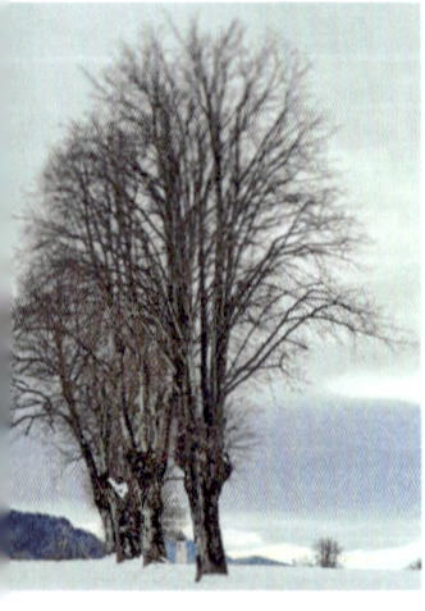

Von unserer kleinen Waldexpedition, die man auf dem Spaziergang freilich auch auslassen kann, kehren wir auf demselben Trampelpfad ▸ *zur kleinen Kreuzung* südlich vom Golfplatz zurück und gehen dort dann ▸ *nach links* auf den Gaißacher Kirchturm zu.

Weiter und weiter öffnet sich das Panorama in alle Richtungen. Im Nordwesten erhebt sich der Tölzer Kalvarienberg, im Norden breiten sich die alten Gehöfte von Greiling aus und im Süden reichen die Berggipfel vom

Geigerstein im Osten bis hinüber zum Brauneck im Westen und dem Karwendel im Süden.

In Gaißach-Dorf angekommen geht es ▸ *wieder rechts zum Parkplatz* zurück. Wer mag, kann erneut eine kleine Rast bei der Pfarrkirche sowie ihren aussichtsreichen Friedhofsbänken einlegen und der Fantasie über eine vorchristliche Besiedlung an diesem Ort freien Raum geben – schließlich stehen Michaelskirchen sehr oft auf alten Kultplätzen aus keltischer oder römischer Zeit. Oder man lässt sich dort einfach mit Sonne im Gesicht und Wind um die Nase von der dazu passenden Geschichte inspirieren **Geschichte S. 118**.

Mit gutem Schuhwerk kann man die Grabhügel im Wald auch im Winter erkunden.

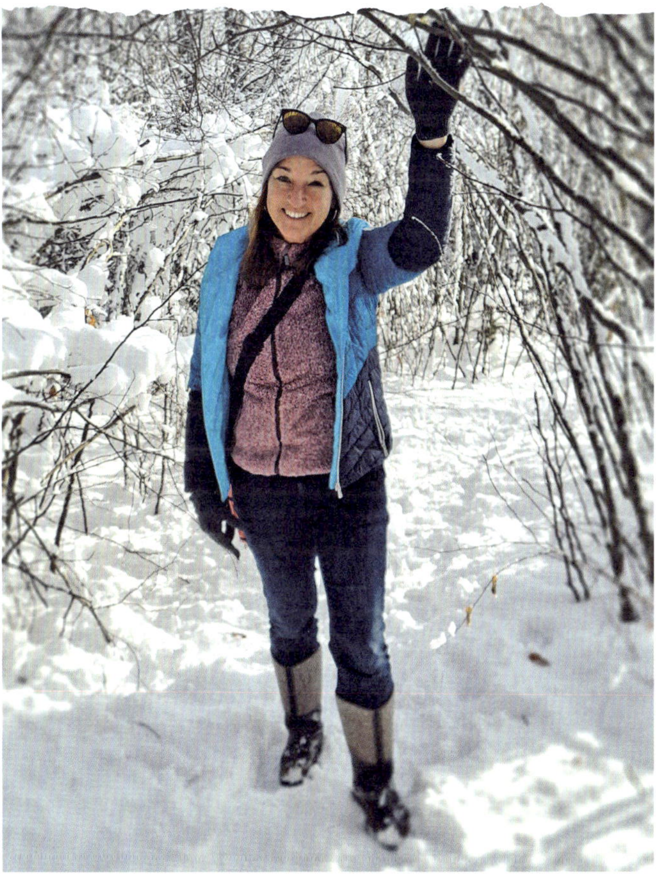

Gaißacher Panoramarunde

1:15 h Gehzeit, 5 km Länge, 70 hm

Ausgangspunkt in 83674 Gaißach:

Parkplatz im Ortsteil Gaißach-Dorf, Dorfstraße, am nördlich liegenden neuen Friedhof

Weg:

Feldwege, Trampelpfad, Straßen; sonnig, auch bei Regen gut zu gehen, bei Schneeschmelze jedoch oftmals eisig. Teilweise beschildert und leicht zu finden.

Besonderheiten:

- Sensationeller Blick in den Isarwinkel
- Urwüchsige Moorlandschaft
- Lichter Mischwald
- Alte Wassermühle
- Hügelgräberfeld aus der Bronzezeit
- Pfarrkirche St. Michael Orientalische Weihnachtskrippe im Pfarrhof (nur im Dezember/Januar)

Einkehr:

- Gasthof Mühle www.muehle-gaissach.de
- Landgasthof Zachschuster www.hotel-zachschuster.de
- Draxl-Alm, Untermberg 15 Tel. 08042-4889
- Gastronomie Gaißach und Bad Tölz

Zuganfahrt:

Mit dem Zug nach Bad Tölz; von dort aus gut 30-minütiger Fußweg zum Startpunkt, am schönsten entlang der Gaißacher Straße, dann über eine Brücke und den Allee-Fußweg am Pestkreuz vorbei zu St. Michael.

Variationen:

Ein Verkürzen der Tour ist über einen Fußweg zwischen den Hügelgräbern möglich. Dieser zweigt kurz nach dem Holzstadel bei Reut am Waldrand links ab und führt den Hang hinauf. Verlängern lässt sich die Runde mit der Hinzunahme des Filzen-Rundwegs ins Gaißacher Moos (südlich), nach Greiling (nordöstlich) oder nach Bad Tölz (nordwestlich).

Tipps:

- Holzprodukte der Oberland Werkstätten www.o-l-w.de
- Genussmanufaktur Gaißach www.genussmanufaktur.cc

Tourist-Info:

Bahnhofstraße 8
83674 Gaißach
Tel.: 08041-804710
E-Mail: info@gaissach.de
www.gaissach.de

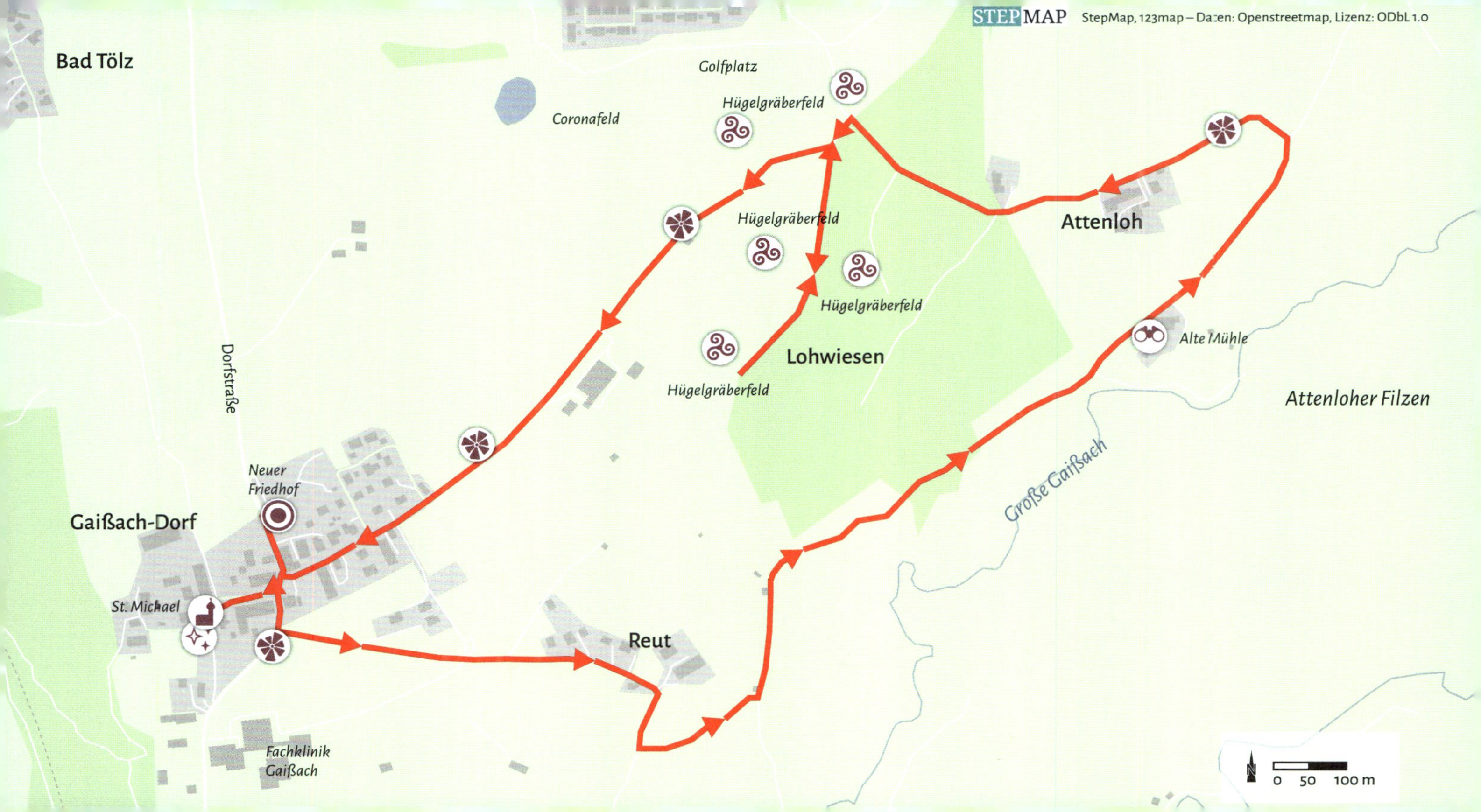
STEPMAP
StepMap, 123map – Da:en: Openstreetmap, Lizenz: ODbL 1.0
Bad Tölz
Golfplatz
Hügelgräberfeld
Coronafeld
Hügelgräberfeld
Hügelgräberfeld
Hügelgräberfeld
Lohwiesen
Attenloh
Alte Mühle
Attenloher Filzen
Dorfstraße
Neuer Friedhof
Gaißach-Dorf
St. Michael
Große Gaißach
Reut
Fachklinik Gaißach
0 50 100 m

Die Sonne und der Wind

ab 8 Jahren

Die Fabel wird dem antiken griechischen Dichter Äsop (6. Jh. v. Chr.) zugeschrieben; hier in der Übersetzung von August Gottlieb Meißner (1753 – 1807)

Einst stritten sich Sonne und Wind: wer von ihnen beiden der Stärkere sei? und man ward einig: derjenige solle dafür gelten, der einen Wanderer, den sie eben vor sich sahen, am ersten nötigen würde, seinen Mantel abzulegen.

Sogleich begann der Wind zu stürmen; Regen und Hagelschauer unterstützten ihn. Der arme Wanderer jammerte und zagte; aber auch immer fester und fester wickelte er sich in seinen Mantel ein, und setzte seinen Weg fort, so gut er konnte.

Jetzt kam die Reihe an die Sonne. Senkrecht und kraftvoll ließ sie ihre Strahlen herabfallen. Himmel und Erde wurden heiter; die Lüfte erwärmten sich. Der Wanderer vermochte nicht länger den Mantel auf seinen Schultern zu erdulden. Er warf ihn ab, und erquickte sich im Schatten eines Baumes, indes die Sonne sich ihres Sieges erfreute.

Zehnmal sicherer wirken Milde und Freundlichkeit, als Ungestüm und Strenge.

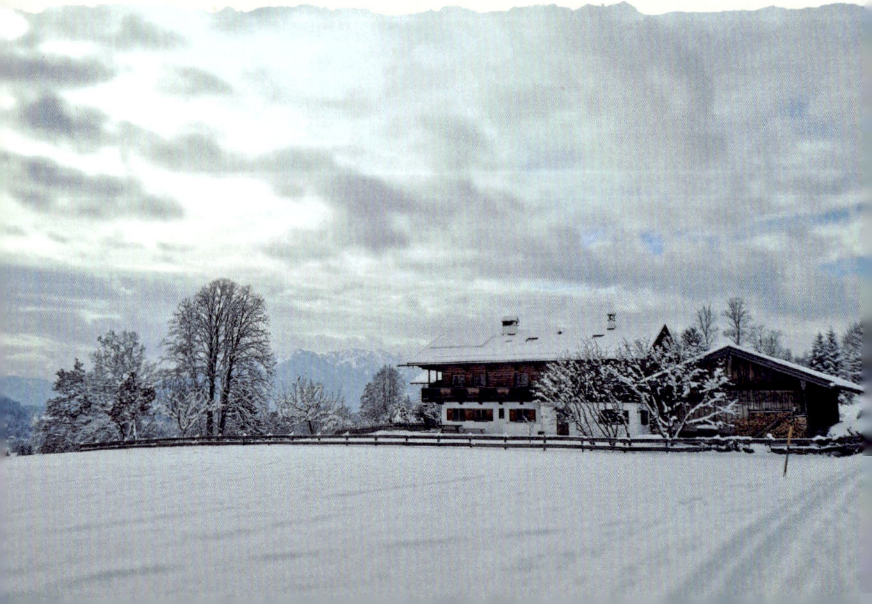

12

Lenggrieser Tratenbach-Runde

Zaunguckerl-Weg mit Bergbach und Bergblick

1 h Gehzeit – 3,8 km Länge – 84 hm

Ein kühler, plätschernder Bergbach, ein weiter Blick über Wiesen und Berge – was könnte einem bei einem Spaziergang an heißen Sommertagen mehr Erfrischung bieten! Gerade deshalb gehört dieser kleine Zaunguckerl-Weg zu meinen Lieblingsrunden, die sich sogar am Sonntagvormittag angenehm drehen lassen – selbst bei großer Hitze und starkem Wanderansturm auf Lenggries.

An Wochenenden empfiehlt es sich stets frühzeitig dran zu sein, um auf dem kleinen ▸ *Wanderparkplatz nördlich vom Schwimmbad „Isarwelle"* noch einen Platz zu ergattern. Von dort geht es zu Fuß die ▸ *Goethestraße* weiter, zuerst in nordwestlicher Richtung, hinein in ein ländliches Wohngebiet mit vielen unterschiedlich gestalteten Ein- und Zweifamilienhäusern inmitten schöner Gärten. Nach fünf Minuten zweigt die ▸ *Bachmairgasse rechts* ab und wir folgen ihr lediglich gut 30 Meter, um dann gleich ▸ *links in den Tiefenweg* abzubiegen. Dieser führt uns weiterhin an herrlichen Landhausgärten vorbei, teils traditionell, teils modern angelegt. Dicke Blumenrabatten wechseln sich mit weitläufigen Wiesen und alten

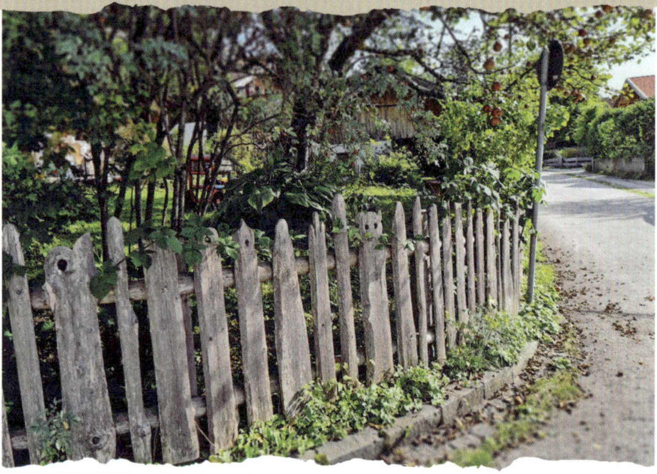

Von wegen Zaunguckerlweg – hier guckt der Zaun zurück!

Obstbäumen ab. Es gibt so vieles zu entdecken, nicht zuletzt zahlreiche Dekorationsideen für Haus und Garten.

Markiert durch ein beeindruckendes hölzernes Wegkreuz auf der linken Seite verwandelt sich der Tiefenweg in die ▸ *Straße „Am Stocker“*. Wir erkunden sie nur etwa hundert Meter und gehen an ihrer Linksbiegung einfach ▸ *geradeaus den Wiesenweg* zu den Bäumen weiter. Nach langen Regenfällen kann der Pfad zu nass sein, dann bietet es sich an, weiter auf der Straße zu bleiben und später den Prof.-Dr.-Max-Lange-Weg nach rechts zu nehmen. Über unseren Wiesenpfad lässt es sich freilich abwechslungsreicher spazieren. Er lotst unsere Schritte erst zu einigen Bäumen, dann ▸ *nach links und über einen kurzen Forstweg auf die Straße „Am Ried“*. Ihr folgen wir leicht bergab nach Westen und zweigen an der kommenden Straßenkreuzung ▸ *nach rechts* ab.

Farbenfrohe Gummistiefel und so manch alte Jeans haben hier als Blumentopf ein zweites Leben bekommen und entlocken dem Betrachter ein Schmunzeln über so viel Einfallsreichtum. Allmählich liegen die letzten Anwesen nun hinter uns und unser bunter Zaunguckerl-Weg verwandelt sich in ein kleines grünes Abenteuer ▸ *entlang des Tratenbachs*.

Im Schatten des ihn umgebenden Mischwalds hält sich selbst an heißen Tagen eine angenehme Kühle. Und so tauchen wir darin ein, begleitet vom sanften Plätschern des Bergbachs, der munter über die in Steine gefasste Rinne mit ihren künstlichen Kaskaden

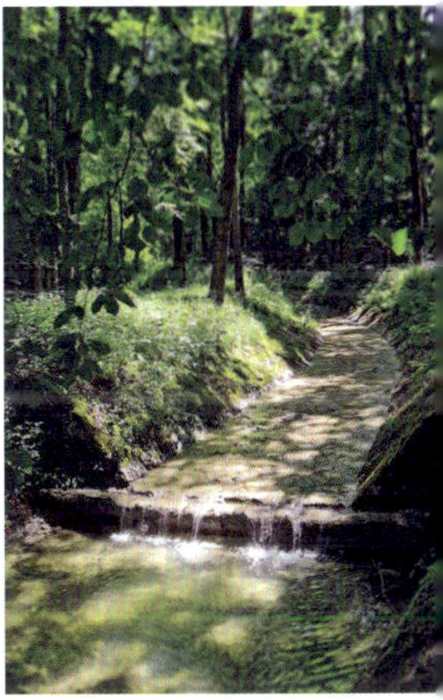

springt. Ein schmaler ▸ *Kiesweg* bringt uns rechts sanft ansteigend Richtung Osten hinauf. Manchmal steht einer der alten Bäume fast mitten im Weg, meist aber halten sie gebührend Abstand zur Wasserrinne und zum Waldpfad.

Es hat etwas ausgesprochen Meditatives, dem Murmeln des Bachs und manchmal auch dem Rauschen der Blätter zu lauschen. Einige der alten Riesen sehen mit ihrem verdrehten Wuchs aus wie verwunschene Märchengestalten oder tragen mit dicken Wucherungen kleine Rucksäcke an ihren Stämmen. So kann man seiner Fantasie freien Lauf lassen, während sich der Fußweg eine knappe halbe Stunde lang am Tratenbach entlangschlängelt. Allmählich verbreitert er sich zu einem Forstweg und gelangt schließlich zu einer großen Kreuzung am Fuße der Berge.

Von hier aus gelangt man beispielsweise zur Denkalm im Norden und zum Geierstein im Osten. Wer den Spaziergang erweitern möchte, kann auch dem Weg am Waldrand Richtung Südosten weiter folgen. Damit kommt man auf dem Lenggrieser Höhenweg fast bis nach Hohenburg und trifft am südlichen Ende wieder auf die Goethestraße, auf der man in Richtung Norden wieder

Vom kühlen Schatten des Tratenbachs (oben) geht es in die sonnige Weite mit Blick aufs Brauneck (unten).

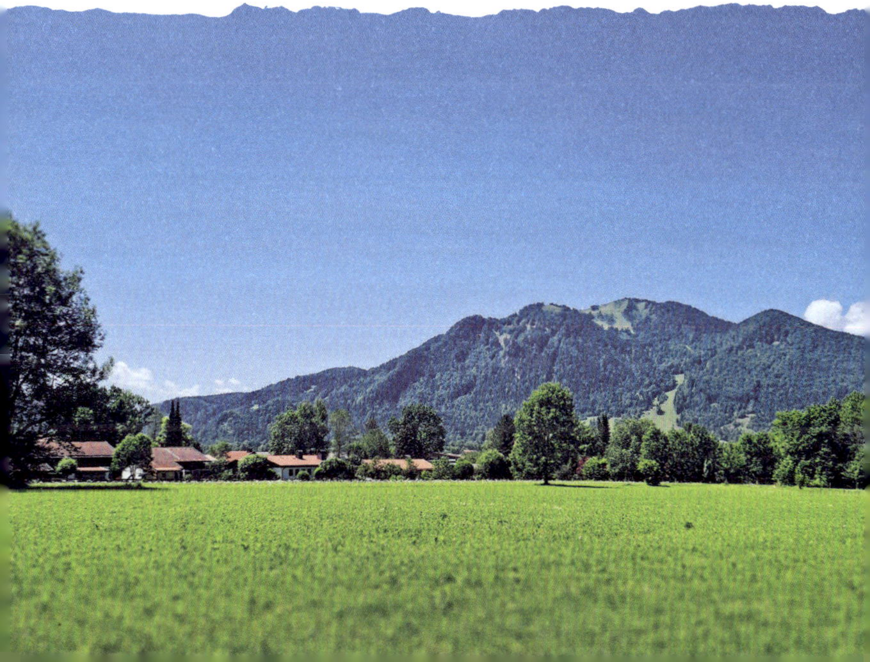

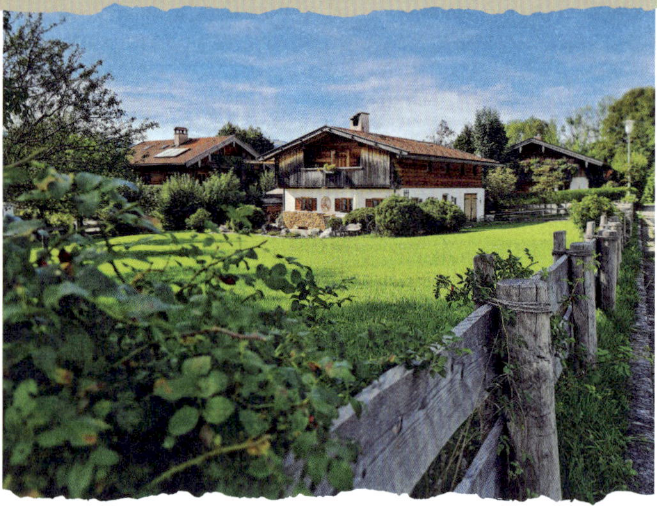

Hier finden sich die unterschiedlichsten Haus- und Hof-Varianten, von traditionell bis modern.

zum Parkplatz gelangt. Nach starken Regenfällen verwandelt sich dieser Wiesenweg jedoch in eine ausgesprochene Matschpartie.

Da wir ein ganz außergewöhnliches Wegkreuz besuchen wollen, biegen wir an der Kreuzung im Wald lieber ▸ *nach rechts Richtung Westen auf die Straße „Am Tratenbach" ab* und schlendern auf ihr gemütlich bergab nach Lenggries. Eine wunderbare Aussicht über den Isarwinkel eröffnet sich und reich blühende Sommerwiesen säumen den Weg. Es ist eine wahre Freude, hier unterwegs zu sein.

Erst wenn die Bäume des ersten Hauses auf der linken Seite auftauchen und mit ihnen die Bachmairgasse beginnt, heißt es wachsam sein. Nun führt, mit einem gelben Schild markiert, ein ▸ *unscheinbarer Wiesenweg nach links* am Gartenzaun entlang zu einem Bankerl neben zwei imposanten zusammengewachsenen Linden. Daraus leuchtet eines der ungewöhnlichsten Wegkreuze im Oberland hervor: Himmelblau gerahmt, mit goldenen Troddeln verziert, ist darauf die Kreuzigungsszene dargestellt. Die Figuren wurden liebevoll aus Holz geschnitzt und bunt bemalt. Der Wettermantel wurde aus Blech gefertigt und ebenfalls farbig gestaltet. Selbst der Holzbalken, auf dem das Kreuz befestigt ist, wurde gekonnt mit symbolisierten Szenen des Leidenswegs Christi und am Fuße mit einer zusammengerollten Schlange versehen. Beeindruckend und anmutig zugleich!

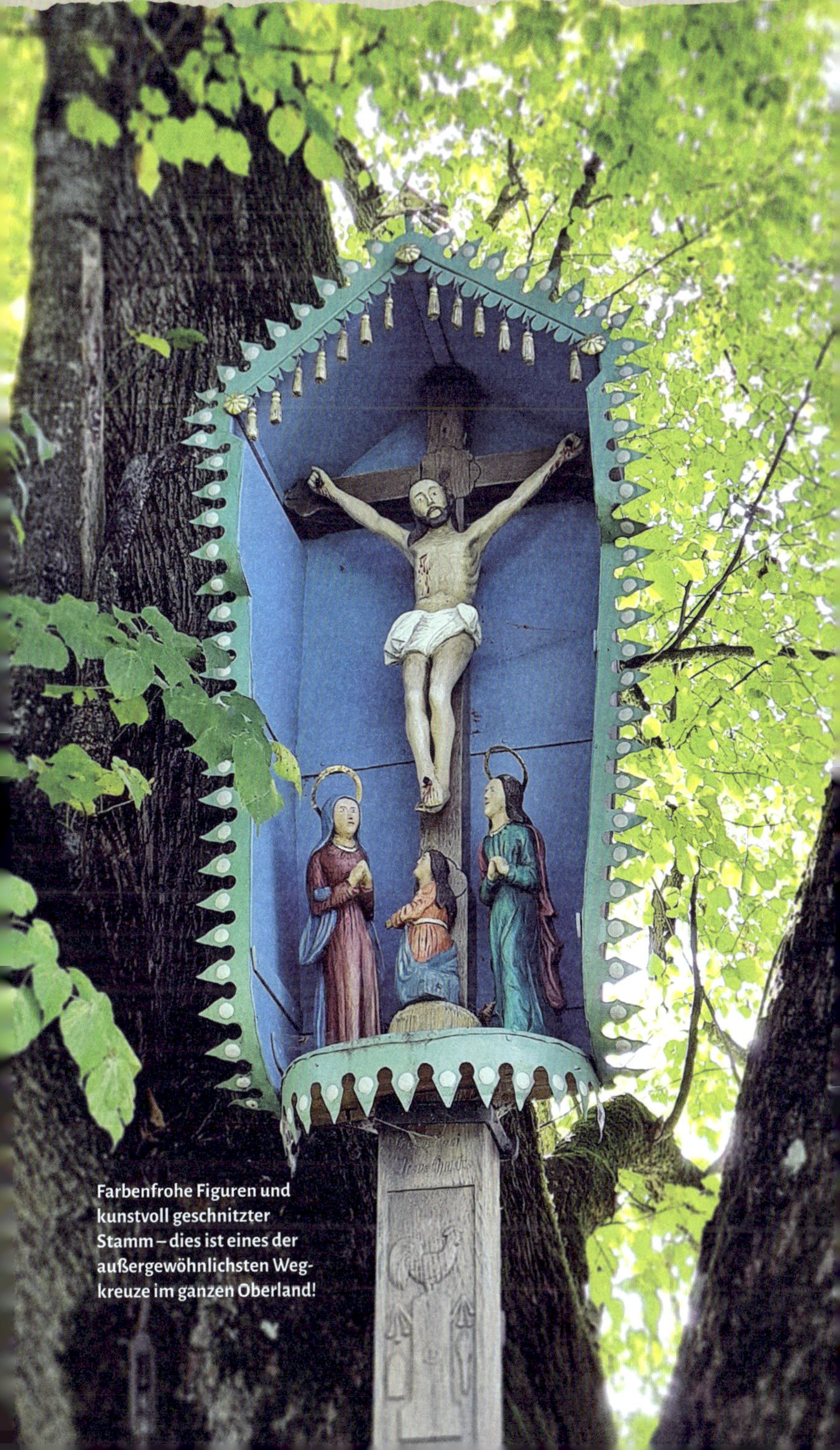

Farbenfrohe Figuren und kunstvoll geschnitzter Stamm – dies ist eines der außergewöhnlichsten Wegkreuze im ganzen Oberland!

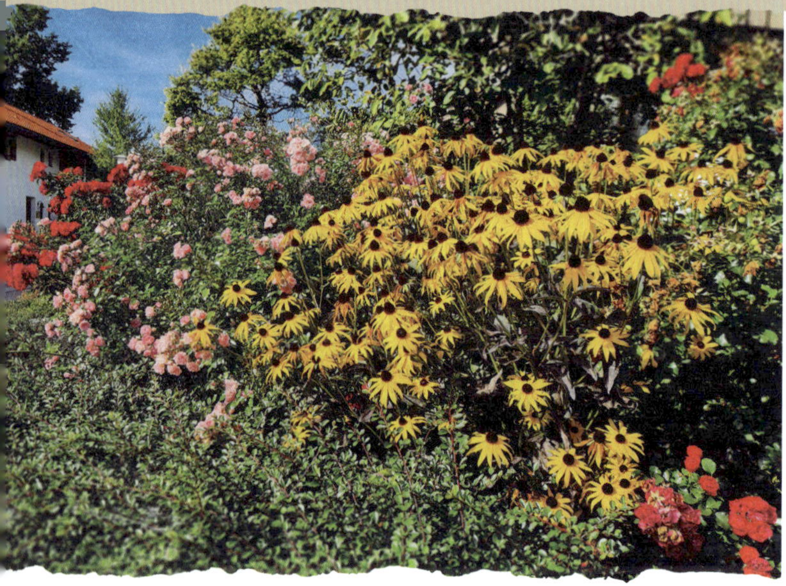

Üppige Stauden blühen in den Lenggrieser Gärten um die Wette.

Aufgestellt wurde das Kleinod vor einigen Jahrzehnten von der Familie Gilgenreiner, deren Hof gleich in Sichtweite liegt. Die Holzbank unter den mächtigen Bäumen bietet eine willkommene Gelegenheit, ein wenig innezuhalten und die kleine Geschichte vom „König und seinen zwei Söhnen" zu lesen, die märchenhaft von Klugheit und dem Wesentlichen im Leben erzählt **Geschichte S. 125**.

Von hier aus könnte man freilich wieder zur Straße gehen, ihr nach Westen folgen und dann auf der Goethestraße zurückkehren. Wir aber ► *folgen dem Wiesenweg weiter nach Süden*, der uns an Gärten entlang zielsicher zu unserem ► *Ausgangspunkt* geleitet und zu einem weiteren hölzernen Wegkreuz in der umzäunten Weide gegenüber.

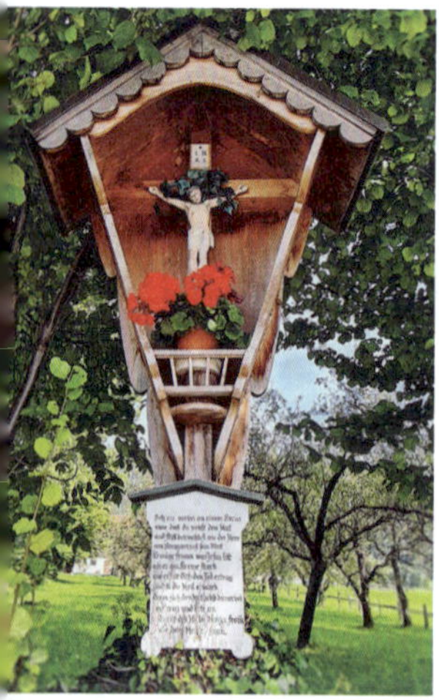

Der König und seine zwei Söhne

ab 4 Jahren
Frei nach einem philippinischen Volksmärchen

Es war einmal ein König, der hatte zwei Söhne. Die Jahre vergingen, der Herrscher war alt geworden und es wurde Zeit, dass einer der beiden Prinzen die Führung über das Land übernahm. So rief der Vater die jungen Männer zu sich und sagte: „Einer von euch beiden soll mein Nachfolger werden und dieses Land weise und gerecht regieren. Deshalb will ich euch eine Aufgabe geben: Nehmt jeweils fünf Silbertaler von mir und füllt damit auf die beste Weise den größten Saal in unserem Palast. Ihr habt bis zum Sonnenuntergang Zeit dazu."

Die beiden Prinzen nahmen die Münzen an sich und gingen hinaus, um ihre Klugheit unter Beweis zu stellen, denn fünf Silbertaler waren nun nicht allzu viel Geld für eine solch gewaltige Aufgabe.

Der Ältere der beiden kam schließlich an einem Feld vorbei, auf dem gerade Zuckerrohr geerntet und in einer Mühle ausgepresst wurde. Dort türmten sich die nutzlosen Pflanzenstängel zu hohen Bergen.

„Das ist die Lösung", dachte sich der Königssohn. „Damit fülle ich spielend den großen Saal in unserem Palast und kann meinem Vater beweisen, wie geschäftstüchtig ich bin."

Er handelte mit einem der Bauern aus, dass er für seine fünf Silberstücke so viel altes Zuckerrohr bekommen könnte, wie in die große Halle passte. Sofort machten sich die Knechte an die Arbeit und bald war der Palastsaal bis zur Decke hin gefüllt.

Daraufhin lief der Königssohn zu seinem Vater und berichtete ihm stolz, dass er die Aufgabe schneller als sein jüngerer Bruder gelöst habe und somit sicherlich der bessere Nachfolger sei.

Der König aber stand stirnrunzelnd vor dem Eingang der Halle und betrachtete die Pflanzenreste, die sich darin türmten. „Ich werde noch auf deinen Bruder und seinen Vorschlag warten", sagte er schließlich.

Als sich die Sonne anschickte, hinter den Bergen unterzugehen, kam auch der jüngere Sohn des Königs herbei. Er besah

Lenggrieser Tratenbach-Runde

1 h Gehzeit – 3,8 km Länge – 84 hm

Ausgangspunkt in 83661 Lenggries:

Parkplatz neben der Isarwelle, Goethestraße 22B

Weg:

Straßen, Kieswege, Wiesen- und Waldpfade; teils sonnig, teils schattig, zu jeder Jahreszeit zu empfehlen, nur die kurzen Wiesenpfad-Abschnitte sind nach langem Regen oder bei hohem Schnee zu umgehen. Wechselnd beschildert, aber leicht zu finden.

Besonderheiten:

- Familienbad Isarwelle www.lenggries.de/sommer/familienbad-isarwelle-1
- Schmucke Häuser mit Gärten
- Bergbach mit Kaskaden
- Schattiger Waldpfad
- Aussicht in den Isarwinkel
- Besondere Wegkreuze

Einkehr:

- Denkalm (am Wochenende sehr frequentiert) www.denkalm.de
- Dorfschänke Lenggries www.dorfschaenke-lenggries.de
- Eiscafés und Gastronomie Lenggries

Zuganfahrt:

Mit dem Zug nach Lenggries; dann von der Bahnhofstraße aus über die Geiersteinstraße zur Isarwelle (ca. 15 min).

Variationen:

Verkürzen kann man die Runde über einen Fußweg vom Tratenbach aus (unbeschildert). Verlängern kann man sie über den Höhenweg am Waldrand entlang oder zur Denkalm (980 m) oder auf den Geierstein (1.491 m).

Tipps:

- Historischer Ortskern des Flößerorts Lenggries
- Vielfältige Einkaufsmöglichkeiten
- Pfarrkirche St. Jakobus (Dom des Isarwinkels)
- Heimatmuseum www.lenggries.de/staemme/heimatmuseum-lenggries-2
- Naturfreibad Lenggries www.lenggries.de/staemme/naturfreibad-lenggries-2
- Kalvarienberg Lenggries

Tourist-Info:

Rathausplatz 2
83661 Lenggries
Tel.: 08042-5008800
E-Mail: info@lenggries.de
www.lenggries.de

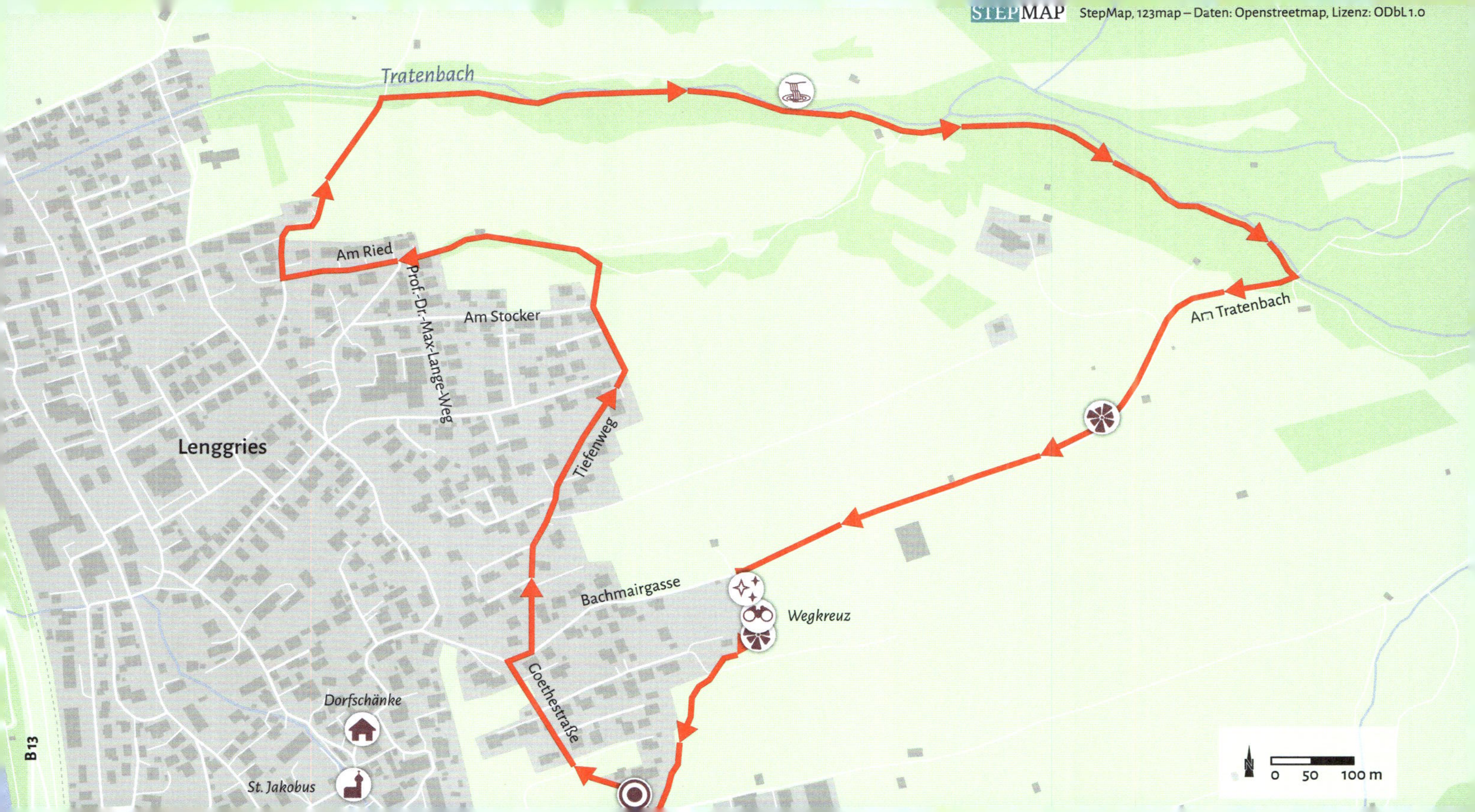
STEPMAP
StepMap, 123map – Daten: Openstreetmap, Lizenz: ODbL 1.0
Tratenbach
Am Tratenbach
Am Ried
Prof.-Dr.-Max-Lange-Weg
Am Stocker
Lenggries
Tiefenweg
Bachmairgasse
Wegkreuz
Goethestraße
Dorfschänke
St. Jakobus
B13
0 50 100 m

sich die Zuckerrohrstapel und bat schließlich darum, den gesamten Saal wieder leer zu räumen. Behutsam fegte er am Ende auch noch die letzten Pflanzenfasern hinaus.

Inzwischen hatte sich die Dunkelheit über das Land und den Palast gebreitet. Da zog der junge Königssohn eine Kerze unter seinem Gewand hervor und entzündete sie. Dann stellte er sie mitten in den riesigen Raum und füllte mit dem warmen Licht der Kerze schließlich auch den letzten Winkel.

Da nickte der alte König versonnen und sagte: „Du hast es recht gemacht. Während dein Bruder für fünf Silbertaler nur billige Pflanzenreste in den Raum gesteckt hat, hast du wahre Klugheit bewiesen. Nicht einmal einen Silbertaler hast du benötigt, um die Kerze zu erwerben und den Saal mit dem anzufüllen, was für uns Menschen wichtig ist: Licht und Wärme!"

Wenn du es eilig hast, gehe langsam.
Wenn du es noch eiliger hast,
mach einen Umweg.

Japanische Weisheit

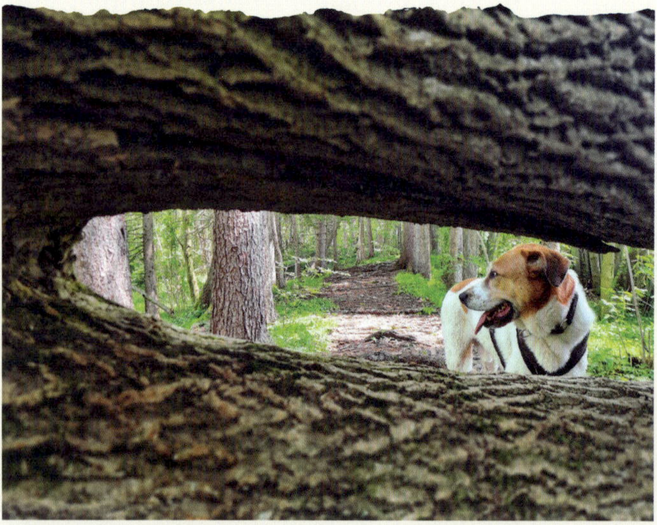

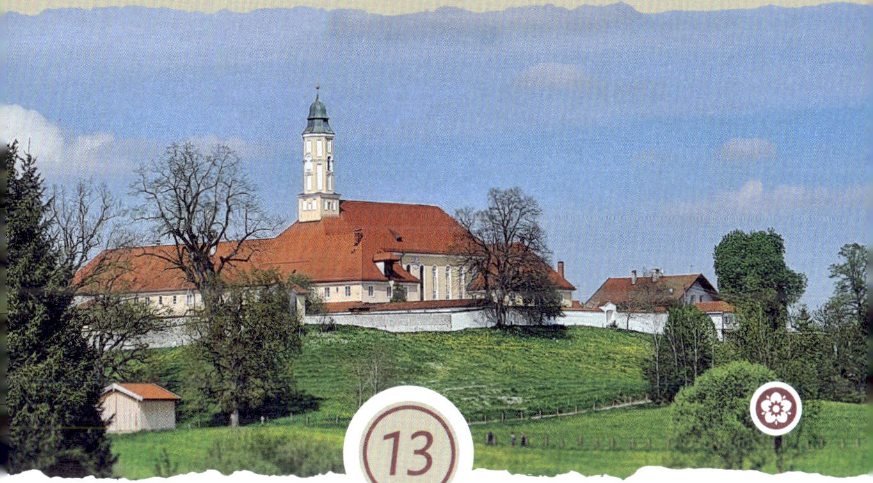

13

Kirchsee-Wegerl Süd

Baden, Bräustüberl und Klosterbesuch

1:15 h Gehzeit – 5 km Länge – 36 hm

Er ist schon ein malerischer Platz, der Kirchsee mit dem Kloster Reutberg und dem gleichnamigen Biergarten nebendran. Drum gehört er auch zu den beliebtesten Flecken im Oberland. An sonnigen Tagen müsste man die Überschrift dieser Runde aber wohl so formulieren: Ein Bad in der Sonne, im See – und in der Menge! Deshalb sei diesem Spaziergang die Empfehlung vorangestellt, ihn lieber im Frühling und unter der Woche zu unternehmen. Dann zeigen sich die Moorwiesen in vollster Blüte, der See ist noch erfrischend kühl und man hat eine gute Chance, eine der zahlreichen Holzbänke am Wegesrand für eine Pause oder einen Platz im aussichtsreichen Biergarten von Reutberg zu ergattern.

Vielen ist die Kirchsee-Runde bekannt, die eine weitläufige Wanderung um das Moorgebiet verspricht, wobei jedoch meist verschwiegen wird, dass etwa drei Kilometer davon an einer schnell befahrenen Straße entlangführen. Deshalb sei an dieser Stelle eine viel anmutigere Alternative beschrieben, die den Kirchsee von Süden her berührt und mit reizvollen Wegabschnitten aufwartet.

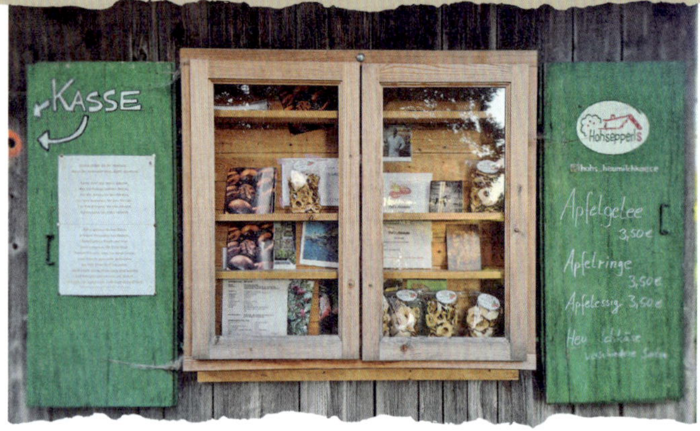

Kleine Köstlichkeiten am Wegesrand: das Selbstbedienungsfenster vom Hohsepperl

Startpunkt ist ein eher unauffälliger ▸ *Parkstreifen östlich vom Hussnhof an der Kreisstraße TÖL 10*.

Hier nimmt uns schon ein Infoschild zum Ellbach- und Kirchseemoor in Empfang und erzählt uns etwas über Renaturierung und Bedeutung des gut 800 Hektar großen Naturschutzgebiets, das seit 1940 zu den größten und bedeutendsten in Oberbayern zählt. Einige der unterschiedlichen Moortypen und die dazugehörige Artenvielfalt warten schon auf uns und so ▸ *überqueren wir – bitte achtsam – die etwas unübersichtliche Straße* und folgen ihr ▸ *rund hundert Meter nach rechts Richtung Osten*. Ein kleiner, eher unscheinbarer Wegweiser „Fußweg zum Kirchsee" begleitet uns dabei und schickt uns dann ▸ *links nach Norden in Richtung Klosterberg*.

▸ *„Am Neuweiher"* heißt diese Straße bezeichnenderweise, denn rechts neben uns erstreckt sich die urwüchsige Landschaft rund um den in Trockenzeiten eher verlandeten Tümpel. Eichen säumen alsbald den Weg und eine kleine Tafel des Obst- und Gartenbauvereins Sachsenkam lässt uns mehr über die botanischen Besonderheiten, die Artenvielfalt und die Heilkräfte dieser einst heiligen Bäume erfahren. Bald gesellen sich Pappeln und weiteres Buschwerk hinzu und nach etwa zehn Minuten erreichen wir die ▸ *erste Weggabelung*, die über unsere weiteren Schritte entscheidet. Ein wohlgeformter Ahorn breitet sein Blätterdach über einen Picknickplatz und gibt Gelegenheit sich zwischen zwei „Bs" zu entscheiden: Baden oder Biergarten.

Wer zuerst eine Abkühlung von Außen vorzieht, biegt an dieser Stelle ▸ *links ab* und hält sich bei der nächsten Gabelung keine hundert Meter weiter ▸ *rechts*. Dieser Feldweg führt alsbald in ein kleines Wäldchen hinein, markiert durch eine Holzhütte, an der der „Hohsepperl" seinen wohlschmeckenden Heumilchkäse und andere Köstlichkeiten in Form eines Selbstbedienungsfensterls anbietet. Hier empfängt uns der sonnengeflutete Mischwald. Untermalt von Grillenzirpen und Vogelgezwitscher geht es gemütlich an Feuchtwiesen vorbei, an kleinen Hainen mit sonnigen Lichtungen und dunklen alten Baumriesen. Dazwischen blühen je nach Jahreszeit außergewöhnliche Pflanzen, wie sie nur auf immer nassen Humusböden gedeihen, darunter Trollblumen, Knabenkraut und der rosafarbene Schlangen-Knöterich, an dem sich seltene Schmetterlinge wie der Blauschillernde Feuerfalter tummeln.

Nach etwa 20 Minuten Gehzeit öffnet sich der Blick und die Landschaft verwandelt sich in ein eher karges Hochmoor, in dem nur noch Pflanzenspezialisten wie Birken und Spirken, wie Wollgras und Moosbeere überleben können. Nach langen Regenfällen kann der Weg durch dieses „Regenmoor" durchaus einige Zentimeter hoch überflutet sein. In den meisten Fällen aber kommt man über die Kiesstraße alsbald ans ▸ *südliche Ufer des königsblauen Kirchsees*.

Mehrere Holzbänke erwarten die Besucher an dem mit Holzbohlen befestigten Wiesengrund an

Besonders in den frühen Morgenstunden und bei Sonnenuntergang wirkt das Kirchseemoor verwunschen schön.

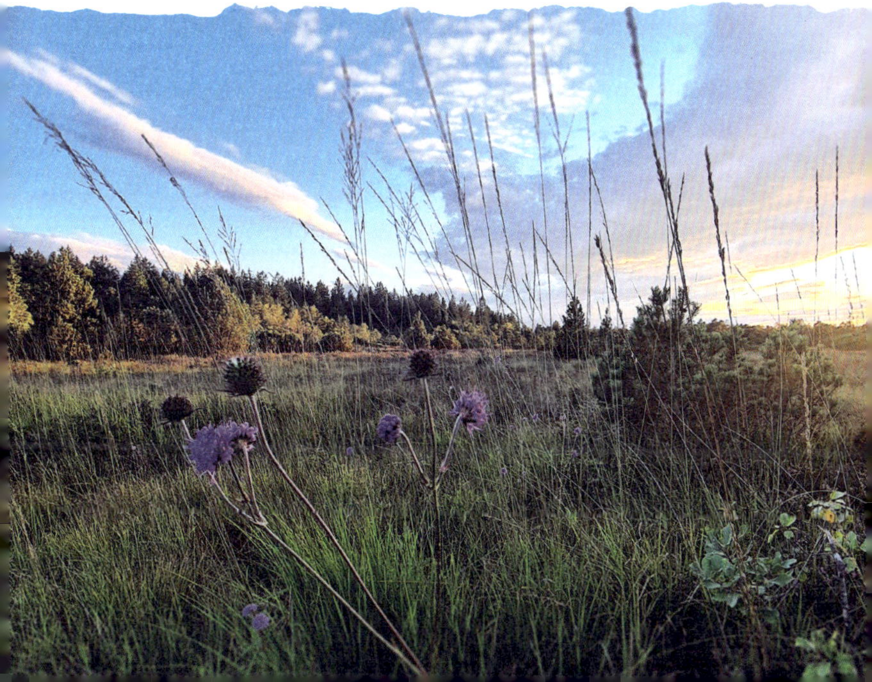

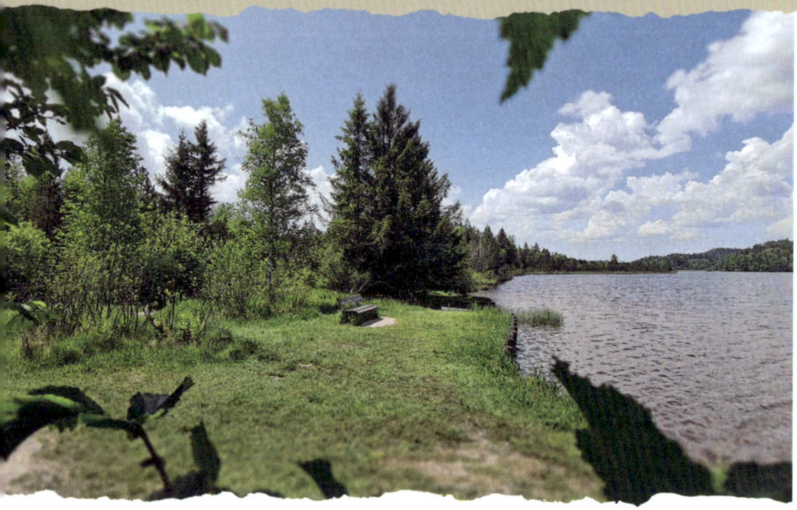

Im späten Frühling ist es hier am schönsten: kaum Menschen, kühles Wasser und noch keine Mücken.

und wer mag, kann sich bei einem Bad ausgiebig am moorigen Wasser erfreuen. Es ist normalerweise ein eher stiller Ort, an dem die Zeit stillzustehen scheint, also wie gemacht, um sich in Ruhe ein bisschen der Innenschau zu widmen. Zum Beispiel mit der kleinen Geschichte vom „Versteck der Weisheit“ **Geschichte S. 136**.

Für geübte Schwimmer ist es sicherlich ein Leichtes, auch andere Uferbereiche zu erkunden. Die Stege auf der Seeseite gegenüber sind etwa 400 Meter entfernt und halten an milden Frühsommertagen meist noch einen freien Platz bereit, um zu verschnaufen, bevor es danach wieder ans Südufer zurückgeht.

Von hier aus führt nur der ▸ *Hinweg zurück* und so geht es wieder durchs Hochmoor hinein in den luftigen Mischwald bis zu dem Picknickplatz samt Ahorn. Knapp 50 Minuten ist man unterwegs, wenn man nun gleich zurück zum Parkplatz spaziert. Für alle hungrigen Wanderer bietet sich ▸ *der Weg vom Picknickplatz Richtung Osten*, also zum Kloster Reutberg, an. Rund 15 Minuten braucht man von dieser Weggabelung aus dorthin, vorbei am Neuweiher, zwischen grünen Weiden hindurch, kurz am Mühlweiher entlang und dann den kurzen Anstieg zum Klosterberg hinauf. Wieder einmal erinnert dieses kleine Arrangement aus Gotteshaus, Gasthaus und Gebirgsblick an den alten bayerischen Ausspruch: Berge von unten, Kirchen von außen und Wirtshäuser von innen!

Jeder mag hier selbst entscheiden, was für ihn am wichtigsten ist.

Der Biergarten mit seinem traumhaften Blick in die Berge lohnt allemal einen Besuch. Aber auch die Klosterkirche ist für viele ein bewusst gewähltes Ziel. Das ▸ *Franziskanerinnenkloster Reutberg* wurde 1618 gegründet. Seine Wallfahrtskirche Mariä Verkündigung, die dem Sanktuarium in Loreto nachempfunden ist, wurde von 1733 bis 1735 erbaut, der achteckige Kirchturm im Jahr 1760 ergänzt. Dieses Gotteshaus und das Grab der 1923 dort verstorbenen Schwester Fidelis Weiß sind bis heute für manche ein besonderer Ort der christlichen Verehrung. Ein weiterer außergewöhnlicher Raum ist die alte Klosterapotheke von 1668, die leider nicht öffentlich zugänglich ist, aber als die am ursprünglichsten überlieferte Apotheke Deutschlands gilt.

Weitum bekannt ist außerdem die Klosterbrauerei Reutberg. Bereits 1677 hatte es dort die erste Brauerei gegeben, die freilich zunächst nur für den Klosterbetrieb gedacht war. Gerste und Hopfen stammten damals aus dem klösterlichen Anbau, das Wasser aus eigenen Quellen. Nach einer sehr wechselhaften Geschichte, nicht zuletzt während der Säkularisation, wurde die Brauerei 1924 in eine Genossenschaft verwandelt, der es bis heute gelingt, mit ihren inzwischen zwölf Sorten über 20.000 Hektoliter Bier im Jahr zu verkaufen. Und der Biergarten des Klosterbräustüberls dürfte für jeden Freund des Hopfengebräus den passenden, frisch gezapften Genuss bereithalten.

Je nach Niederschlagsmenge im Frühjahr gleicht der Neuweiher einem Tümpel oder er wächst zu einem kleinen See heran.

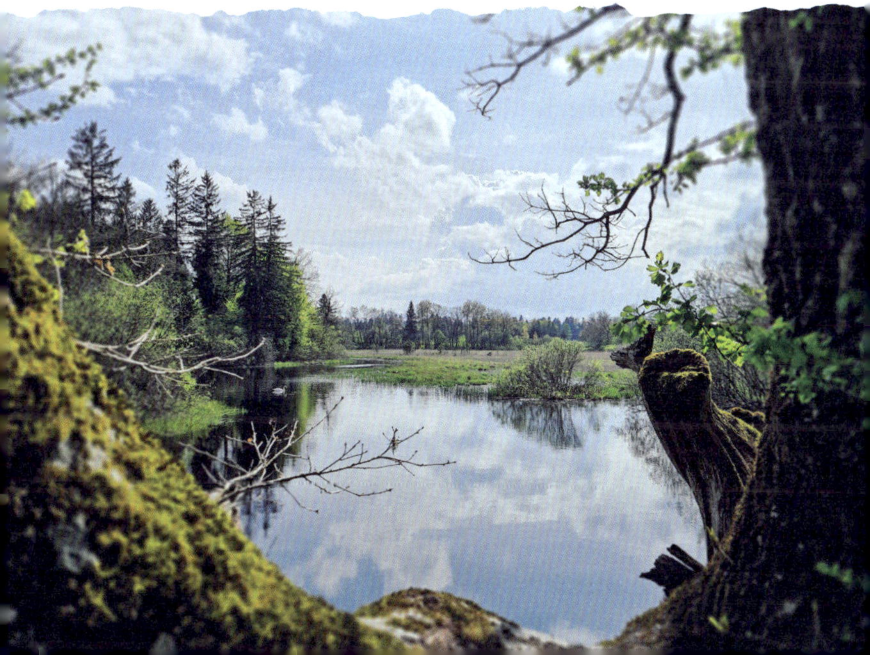

Kirchsee-Wegerl Süd

1:15 h Gehzeit – 5 km Länge – 36 hm

Ausgangspunkt in 83679 Sachsenkam:

Parkplatz nahe dem Hussnhof, Kirchbichler Straße 12; etwa 350 Meter östlich davon liegt auf südlicher Seite der Kreisstraße TÖL 10 ein ausgewiesener Parkplatz.

Weg:

Straßen und Feldwege; teils sonnig, teils schattig; Moorweg nach langem Regen überflutet; bei Schneeschmelze teilweise vereist. Überwiegend beschildert und leicht zu finden.

Besonderheiten:

- Urwüchsige Moorlandschaft
- Lichter Mischwald
- Badeplatz am Kirchsee
- Aussichtspunkt mit Bergblick
- Selbstbedienungs-Hofladen vom Hohsepperl
- Kloster Reutberg mit Wallfahrtskirche Mariä Verkündigung
- Klosterbrauerei Reutberg www.klosterbrauerei-reutberg.de

Einkehr:

- Klosterbräustüberl Reutberg mit Biergarten www.klosterbraeustueberl.de
- Altwirt Sachsenkam www.gasthof-altwirt.de
- Neuwirt Sachsenkam www.neuwirt-sachsenkam.de

Zuganfahrt:

Mit dem Zug nach Holzkirchen, Bus 353 Richtung Waakirchen bis Kloster Reutberg, Start hier.

Variationen:

Die Tour lässt sich verkürzen, indem man entweder nur zum Kirchsee oder nach Reutberg geht. Verlängern kann man vom Kloster aus nach Osten oder an die Kirchsee-Nordseite. Oder vom Parkplatz aus erst nach Süden und dann Osten nach Sachsenkam.

Tipps:

- Hofladen Wild Liebhart www.wild-liebhart.de
- Edelbrennerei Hartmannsegger Reutbergstraße 4 83679 Sachsenkam

Tourist-Info:

Fremdenverkehrsverein Sachsenkam-Piesenkam
Hedwig Hiber
Holzkirchner Straße 25
83679 Sachsenkam
Tel.: 08021-7608
E-Mail: hedwig.hiber@web.de
www.tourismus.sachsenkam.de

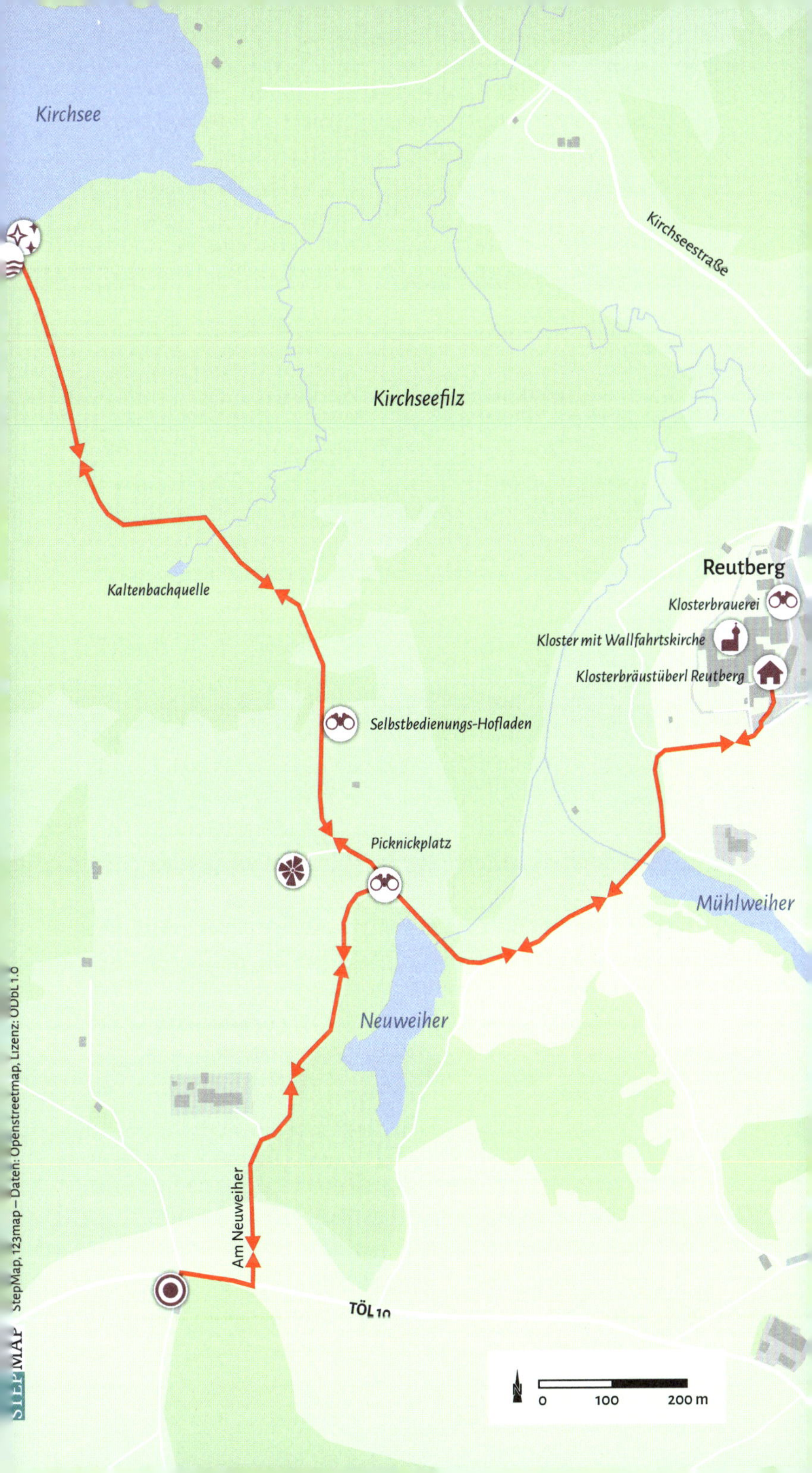
Kirchsee
Kirchseestraße
Kirchseefilz
Kaltenbachquelle
Reutberg
Klosterbrauerei
Kloster mit Wallfahrtskirche
Klosterbräustüberl Reutberg
Selbstbedienungs-Hofladen
Picknickplatz
Mühlweiher
Neuweiher
Am Neuweiher
TÖL 10
0
100
200 m
StepMap, 123map – Daten: Openstreetmap, Lizenz: ODbL 1.0

Vom Kloster Reutberg aus geht es auf dem ▸ *gleichen Weg wie vorhin zurück zur Weggabelung am Picknickplatz* und dann ▸ *wieder in Richtung Süden zum Ausgangspunkt*. Gerade mal eineinviertel Stunden ist man für die gesamte Strecke unterwegs, sodass zwischendurch für Baden, Biergarten und Kirchenbesuch bestimmt noch reichlich Zeit übrig bleibt.

Das Versteck der Weisheit

ab 8 Jahren
Verfasser unbekannt

Am Anfang aller Zeiten war die Weisheit des Universums nur den Göttern bekannt. Als sie jedoch den Menschen erschufen, kamen ihnen Zweifel. Denn es wäre nicht gut, wenn der Mensch diese Weisheit entdecken würde, ohne reif dafür zu sein. Also kamen sie überein, dieses Wissen an einem geheimen Ort zu verstecken.

Einer der Götter machte sogleich den Vorschlag, dieses großartige Wissen auf dem höchsten Berg der Erde zu verbergen. Doch sehr bald befürchteten sie, dass der Mensch auch die entferntesten Gipfel erklimmen und das Versteck entdecken könnte.

So schlug ein anderer vor, das Wissen in die tiefsten Tiefen des Ozeans zu legen, wohin kein Mensch gelangen könnte. Aber bald war ihnen klar, dass es wohl nicht lange dauern würde, bis der Mensch auch dorthin vordringen und die Weisheit des Universums finden würde, ohne dafür reif zu sein.

Schließlich wusste der klügste der Götter einen Rat und sagte: „Wie wäre es, wenn wir die Weisheit allen Lebens im Menschen selbst verbergen. Denn dort wird er als allerletztes suchen, nämlich erst dann, wenn er wirklich reif genug dafür ist."

Und so kommt es, dass die Weisheit des Universums bis heute in jedem Menschen selbst versteckt ist und sich nur jenen offenbart, die sich auf den Weg in ihr Inneres machen.

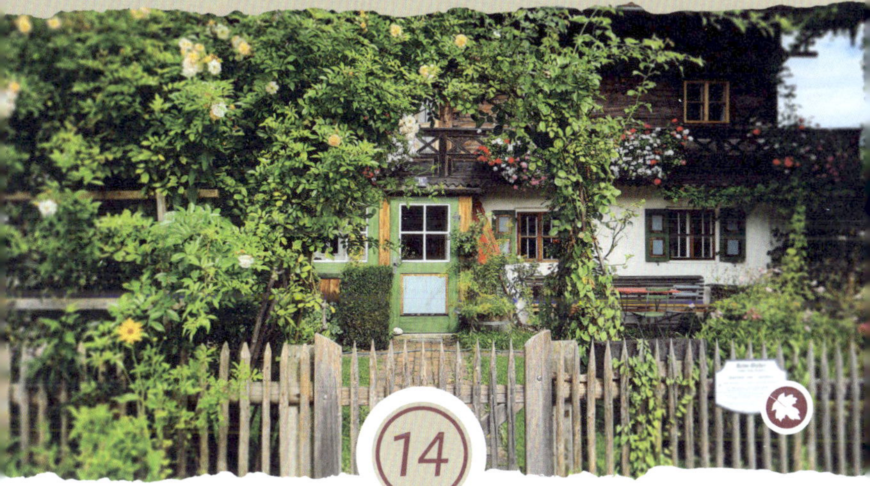

14

Argeter Dorfrunde

Ein schmucker Ort erzählt aus früheren Zeiten

1:20 h Gehzeit, 4,5 km Länge, 29 hm

Wenn man es nicht besser wüsste, könnte man an manchen Straßenecken meinen, man wäre in einem Freilichtmuseum unterwegs. Doch weit gefehlt. Das schmucke Dorf Arget ist schlichtweg das letzte vollständig erhaltene Straßendorf im Münchner Raum und stellte früher ein Teilstück der Verbindung nach Bad Tölz dar. Man spaziert an zahlreichen liebevoll restaurierten Bauernhäusern aus dem 17. und 18. Jahrhundert entlang, kann am alten Dorfweiher verweilen und im Heimatmuseum gar restlos ins Leben früherer Zeiten eintauchen. Damit die Runde noch ein bisserl mehr Bewegung bietet, startet sie mit einem Ausflug zur Waldkapelle St. Corona, den man freilich auch nach Belieben einmal gesondert in Angriff nehmen kann.

Beginnen wir bei der ▸ *Pfarrkirche St. Michael* – und damit bei den Wurzeln dieser alten Siedlung. Diese dürfte auf die Latènezeit zurückgehen, denn vorgeschichtliche Grabhügel und Keltenschanzen in der nächsten Umgebung erzählen von diesen Anfängen um 500 v. Chr. Weitere Einflüsse brachten sicherlich die Römer, deren

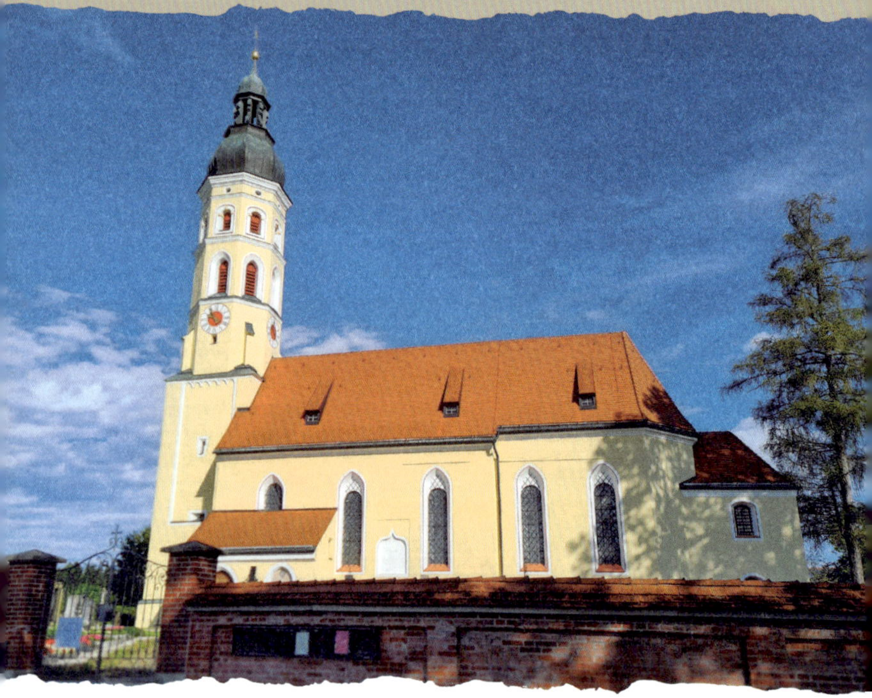

Erinnert an die Türme der Theatinerkirche in München: St. Michael in Arget.

Verbindungsstraße Augsburg–Salzburg nördlich am nahe gelegenen Sauerlach vorbeiführte, bevor die Bajuwaren und die kirchlichen Grundherren ihre Herrschaft ausübten. „Aragartin" war wohl der ursprüngliche Name der Siedlung, die 851 das erste Mal urkundlich erwähnt wurde. Die Deutungen des Wortes reichen vom pflügbaren Ackerboden bis zum römischen Kultplatz.

Beides könnte stimmen, wenn man berücksichtigt, dass der heilige Michael häufig als Patron für Kirchenbauten auf ursprünglich heidnischen Kultorten herangezogen wurde. Belegt ist indes ein romanischer Vorbau, dessen Reste noch im Kern des Turms zu finden sind. Nach einem Brand wurde das Gotteshaus zuerst Anfang des 16. Jahrhunderts im gotischen Stil und nach einem Sturmschaden Ende des 17. Jahrhunderts nochmals überarbeitet, zum Beispiel indem man die Spitzbögen durch ein Tonnengewölbe ersetzte.

Auffällig ist der Turm, der nach dem Vorbild der Theatinerkirche in München errichtet wurde. Zahlreiche Kostbarkeiten finden sich im Inneren von St. Michael, vor allem aus der Rokoko-Zeit, wie zum Beispiel die Figuren der Heiligen Cosmas und Damian, die aus der Schule des Ignaz Günther stammen und als Arzt und Apotheker in der katholischen Deutung die „Arznei für das ewige Leben“ bereithalten.

Zu diesen beiden Heiligen, die der Gesundheit dienen, passt es gut, dass wir vom ▸ *Kirchplatz aus in Richtung Coronakapelle* starten. Ein Feldkreuz gegenüber dem Eingang von St. Michael verweist auf die Pesttoten des 17. Jahrhunderts, einer auch für Arget äußerst schweren Zeit. Schon zuvor hatten die Schweden 1634 viele Bauernhäuser der Siedlung in Schutt und Asche gelegt. So verwundert es nicht, dass 1648 aus einer vormals hölzernen Hütte der erste Bau der Wallfahrtskapelle St. Corona entstand. 1807 brach man diese ab und baute sie 1820 in ihrer jetzigen Form wieder auf.

Wir finden zu ihr, indem wir die ▸ *Michelistraße erst einmal nach Südwesten* gehen, dann weiter ▸ *nach Westen zu den Häusern „Am Brand“* und den ▸ *Forstweg darüber hinaus*. Ein würzig duftender Nadelwald umfängt uns, mit Blaubeeren und Farnen zu seinen Füßen. Etwa eine Viertelstunde, nachdem wir von unserem Startpunkt aufgebrochen sind, biegen wir bei der ersten ▸ *Wegkreuzung nach links* ab und erreichen ▸ *das einfache Kircherl* nach weiteren zehn Minuten am Ende dieses Weges.

Tief im Wald verborgen liegt die St.-Corona-Kapelle.

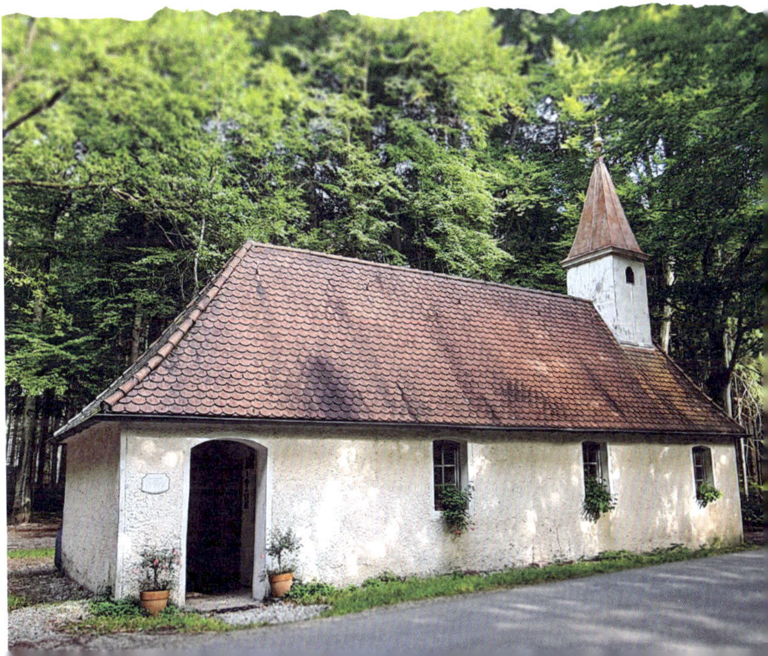

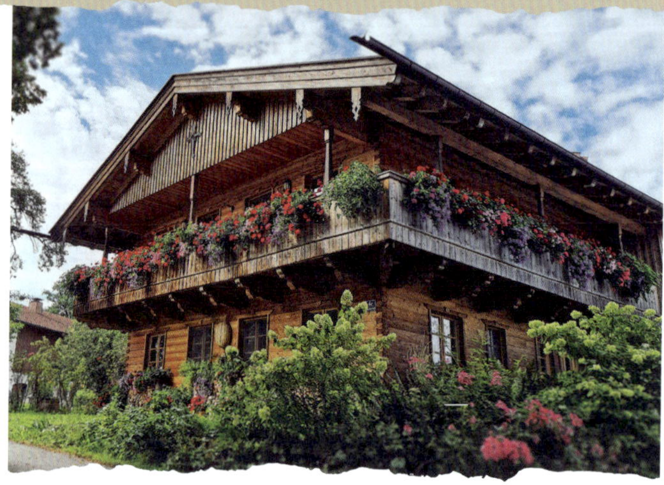

Ob alt oder neu, viele Häuser in Arget sind einfach eine Schau!

Das Gotteshaus steht direkt an der Straße nach Gumpertsham und wird von ausladenden Laubbäumen beschirmt. Die brennenden Kerzen und handgeschriebenen Gebete erzählen von der Frömmigkeit seiner Besucher, die insbesondere nach den Belastungen der letzten Jahre vermehrt hierherkommen. Auch wenn ihr Name inzwischen mit Krankheit und Pandemie untrennbar verknüpft ist, so ist die heilige Corona eigentlich für Geldnöte zuständig.

Eine bemerkenswerte Legende aus der Zeit um 1800 handelt passend dazu von einem Mädchen aus der Oberpfalz, das von der Heiligen einen Rock für fünf oder sechs Gulden erbat. Als diese dem Kind schließlich das Gewünschte brachte, gab sie ihm noch eine Ohrfeige dazu, weil der Wunsch viel zu gering gewesen sei und sie nur wegen den paar Gulden den weiten Weg aus dem Himmel hatte auf sich nehmen müssen …

Nun, manchmal lohnt es sich, seine Wünsche beherzter zu formulieren, während es in anderen Momenten hingegen entscheidend ist, mit welcher Einstellung man den Geschenken, die einem das Leben macht, begegnet ✧ **Geschichte S. 145**.

Für uns geht es gegenüber der Kapelle ▸ *auf der anderen Straßenseite weiter*, erst rund hundert Meter ▸ *nach rechts an der Fahrbahn entlang* und dann ▸ *links auf einem Kiesweg* einen halben Kilometer geradewegs in östlicher Richtung in den Wald hinein. An einem Wasserhäusl biegen wir auf dem ▸ *Forstweg rechts ab,*

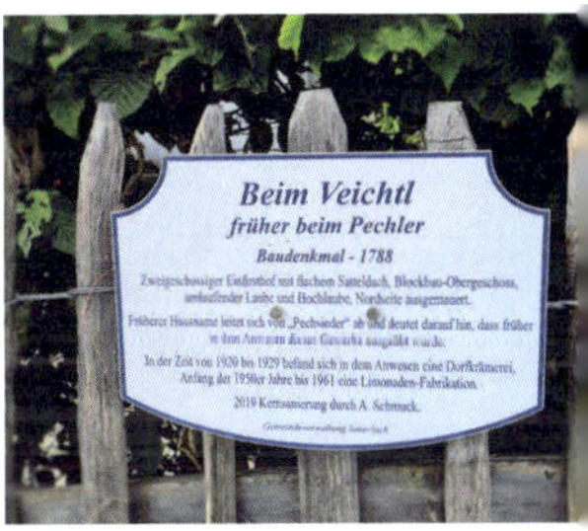

bis kurz darauf ▸ *links erneut ein unscheinbarer Kiesweg* nach Osten abzweigt. Auf ihm gelangen wir wenige Minuten später auf einen ▸ *Feldweg*, der uns ▸ *nach links in nördlicher Richtung* zwischen Äckern und Feldern ins offene Gelände geleitet.

In der kalten Jahreszeit haben wir hier weite Sicht, insbesondere wenn wir nach weiteren fünf Minuten auf den ▸ *Feldweg nach rechts* einbiegen. Vor uns kommen allmählich die Häuser von Arget in den Blick und rechts von uns rahmt die Voralpenkette den sonnigen Horizont. Bald ist der erste große Bauernhof links von uns passiert und die ▸ *Straße „Am Oberfeld"* trifft auf die Köhlerstraße.

Nun gibt es zwei Möglichkeiten, den Spaziergang fortzusetzen. Man kann nach Nordost weiter in den Ort und dann zum Ausgangspunkt zurückgehen, berührt das alte Straßendorf dann aber nur noch im oberen Teil, oder man biegt die ▸ *Köhlerstraße nach rechts Richtung Süden* ab.

Hier gibt es wieder zwei Varianten: Die größere Runde steht jenen offen, die die Köhlerstraße geradeaus weitergehen, bis sie sich links über den Wettlkamer Weg dem Dorf von Süden nähern. Mein Favorit ist die namenlose Straße, die sich von der Köhlerstraße sehr bald ▸ *links hinüber in den Osten* von Arget schwingt und schließlich über den

Mit den kleinen Keramiktafeln am Gartenzaun (oben) oder im Heimatmuseum (unten) wird der Spaziergang zu einer Runde durch Argets Historie.

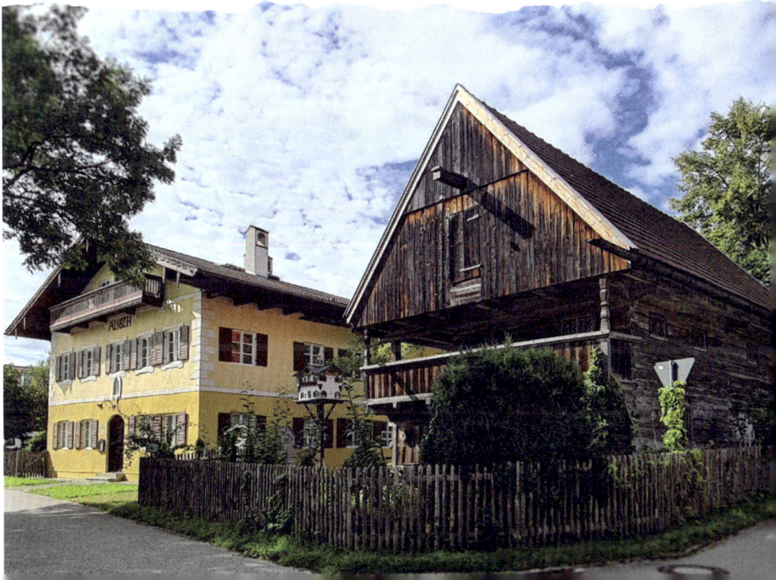

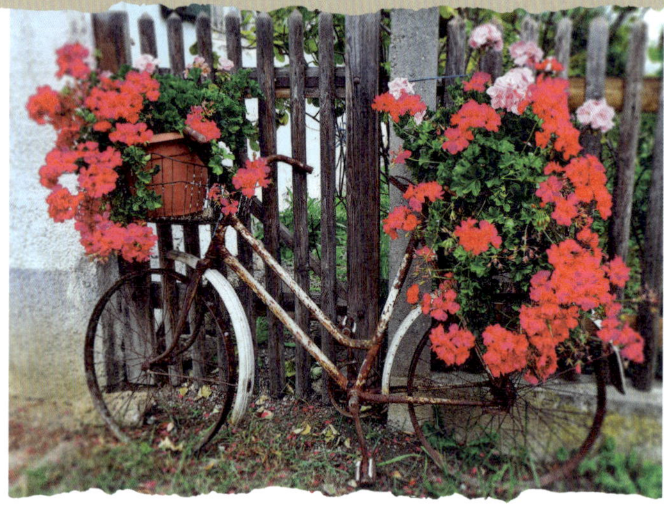

Im Spätsommer wird der Weg durch das alte Straßendorf zu einer bunten Gartenschau.

▸ *Heigenkamer Weg kurz nach Süden, dann nach links*, am Niederhamer Selbstbedienungs-Hofladen vorbei, zur ▸ *Holzkirchner Straße* und damit zu dem unter Ensembleschutz stehenden Straßenzug gelangt.

Wir ▸ *biegen nach links ab* und entdecken hier und dort kleine Keramiktafeln, die uns die Namen der Häuser und die Geschicke ihrer Bewohner vorstellen, wie zum Beispiel „Beim Schmiedgütl" oder „Beim Pechler", einer einstigen Pechsiederei, dann Dorfkrämerei und späteren Limonadenfabrik.

Schnell ist das ▸ *Heimatmuseum Sauerlach* mit seinem uralten Gebäudekomplex erreicht. Der alte Pfarrhof und der Troadkasten stammen aus dem 17. Jahrhundert und beherbergen heute eine witzige Mischung aus Relikten des früheren dörflichen Lebens, darunter Schlafzimmer, Spinnstube, Schusterwerkstatt und ein altes Klassenzimmer. Da das Museum von den rührigen Heimatfreunden mit viel ehrenamtlichem Engagement betreut wird, sind die Öffnungszeiten leider recht übersichtlich. Doch sei jedem ein Besuch ans Herz gelegt, der es liebt, wenn alte Zeiten lebendig werden. Vor allem der Kartoffelsonntag im Oktober ist ein wah-

Die Argeter hegen und pflegen ihre Gärten mit Liebe zum Detail.

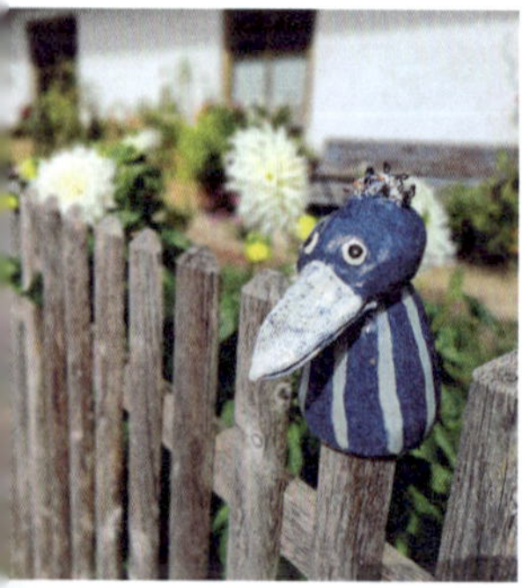

res Fest der Sinne, wenn ringsum die Häuser noch ihren prachtvollen Blumenschmuck tragen, der Innenhof mit Musik und köstlichem „Zwuller“, einem altbayerischen Schmankerl aus in Öl gebackenem Kartoffelteig, zum Verweilen einlädt und alle Türen der vielen Ausstellungsbereiche offen stehen.

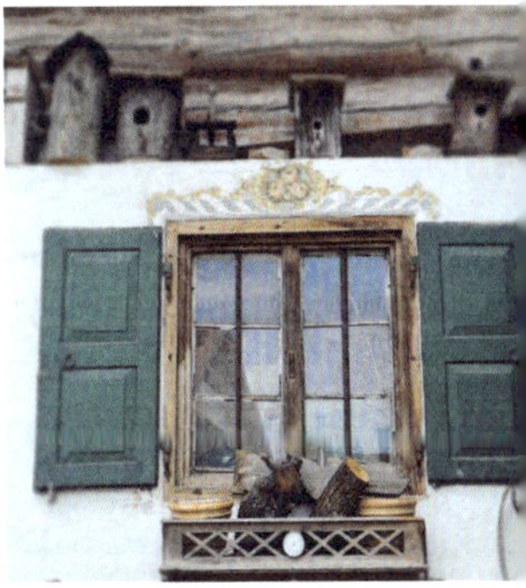

Alltagsgegenstände und Kunst – in Arget liegt beides oft nah beieinander.

Von hier aus zieht sich die Holzkirchner Straße mit ihren Baudenkmälern gemütlich ▸ *weiter nach Norden*. Aus den zehn Minuten, die der Fußweg eigentlich dauert, werden schnell 20 oder mehr, wenn man sich den anmutigen Häusern und ihren Beschreibungen widmet. Vielsagend sind auch die Einwohnerzahlen: Lebten im 19. Jahrhundert noch etwa 350 Menschen auf 60 Bauernhöfen, so sind inzwischen fast 900 Menschen hier ansässig, davon jedoch nur noch wenige in den verbliebenen fünf landwirtschaftlichen Anwesen.

An der ▸ *Oberhamer Straße biegen wir links ab*, außer der Magen verlangt nach mehr Aufmerksamkeit und wünscht sich den Besuch des

Willkommen im Baustil des 18. und 19. Jahrhunderts! Hieß es hier einst „Beim Zimmermeister“, beherbergt das Haus heute einen Restaurator und Raumkünstler.

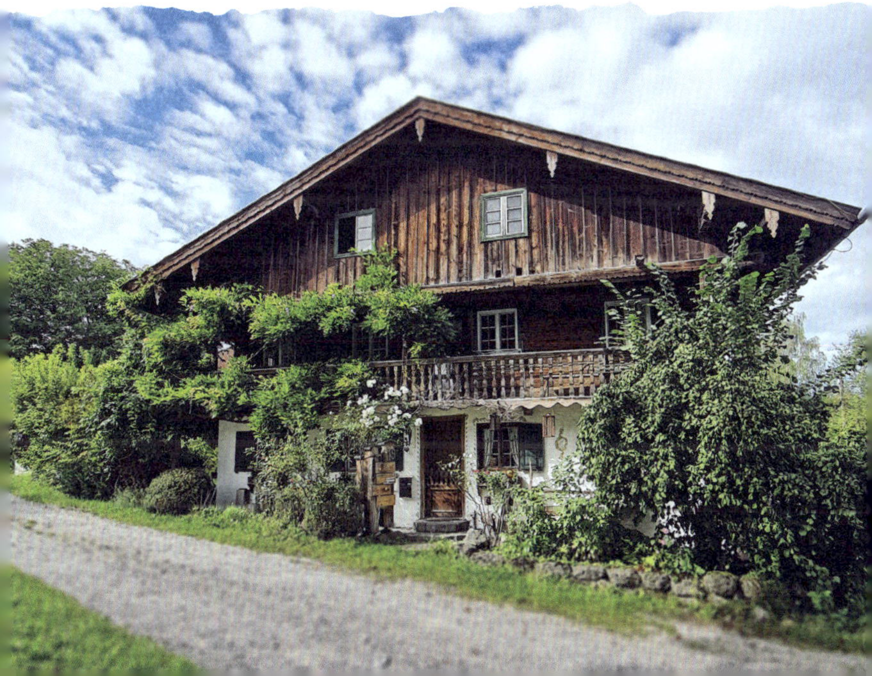

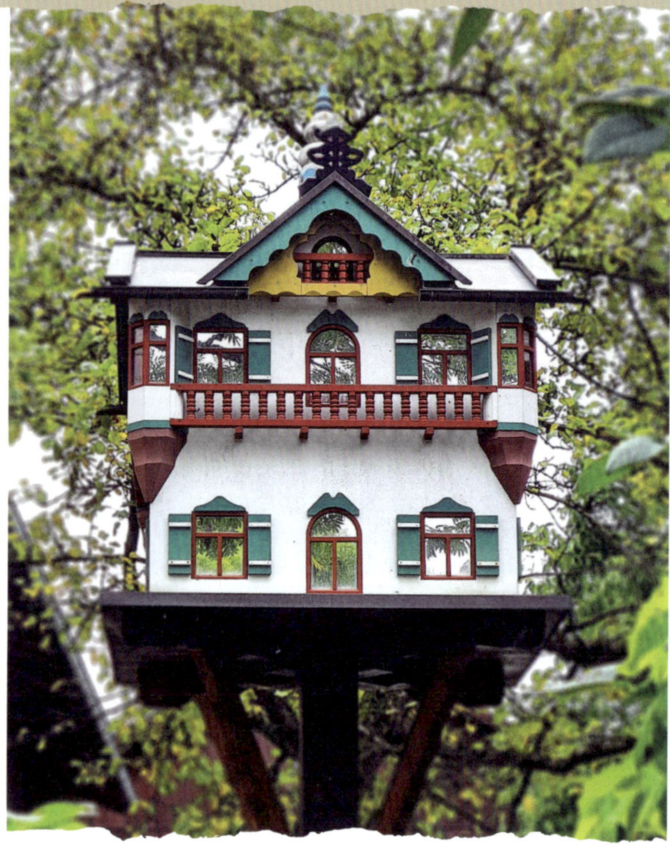

Wer sich Zeit und seinen Blick schweifen lässt, wird mit einem Postkartenmotiv nach dem anderen belohnt.

Gasthauses Schmuck, der rechts von uns liegt. Linkerhand haben wir wenige Minuten später die nach rechts führende ▸ *Schulstraße* erreicht, die durch eine mächtige Linde markiert wird. Dahinter winkt uns schon wieder der so charmant an die Münchner Theatinerkirche erinnernde Turm von St. Michael zu sich und zu der alten Eiche, die 1871 neben dem Schulhaus in Gedenken an den Friedensschluss des Deutsch-Französischen Kriegs gepflanzt wurde.

Die ungleichen Zwillinge

ab 6 Jahren
Verfasser unbekannt

Es gibt ja Zwillinge, die gleichen einander wirklich wie ein Ei dem anderen. Genau so waren die beiden Jungs, von denen ich euch erzählen möchte. Äußerlich waren sie nicht voneinander zu unterscheiden – aber in ihrem Charakter hätten sie verschiedener nicht sein können!

Der eine war ein wahres Sonnenschein-Kind. Stets gut aufgelegt, fröhlich und heiter. Kein Misserfolg konnte ihn beeindrucken, keine noch so schwere Aufgabe entmutigen.

Ganz anders dagegen sein Bruder: immer ängstlich, nörglerisch und schlecht gelaunt. Immer voller Nöte und Bedenken. Ein wortwörtliches Sorgen-Kind, könnte man sagen.

Nun dachte sich die Mutter der beiden eines Tages, dass das so nicht weitergehen könne. Es müsste doch eine Möglichkeit geben, dass auch einmal das Sorgen-Kind fröhlich ist und sein Bruder, das Sonnenschein-Kind, in seiner ungebremsten Fröhlichkeit geprüft wird.

Deshalb dachte sie sich eine kleine Überraschung aus: In der Nacht vor dem Geburtstag der Zwillinge packte die Mutter in das Zimmer des Sorgen-Kinds einen riesigen Berg schönster Geschenke, so hoch, dass er bis an die Zimmerdecke reichte.

Dem Sonnenschein-Kind jedoch legte sie nur einen kleinen grauen Karton in sein Zimmer, der mit einem stinkenden Pferdeapfel gefüllt war. Gespannt wartete sie dann darauf, dass die beiden erwachen würden.

Bald schon hörte sie aus dem Zimmer des Sorgen-Kindes Geraschel und so ging sie hinein: „Herzlichen Glückwunsch, mein geliebter Sohn! Na, was sagst du zu all diesen wundervollen Geschenken? Das ist einfach großartig, oder?"

Doch schon wieder entdeckte sie die altbekannte Sorgenfalte auf seiner Stirn, als er erwiderte: „Danke, Mutter, die Geschenke sind wirklich toll. Aber ganz ehrlich, das sind so viele, ich weiß gar nicht, wo ich die alle unterbringen soll ... Und wenn meine Freunde all das sehen, werden sie bestimmt neidisch sein und nicht mehr mit mir spielen ... Und ganz

Argeter Dorfrunde

1:20 h Gehzeit, 4,5 km Länge, 29 hm

Ausgangspunkt in 82054 Sauerlach:

Parkplatz bei der Kirche St. Michael, Michelistraße 29, Arget

Weg:

Forst- und Feldwege, Waldpfade, Straßen; teils schattig, teils sonnig, auch nach Regen und bei moderatem Schnee gut zu gehen. Nicht beschildert, der Teil der Tour durch den Ort ist aber leicht zu finden.

Besonderheiten:

- Pfarrkirche St. Michael
- Schattige Waldwege
- Kapelle St. Corona
- Sonniger Bergblick
- Hofläden mit Selbstbedienung
- Heimatmuseum Sauerlach mit Kartoffelsonntag www.heimatmuseum-sauerlach.byseum.de
- Gut erhaltenes Straßendorf mit Häusern aus dem 17./18. Jahrhundert

Einkehr:

- Gasthof Schmuck www.gasthof-schmuck.de
- Gastronomie Sauerlach

Zuganfahrt:

Mit der S-Bahn nach Sauerlach, dann mit dem Bus 223 nach Arget.

Variationen:

Ein Verkürzen der Tour ist möglich, indem man den Waldweg zur Coronakapelle weglässt und von St. Michael direkt in den Ort geht. Verlängern lässt sich die Runde über zahlreiche Wald- und Feldwege Richtung West und Ost.

Tipps:

- Niederhamer Hofladen www.niederhamer-hofladen.de
- Erlebnisbauernhof Humpl mit Hofladen www.erlebnisbauernhof-humpl.de
- Goldschmiede Offhaus www.dieschmuckmacherei.com
- Wohnaccessoires Zeitgeist www.zeitgeist-arget.com
- Kunstschmiede Ihsen www.kunstschmiede-ihsen.de
- Antiquitäten Gabriel www.casa-rola.de
- Vorgeschichtliche Grabhügel und Keltenschanzen im Umfeld

Tourist-Info:

Gemeinde Sauerlach
Bahnhofstraße 1
82054 Sauerlach
Tel.: 08104-66460
E-Mail: gemeinde.sauerlach@sauerlach.bayern.de
www.sauerlach.de

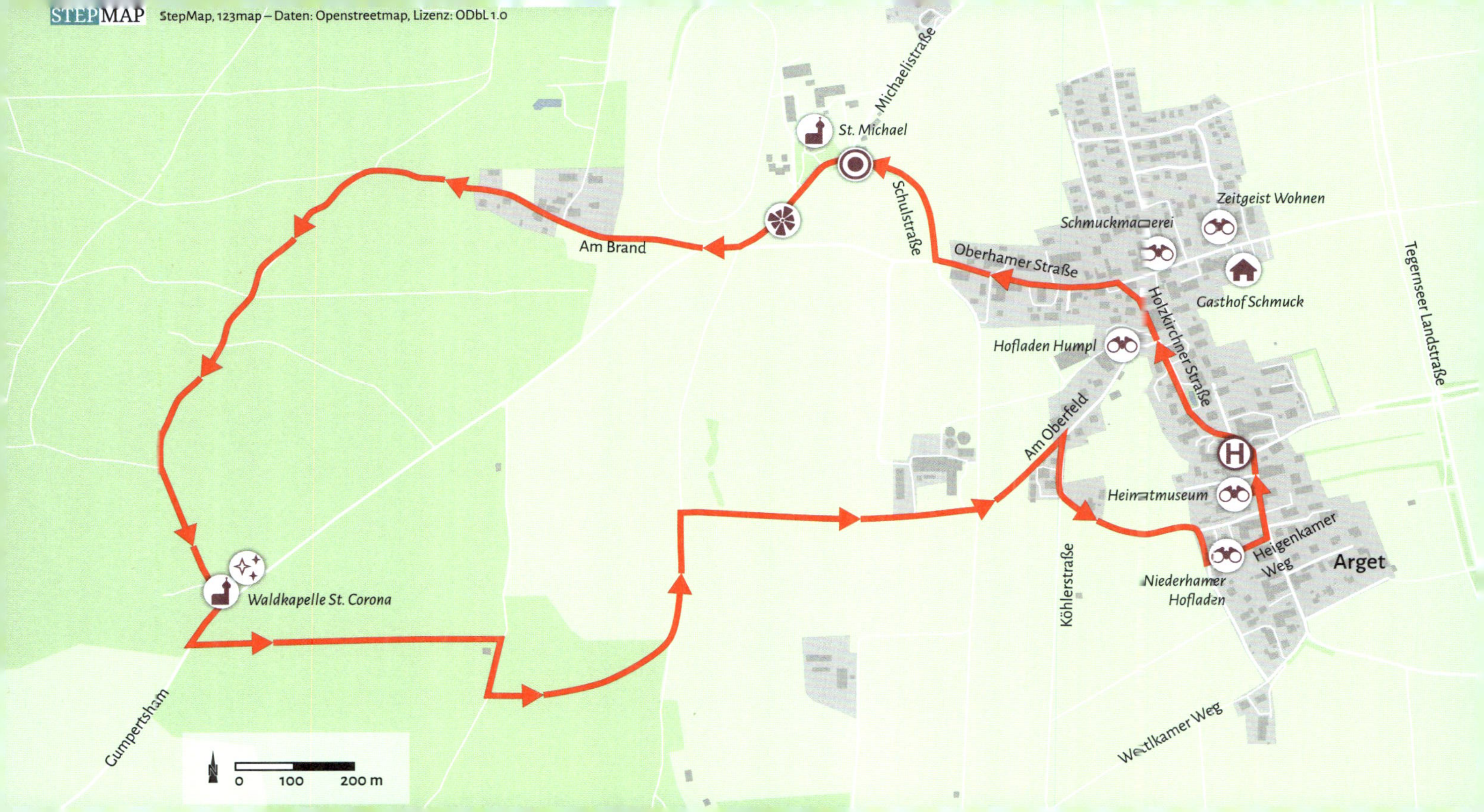
STEPMAP
StepMap, 123map – Daten: Openstreetmap, Lizenz: ODbL 1.0
Michaelistraße
St. Michael
Schulstraße
Am Brand
Oberhamer Straße
Zeitgeist Wohnen
Gasthof Schmuck
Holzkirchner Straße
Hofladen Humpl
Am Oberfeld
Heimatmuseum
Heigenkamer Weg
Arget
Niederhamer Hofladen
Köhlerstraße
Tegernseer Landstraße
Waldkapelle St. Corona
Gumpertsham
0
100
200 m

bestimmt geht das schönste Geschenk als erstes wieder kaputt!“

Die Mutter wollte ihren Ohren kaum trauen – doch da riss sie ein Jubelruf aus ihren Gedanken. Er kam vom Zimmer nebenan. Überrascht ging sie hinüber und fand dort den anderen Zwilling freudestrahlend um den Karton am Boden tanzen.

„Herzlichen Glückwunsch, mein geliebter Sohn!“, sagte sie auch zu ihm und fügte an: „Du scheinst dich ja heute noch mehr als sonst über dein Geschenk zu freuen.“

„Ja, Mama“, rief ihr Sonnenschein-Kind überglücklich. „Schau doch, schau doch!“

„Ja nun, ein Pferdeapfel“, sagte die Mutter und zuckte mit den Achseln. „Aber ist das ein Grund, sich so überschwänglich zu freuen?“

„Mama, du verstehst einfach nicht“, antwortete ihr Sohn lachend. „Dann muss hier irgendwo ... EIN ... PONY ... SEIN!“

Bleibe nicht am Boden heften,
Frisch gewagt und frisch hinaus!
Kopf und Arm mit heitern Kräften,
Überall sind sie zu Haus;
Wo wir uns der Sonne freuen,
Sind wir jede Sorge los.
Daß wir uns in ihr zerstreuen,
Darum ist die Welt so groß.

Johann Wolfgang von Goethe
(1749 – 1832)

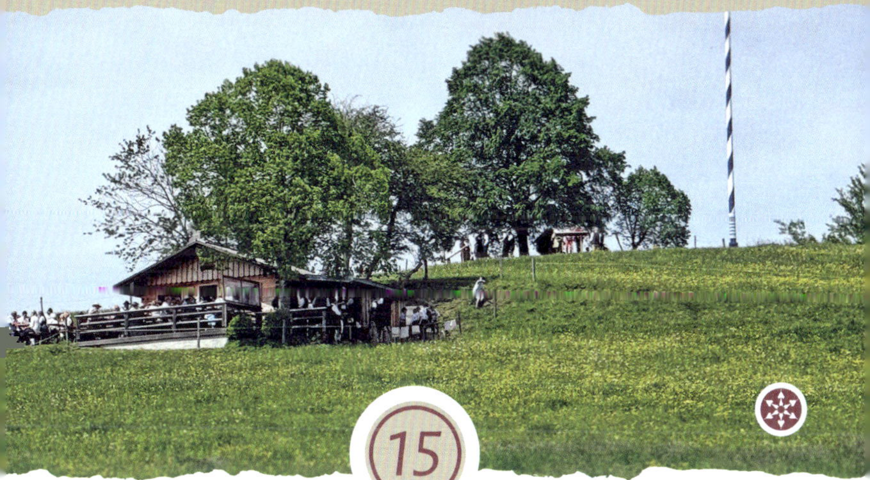

15

Von der Mangfall zum Weyarner Lindl

Keltenstadt und Kultplatz auf schönster Anhöhe

1:40 h Gehzeit, 5,9 km Länge, 210 hm

Das Weyarner Lindl gehört zweifellos zu den erhabensten Aussichtsplätzen im ganzen Oberland. Schließlich bietet es mit seinem schier endlos weiten Rundumblick zu jeder Jahreszeit einen prächtigen Genuss. Nur ist es nicht ganz so einfach zu erreichen, da die nahe gelegenen Orte Fentbach und Standkirchen keine öffentlichen Parkplätze bereithalten. Die häufig im Internet vorgeschlagene Route von Weyarn aus führt leider unter der viel befahrenen A 8 hindurch und lässt damit im ersten Teil jede Ruhe und Entspannung vermissen. Wir starten deshalb lieber beim ▸ *Waldrestaurant Maxlmühle in Valley* – mit freundlicher Genehmigung der Wirtsleute Karin und Thomas Fritzsche, die sich natürlich über einen Besuch ihres idyllisch gelegenen Gasthauses freuen. Neben den dortigen Köstlichkeiten erwarten uns auf dieser Entdeckertour ein sensationelles Panorama der Voralpenlandschaft und verschiedene außergewöhnliche Spuren ihrer jahrtausendealten Vergangenheit.

Die ▸ *Brücke südlich der Maxlmühle* bringt uns nicht nur über die je nach Jahreszeit unterschiedlich schillernde Mangfall, sondern auch hinüber in ein Reich vergangener Zeiten. Vor rund 20.000 Jahren wurde das Flusstal durch Schmelzwasserströme ausgeformt und ist von bis zu 90 Meter hohen Moränenhängen eingefasst. Zahlreiche Quellen entspringen dort und führen uns bereits zu einer Besonderheit, die uns nur der „Bayerische Denkmal-Atlas" preisgibt: Südlich des Wirtshauses wurde oberhalb des Quellenwegs eine Siedlung der späten Latène- und auch der römischen Kaiserzeit entdeckt. Tatsächlich ist das nur ein winziger Vorgeschmack auf das, was uns gleich auf der Hochebene unserer Tour begegnen wird.

Dazu geht es erst einmal auf dem ▸ *Forstweg leicht rechts und dann in einer Linkskurve nach Norden*. An der nächsten Gabelung verbleiben wir ▸ *auf diesem Weg*, erfreuen uns am Vogelgezwitscher sowie im März an den ersten Frühlingsblühern wie Schlüsselblume, Leberblümchen und Buschwindröschen und kämpfen uns steil den Berg hinauf. Immer tiefer gräbt sich der Weg in den Hang, vielleicht weil sich hier eine alte Schlucht befunden hat, vielleicht aber auch, weil dieser Weg schon vor über 2.000 Jahren eine wichtige Verbindungsstraße dargestellt hat. Aber dazu gleich mehr.

Vom wildromantischen Mangfalltal geht es steil hinauf aufs Weyarner Lindl mit Panoramasicht.

Nach etwa einer Viertelstunde Gehzeit haben wir gut 80 Höhenmeter überwunden, der Hohlweg verebbt und wir landen auf einer ▸ *weiten Ebene*, von der die Sicht bis hinüber zu den öster-

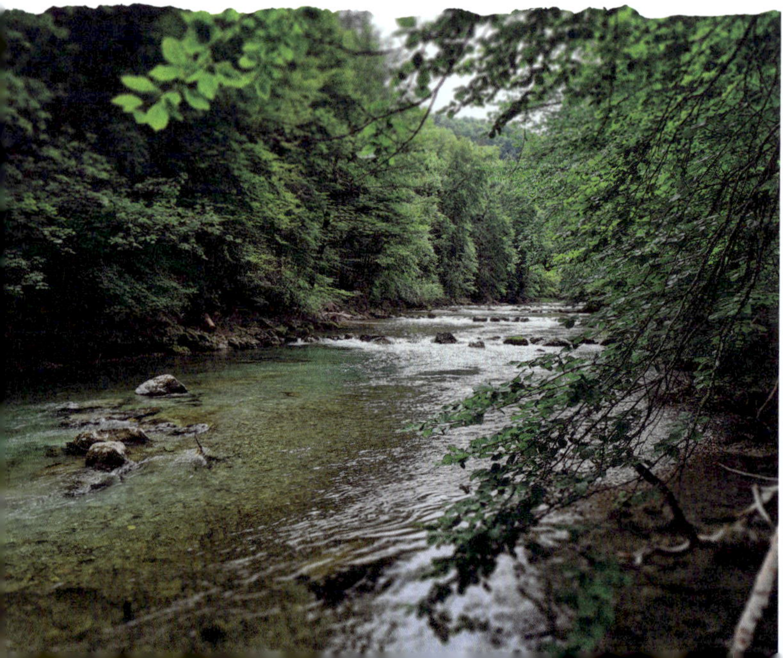

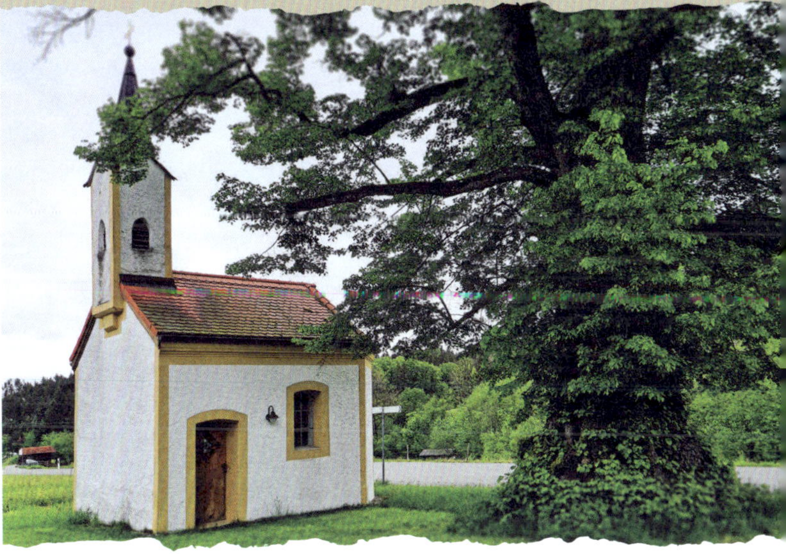

reichischen Bergen reicht. Unser Weg führt durch ein landwirtschaftliches Gehöft auf eine ▸ *Straße, die sanft südöstlich bergab* führt.

Es heißt, dass sie schon seit 900 Jahren hier bezeugt ist: die mächtige Linde, die die Drei-Königs-Kapelle beschirmt.

Hier lohnt es sich innezuhalten und den Blick nach links zu richten. Im Norden deutet sich nämlich der Wall einer keltischen Anlage an, erkennbar an den von Laubbäumen gesäumten Erhebungen. Rund zehn Hektar ist die eingefasste Fläche groß und bezeichnet mit dem Namen „Fentbach-Schanze" ein ehemaliges Oppidum aus der Zeit von 250 bis 15 v. Chr. Nimmt man den Vorwall der deutlich erkennbaren terrassenförmigen Wiesenkanten im Umfeld dazu, ergeben sich gar knapp 37 Hektar Fläche, an deren südwestlichem Ausläufer just unser Hohlweg endet. Auf unserem Rückweg werden wir dieses Gebiet besser betrachten können und Genaueres darüber erfahren. Unser Ziel indes thront südlich von uns auf dem terrassenförmigen Hügel: das Weyarner Lindl samt Maibaum.

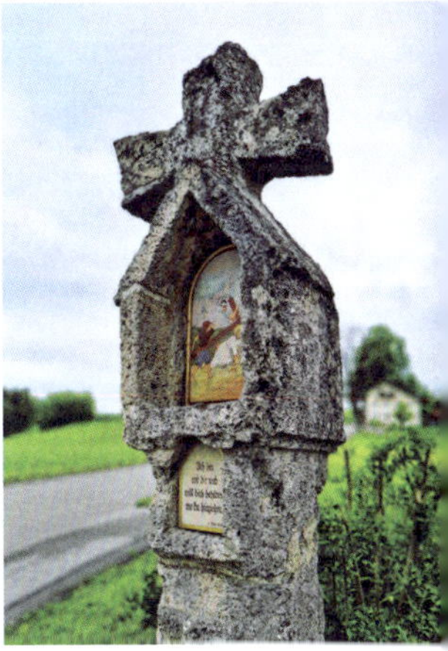

Um dorthin zu gelangen, folgen wir erst einmal der ▸ *Straße nach Osten* und kommen nach etwa 30 Minuten Gesamtgehzeit zum kleinen Weiler ▸ *Fentbach*. Der ▸ *Rudolf-*

Groeschel-Weg führt uns rechterhand zu einer majestätischen Linde, die im Laufe der letzten 200 Jahre mehrfach von Blitzeinschlägen schwer getroffen wurde, aber stets zu neuer, beeindruckender Größe herangewachsen ist. Seit dem 11. Jahrhundert ist hier eine Linde bezeugt. Die danebenliegende ▸ *Kapelle Heilige Drei Könige* nimmt sich mit ihrem Baujahr 1884 dagegen regelrecht jung aus. Gotteshaus, Baumriese und das angrenzende Schaidl-Anwesen bilden eine ganz besondere Einheit.

Auf einem Gehweg setzen wir unsere Route an der normalerweise wenig befahrenen ▸ *Mittenkirchner Straße nach Süden* fort. Ein Tuffpfeiler aus dem 16. Jahrhundert begleitet uns dabei mit seinem alttestamentarischen Segen: „Ich bin mit dir und will dich behüten, wo du hinziehst."

Flugs ist ▸ *Schanuks Gasthof Lindl* erreicht und mit ihm eine weitere schmackhafte Einkehrstation. Mit einer kleinen Rast hier lassen sich die ▸ *600 Meter am Fahrbahnrand bis nach Standkirchen* angenehm unterbrechen. Die ▸ *Straße „Am Lindl"* zweigt rechts nach Westen ab, um uns schließlich in südlicher Richtung ein Stück durch Standkirchen zu geleiten. Nach dem ersten Anwesen biegt unbeschildert eine ▸ *Straße rechts nach Westen* ab und zieht sogleich als Feldweg und später als Wiesenweg hinauf zum ▸ *Weyarner Lindl*.

Hier kann man gar nicht anders, als eine ausgiebige Pause einzulegen. Um den Blick schweifen zu lassen und die faszinierende Fernsicht in sich aufzunehmen – vom Kaisergebirge über die Chiemgauer Alpen, vom Mangfallgebirge, Karwendel und Wetterstein bis hin zur Zugspitze. Hier bietet es sich auch an, ein wenig die Zeit zu vergessen und der kleinen „Geschichte vom Licht und der Dunkelheit" zu lauschen **Geschichte S. 158**.

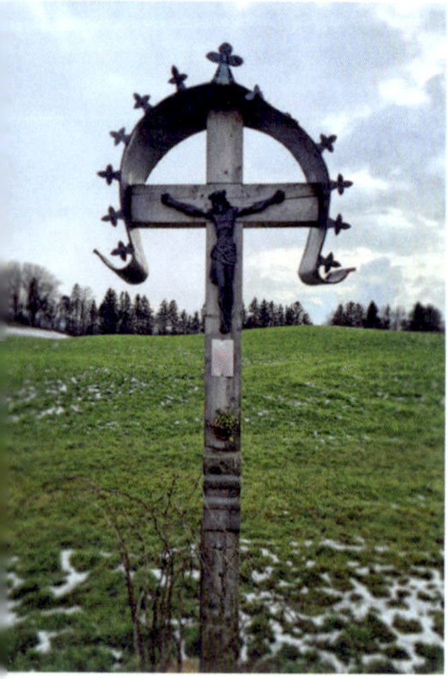

Auf dem Weyarner Lindl fällt der namensgebende Baum sicher zuerst ins Auge. Seit dem 15. Jahrhundert ist hier ein mächtiger Lindenbaum bezeugt, der im Laufe der Jahre immer wieder neu gepflanzt werden musste, wofür übrigens inzwischen der „Lindlverein" Sorge trägt, der seine Vereinshütte etwas unterhalb neu erbaut hat. Des

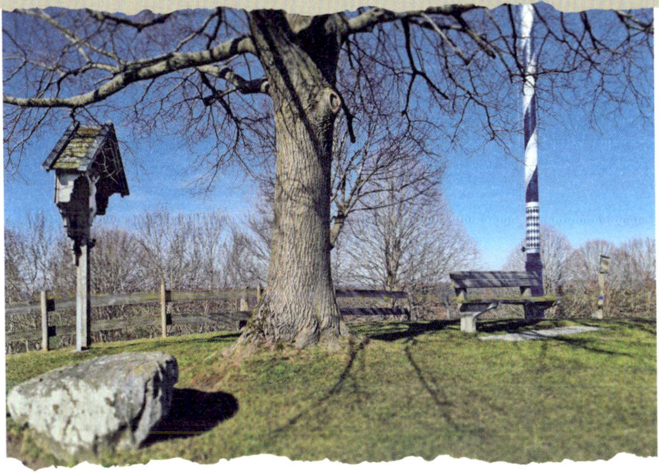

Für manche ein klarer Hinweis auf einen vorchristlichen Kultplatz: eine Linde und ein großer „Opferstein".

Weiteren zieren ein altes Wegkreuz und ein Maibaum die Hügelkuppe auf etwa 717 Metern Höhe.

Als Sitzgelegenheit bietet sich eine Holzbank an – und ein großer, flacher Stein, der von manchen Betrachtern als ehemaliger Opferstein gedeutet wird. Ob dieser hoch gelegene Platz tatsächlich zu den kultischen Anlagen der Fentbach-Schanze zählte und eventuell sogar künstlich geformt wurde, ist aktuell nicht zu klären. Bisher haben nur wenige Ausgrabungen auf diesem Plateau stattgefunden, vornehmlich innerhalb des Oppidums. Sie haben manch Steinfundament, vor allem aber Schmuck, insbesondere Fibeln, Knochen, Keramik, Münzen und ein Mühlsteinfragment hervorgebracht. Teilweise konnten diese Funde bis in die mittlere Bronzezeit (rund 1.500 v. Chr.) datiert werden. Wie genau das Leben hier früher ausgesehen hat, kann aber nicht mehr eindeutig rekonstruiert werden. Ob dieser Ort also einst ein alter Kultplatz war, bleibt unserer Fantasie überlassen.

Die geometrischen Formen der Wiesen und Anhöhen, auf die unser Blick fällt, regen die Vorstellungskraft auf ihre ganz eigene Weise an. Insbesondere, wenn wir uns wieder ▸ *auf dem gleichen Weg zurück zu unserem Startpunkt* begeben. Denn dann ist auf der anderen Hangseite nicht nur das Gebiet der ehemaligen, befestigten Keltenstadt bestens zu erkennen. Auch ein weiteres Bodendenkmal, das in Luftlinie nur etwa eineinhalb Kilometer von hier entfernt liegt, schenkt dem Oppidum einen beeindruckenden geschichtlichen Rahmen: Im Nordwesten vom Weyarner Lindl wurde

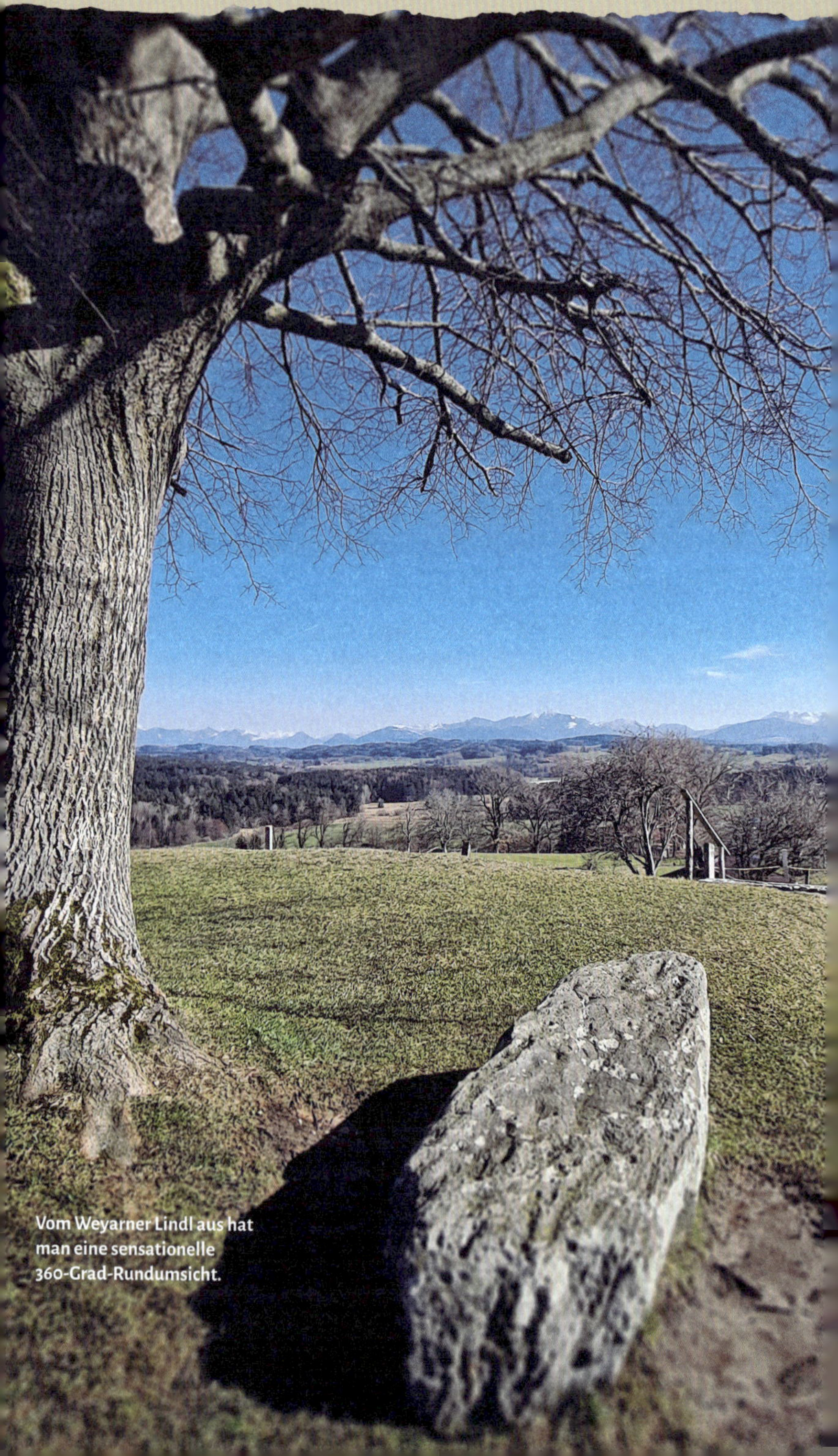

Vom Weyarner Lindl aus hat man eine sensationelle 360-Grad-Rundumsicht.

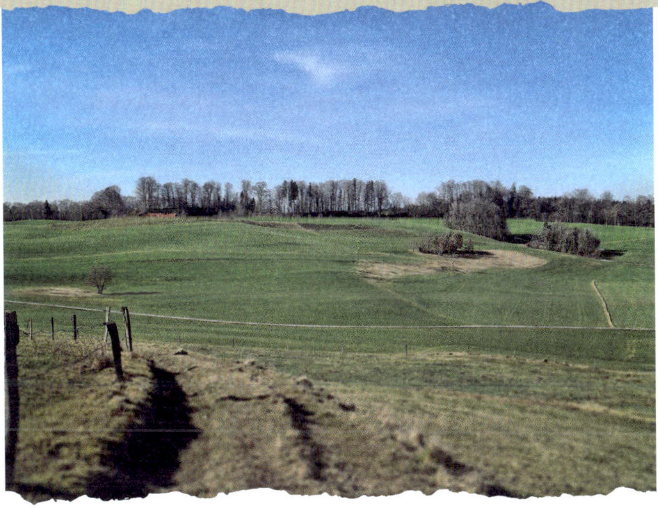

Nur noch die Linien der Keltenstadt-Wälle lassen erahnen, wie groß die Anlage oberhalb Fentbach einst war.

auf der anderen Mangfallseite an der Valleyer Schlossallee eine Siedlung verortet, die nicht nur auf die römische Kaiser- und auf die Latènezeit zurückgeht, sondern sogar auf die Jungsteinzeit mit Bezügen zum Spätpaläolithikum.

Womöglich sind also schon vor vielen Jahrtausenden die ersten Bewohner dieser Gegend genau auf jenen Wegen gegangen, auf denen auch wir jetzt unterwegs sind. Ein letzter Blick schwenkt noch einmal zur Fentbach-Schanze, bevor uns der nun noch geschichtsträchtiger anmutende Hohlweg wieder zurück zum Parkplatz bringt. Einen Tipp noch für jene, die auf kulturhistorischen Touren so richtig ins Gestern eintauchen wollen: Ihnen seien die informationsreichen Wanderführer des Historikers Andreas Scherm wärmstens empfohlen. Für alle anderen, die sich vor allem für leibliche Genüsse interessieren, kann die Tour in der Maxlmühle köstlich ausklingen. Ganz in königlicher Tradition übrigens, machte doch im Jahr 1837 der Kronprinz Maximilian von Bayern ausgiebig Rast in der damaligen Post- und Pferdewechselstation an der Mangfall, die bis heute seinen Namen trägt.

Von der Mangfall zum Weyarner Lindl

1:40 h Gehzeit, 5,9 km Länge, 210 hm

Ausgangspunkt in 83626 Valley:

Parkplatz beim Waldrestaurant Maxlmühle, Maxlmühle 1

Weg:

Forst- und Feldwege, Wiesenwege, Straßen; bergauf schattig, in der Hochebene sonnig, auch nach Regen und bei moderatem Schnee gut zu gehen. Nicht beschildert, aber leicht zu finden.

Besonderheiten:

- Panoramablick
- Sensationelle 360-Grad-Rundumsicht
- Aussichtsplatz mit Bänken
- Blick auf das keltische Oppidum „Fentbach-Schanze“
- Uferplätze an der Mangfall

Einkehr:

- Waldrestaurant Maxlmühle www.maxlmuehle.de
- Gasthaus Lindl/Schanuk www.schanuk.de
- Landgasthof „Die Bruckmühle“ www.die-bruckmuehle.de
- Gastronomie Valley und Weyarn

Zuganfahrt:

Mit dem Zug nach Darching, dann ca. 25 min Fußweg zum Startpunkt Maxlmühle.

Variationen:

Ein Verkürzen der Tour ist kaum möglich, da es in Fentbach und Standkirchen keine öffentlichen Parkplätze gibt. Lärmunempfindliche Spaziergänger können die Tour auch in Weyarn beginnen und dazu die Autobahn unterqueren. Verlängern lässt sich die Tour zum Beispiel zur Fentbach-Schanze im Norden, an der Mangfall entlang oder auch nach Weyarn.

Tipps:

- Keltisches Oppidum „Fentbach-Schanze“
- 900-jährige Linde
- Kapelle Heilige Drei Könige
- Tuffsteinsäule mit Kreuzwegmotiv (16. Jahrhundert)
- Weyarner Kulturpfad www.gemeinde-weyarn.de/freizeit/kulturpfad-weyarn
- Oberland Alpakas www.oberland-alpakas.de
- Kulturforum WeyHalla www.weyhalla.de
- Stationen der Jungstein-, der Latène- und der römischen Kaiserzeit im Umfeld

Tourist-Info:

Ignaz-Günther-Straße 5
83629 Weyarn
Tel.: 08020-18870
E-Mail: gemeinde@weyarn.de
www.gemeinde-weyarn.de

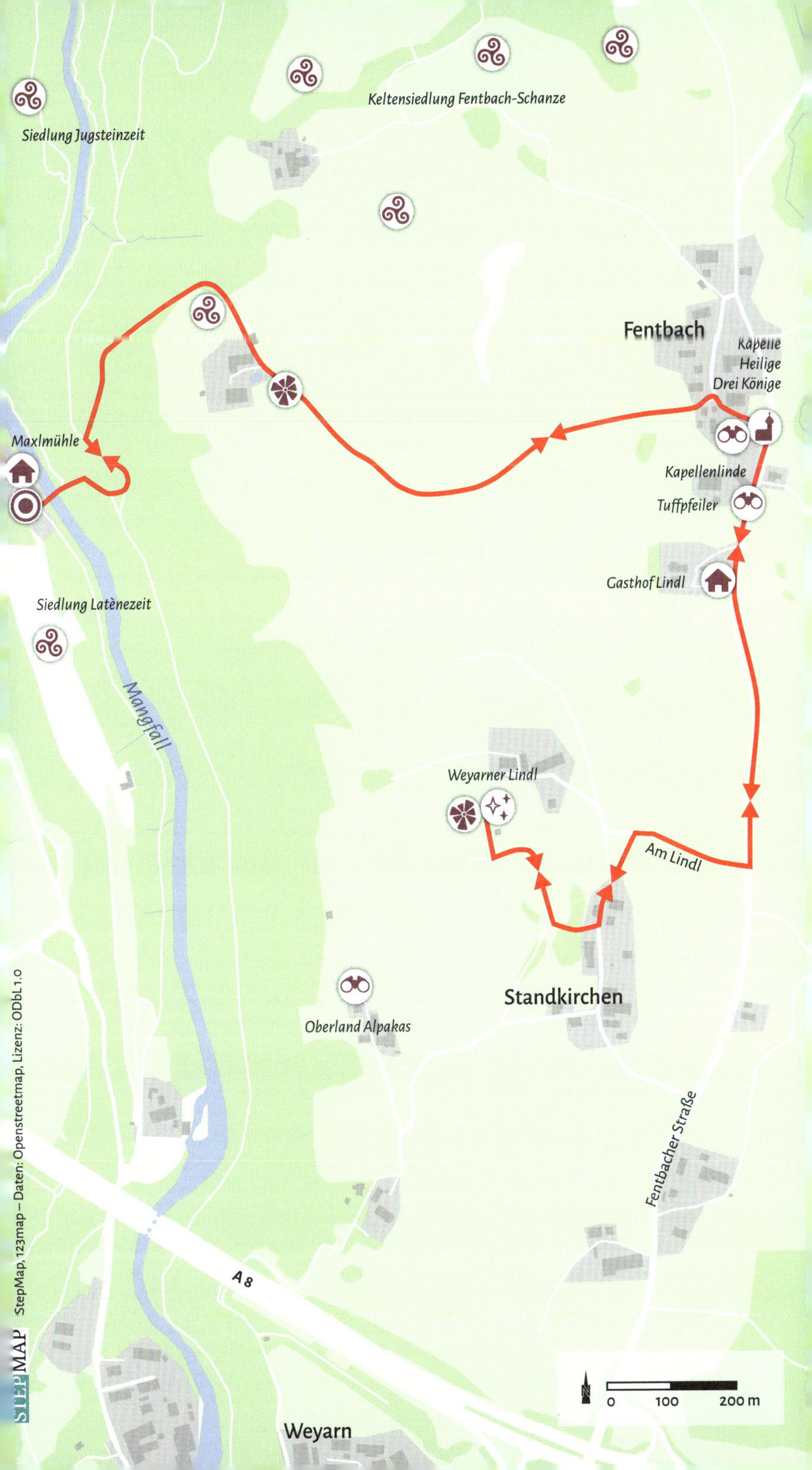

Keltensiedlung Fentbach-Schanze
Siedlung Jugsteinzeit
Fentbach
Kapelle Heilige Drei Könige
Maxlmühle
Kapellenlinde
Tuffpfeiler
Gasthof Lindl
Siedlung Latènezeit
Mangfall
Weyarner Lindl
Am Lindl
Standkirchen
Oberland Alpakas
Fentbacher Straße
A 8
Weyarn
0 100 200 m

Die Geschichte vom Licht und der Dunkelheit

ab 6 Jahren
Verfasser unbekannt

Eines Tages kam die Dunkelheit zum lieben Gott und beklagte sich über das Licht: „Lieber Gott, es ist ganz furchtbar, wie das Licht mit mir umgeht. Ich halte das nicht mehr länger aus!"

„Tatsächlich? Was ist denn los", gab Gott daraufhin zurück und legte seine Stirn in Falten.

„Nun, jedes Mal, wenn das Licht kommt, dann macht es mich so richtig klein. Es ignoriert mich einfach. Ja, es tut einfach so, als wäre ich Luft!", jammerte die Dunkelheit.

Gott nickte anteilnehmend.

„Und dann, dann muss ich einfach verschwinden. Ich löse mich quasi auf ...", schluchzte die Dunkelheit auf.

„Hm, das hört sich ja wirklich schrecklich an", antwortete Gott. „Ich werde mal mit dem Licht reden."

So kam es, dass der liebe Gott das Licht zu sich bat und ihm von der Verzweiflung der Dunkelheit erzählte: „Sie meinte, dass du sie einfach übergehst. Dass sie neben dir gar keine Chance hat und schließlich verschwindet."

„Oh, das klingt ja tatsächlich schlimm", sagte das Licht. „Das tut mir wirklich leid!"

„Ich dachte mir, dass du das verstehen wirst", freute sich Gott. „Dann kann es in Zukunft ja anders werden."

Auch das Licht strahlte über das ganze Gesicht und fügte an: „Natürlich, ich werde mich von Herzen darum bemühen. Aber, lieber Gott, verrate mir noch eines: Wer um alles in der Welt ist denn die Dunkelheit?"

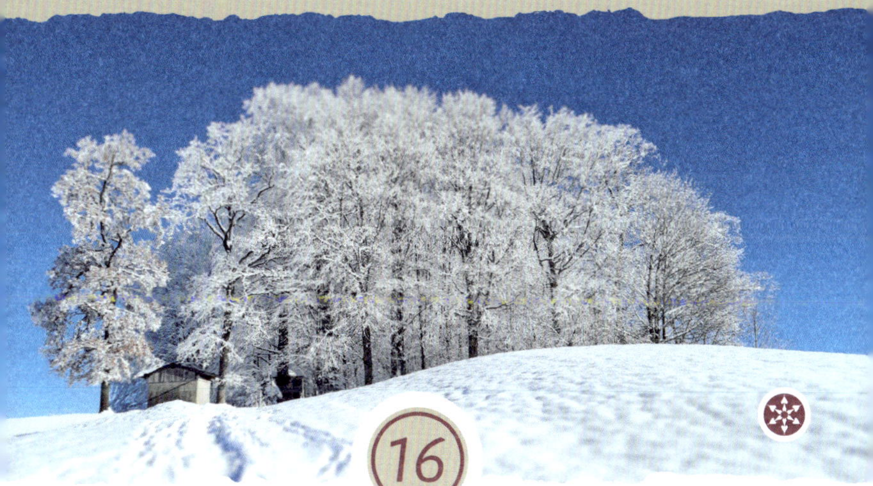

16

Miesbacher Vogelherd-Runde

Kleiner Gipfel mit großer Aussicht und Geschichte

1:45 h Gehzeit – 6,3 km Länge – 169 hm

Manchmal fragt man sich, wo sie geblieben sind, die mittelalterlichen Burgen und Schlösser, die einst das Oberland zierten. Nur wenige von ihnen sind bis heute erhalten, von vielen zeugen nur noch alte Aufzeichnungen – und die aussichtsreichen Plätze, von denen aus sie ihre Güter und wichtige Handelswege überwachten. Umso beeindruckender ist es, auf ihren alten Spuren zu wandeln und die prächtigen Orte zu besuchen, die nun jedermann zugänglich sind. Die Tour um den Vogelherd bei Miesbach ist ein solcher Rundgang, der mit Blick in alle Himmelsrichtungen wahrhaft herrschaftlich anmutet, auch wenn inzwischen fast jeder Hinweis auf die einstige Burg Parsberg verschwunden ist.

Unser Startpunkt liegt in dem kleinen ▸ *Pfarrdorf Frauenried* in der Gemeinde Irschenberg. Der gelbe Turm der Kirche Mariä Geburt weist uns den Weg zu den ▸ *Parkplätzen, die westlich der Friedhofsmauer* liegen. Mitte des 15. Jahrhunderts wurde das Gotteshaus vom Grafen Georg von Waldeck als Wallfahrtskirche erbaut, und zwar als Dank für seine Errettung aus türkischer Gefangenschaft. Auch die

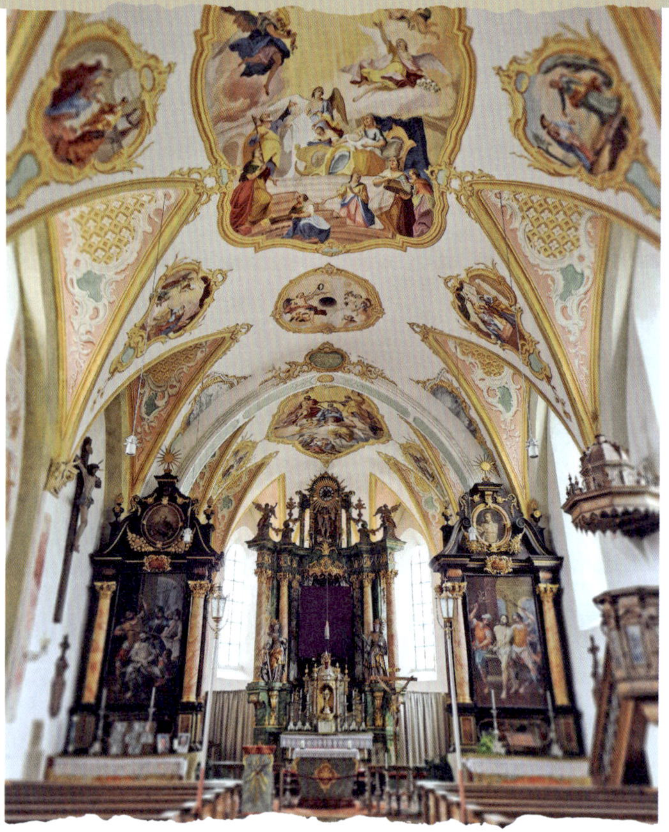

Vom 15. bis zum 18. Jahrhundert reichen die vielfältigen Gestaltungsstile der Kirche in Frauenried.

beiden Kirchen Georgenried in Waakirchen und Agatharied in Hausham gehen auf ihn als Stifter zurück.

Eigentlich würde uns ein spätgotisches Bauwerk empfangen, doch wurde es, wie so oft, später barockisiert und entsprechend neu ausgeschmückt. So finden sich im Innenraum Gestaltungselemente aus den unterschiedlichsten Epochen, wie eine gotische Madonna von Erasmus Grasser, die um das Jahr 1500 entstanden ist, Flachschnitzereien von 1509 an der Empore, die aus dem 18. Jahrhundert stammt, seitliche Fresken und die Kanzel von 1630 sowie die Deckengestaltung vom Tölzer Maler und Bürgermeister Julian Breymayer aus dem Jahr 1762.

Neben einem Besuch der Kirche lohnt sich auch ein Gang entlang der Gräber ringsum. Teilweise zieren alte schmiedeeiserne Kreuze die letzten Ruhestätten und für historisch Bewanderte fin-

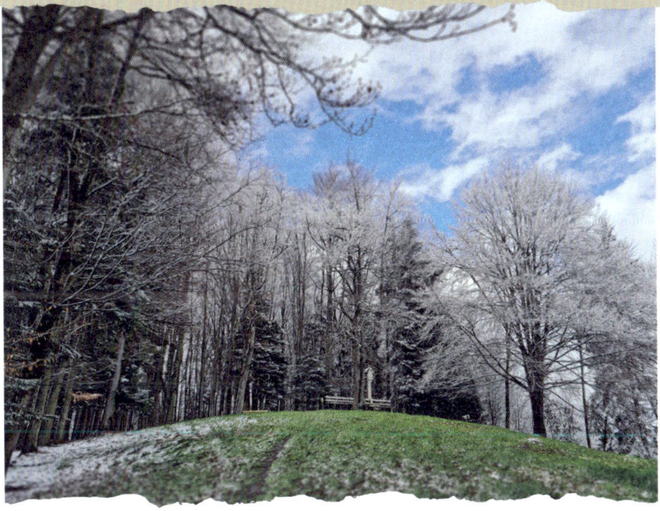

Auf dem Vorgipfel des Vogelherds erwarten uns ein Denkmal, einige Bänke und ein fantastischer Blick.

det sich der ein oder andere Grabstein interessanter Persönlichkeiten.

Unser Spaziergang indes führt nun hoch hinauf, auf einen weitläufigen Gipfel samt abgegangener Höhenburg. Dazu folgen wir der ▸ *Teerstraße etwa 200 Meter nach Westen*, bis uns ein gelber Wegweiser nach ▸ *links Richtung Miesbach* über einen Feldweg die Anhöhe hinaufschickt. An einem Holzstadel nimmt der Weg eine ▸ *Biegung nach rechts* und führt alsbald in einen freundlich luftigen Wald hinein. Gemächlich steigt er an und zweigt nach etwa 20 Minuten ▸ *gut beschildert links ab*. Knapp fünf Minuten lässt uns nun ein Wurzelpfad an einem Gehege entlang bergauf gehen, bis wir einige Anwesen von Kalchöd erblicken – und sie buchstäblich links liegen lassen.

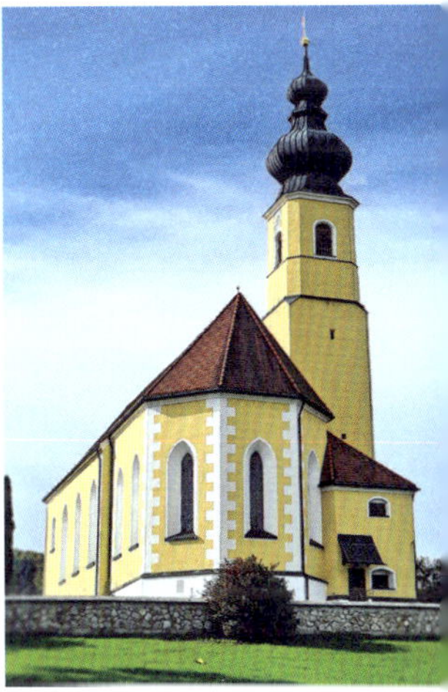

Die Zufahrtsstraße führt uns ▸ *rechts nach 300 Metern in westlicher Richtung* zu einem weiteren Gehöft mit knorrigen Obstbäumen. Kurz dahinter leuchtet schon unser ▸ *gelber Wegweiser* zwischen den Bäumen hervor und kündigt uns unser höchstes Ziel für heute an: den Vogelherd.

Jetzt wird es illuster, denn auf einem ▸ *kleinen Waldweg nach Norden* überwinden wir zwar lediglich rund 25 Höhenmeter, doch er-

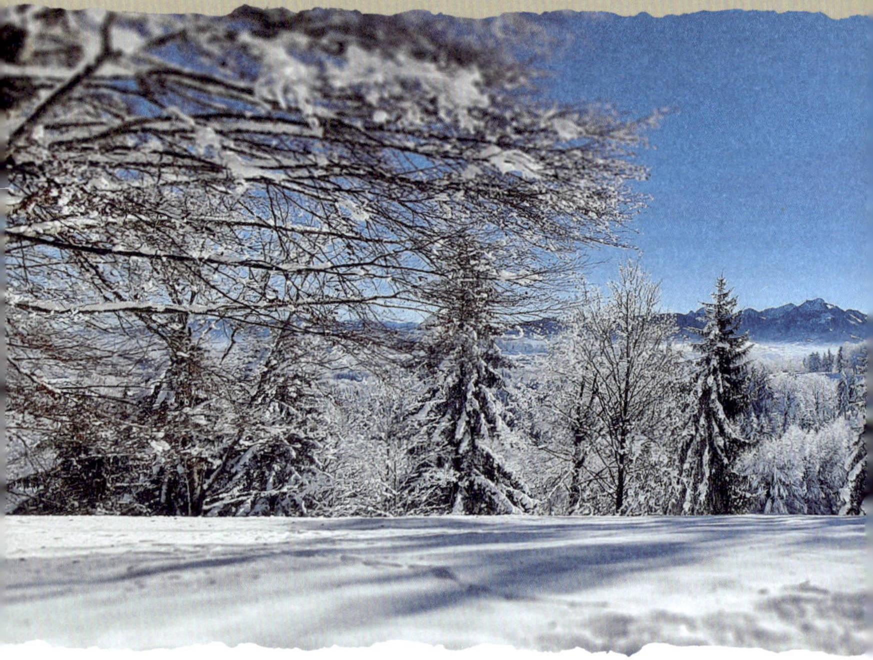

öffnet sich uns mit dem letzten Schritt auf die Viehweide ein märchenhafter Blick ins Inntal und weiter über den Wendelstein bis ins Leitzachtal. Drei Holzbänke und ein Tuffstein-Ehrenmal gruppieren sich auf dem ▸ *vorgelagerten Gipfel* zu einem ehrwürdigen Empfang. 1890 haben Freunde des Notars Anton Kammerer dieses Denkmal an seinem Lieblingsplatz errichtet, um an den beliebten und ums städtische Gemeinwohl verdienten Miesbacher und seine Frau Helene zu erinnern. Hier lässt es sich mit Blick nach Osten und Süden wunderbar rasten, um eine kleine Erfrischung zu sich zu nehmen und sich von der Geschichte „Vom hochgeschätzten Kaftan" unterhalten zu lassen ✧ **Geschichte S. 170**.

Wer lieber den Blick nach Norden Richtung Irschenberg genießen möchte, der folge einfach dem nächsten Wegabschnitt, an dessen Ende wiederum ein Bankerl mit einer sensationelle Aussicht wartet. Dazu schwingt sich ▸ *der Weg auf der Nordseite* fröhlich in den Wald hinein und gut fünf Minuten lang über den eigentlichen, aber unmarkierten höchsten Punkt des Vogelherds hinüber auf eine ▸ *weit abfallende Wiese* mit neuerlicher weiter Schau zu. Irschenberg winkt von Nordost herüber und rechts unten leuchtet das Gelb der Frauenrieder Kirche zwischen den weitläufigen Wäldern hervor.

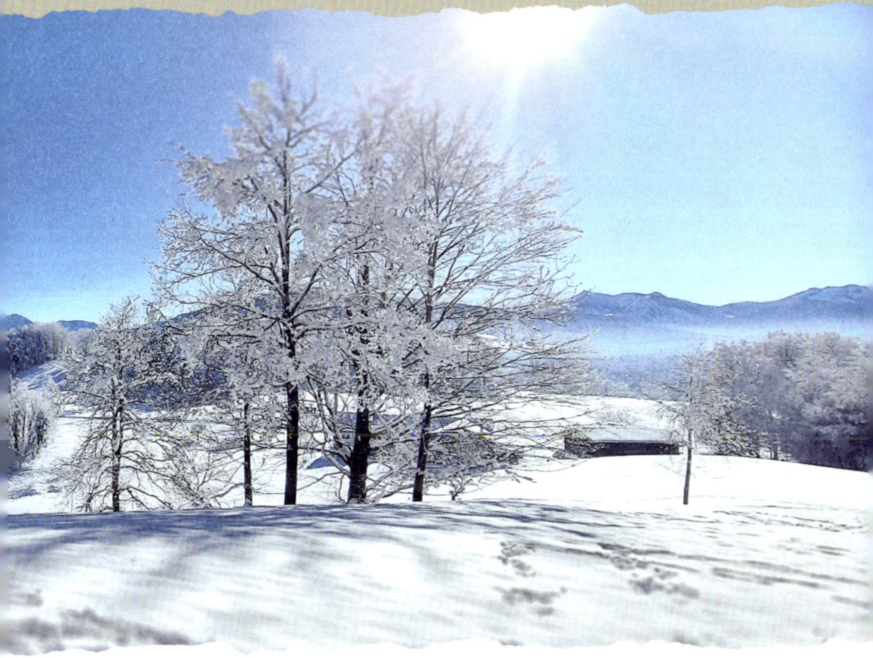

Das ist erst der Beginn einer Genussschau in alle Himmelsrichtungen!

Man kann sich gut vorstellen, wie die Menschen hier schon seit Jahrhunderten dem Ausblick frönten – und in früheren Zeiten auch der Vogeljagd, denn es liegt nahe, dass sich der Name des Höhenzugs davon ableitet. Die gräfliche Vergangenheit dieser Anhöhe deutet sich an, doch brauchen wir noch ein bisserl Geduld, bis wir sie, zumindest in historischen Rückblicken, genauer erkunden können.

Für uns geht es erst einmal auf dem ▸ *Wiesenweg nach Nordnordwest weiter*, der dann erneut in den Wald eintaucht und uns nach etwa einer Viertelstunde zu einer sich selbst überlassenen, ▸ *alten Kapelle* bringt. Dahinter öffnet sich der Blick nun in Richtung Westen schier grenzenlos. Etwa 200 Meter führt der ▸ *Weg hinunter bis knapp vor die B 472*. Bei einigen Häusern angekommen, biegen wir der Beschilderung nach Miesbach entsprechend ▸ *links auf einen Feldweg*, der uns in der nächsten Viertelstunde mit fröhlichem Herzen durchs freie Gelände schlendern lässt.

Bald ist der nördliche Teil des Dorfes ▸ *Bergham* erreicht, an dessen Maibaum uns ein kleiner Schilderwald ▸ *zurück zum Vogelherd und Richtung Irschenberg* lotst. Und wiederum brauchen wir

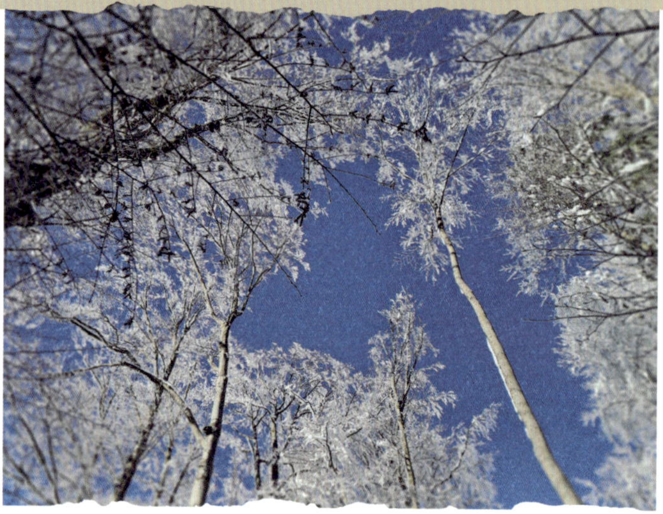

Einfach sagenhaft, wenn Väterchen Frost die Bäume in Zuckerwatte packt.

rund eine Viertelstunde, bis wir das ▸ *erste Gehöft von Kalchöd* erreicht haben, von dem aus links der Waldweg zum Vogelherd abzweigt, den wir etwa eine Stunde zuvor hinaufgestiegen sind.

Wir aber wenden uns stattdessen nach rechts Richtung Süden und gehen der Sonne ein paar Meter entgegen, bis wir die Weiden vor uns überblicken.

Ein Feldweg verläuft hier sanft über die Hügel und kann in der weidefreien Zeit begangen werden. An dieser Stelle lässt sich die Tour um etwa 40 Minuten und rund 70 Höhenmeter erweitern, indem man statt über den bekannten Hinweg einen weiten Bogen erst nach Süden und dann über Osten wieder nach Frauenried zurückwandert. Dazu folgt man der Kiesstraße in südlicher Richtung, bis sie auf den sogenannten Panoramaweg stößt. Nun geht es auf dieser Straße wieder links nach Osten weiter, leicht den Berg hinauf – und mit großer Wahrscheinlichkeit knapp unterhalb der alten, inzwischen leider planierten Burgstelle entlang, die heute bewaldet ist.

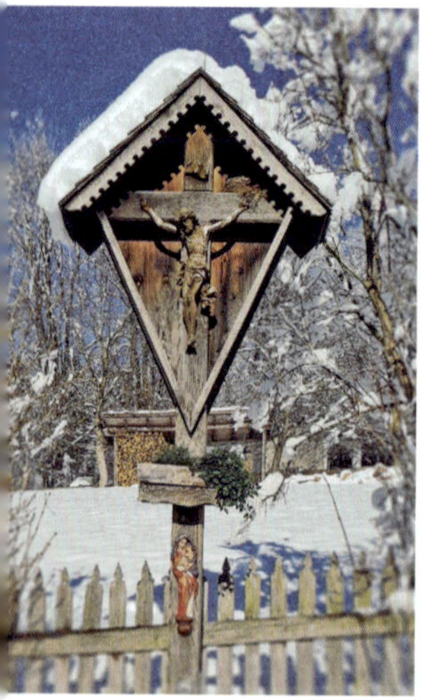

Historiker gehen davon aus, dass der kleine Ort Parsberg, der südöstlich davon liegt und bis heute über den Burgweg mit dem darüberlie-

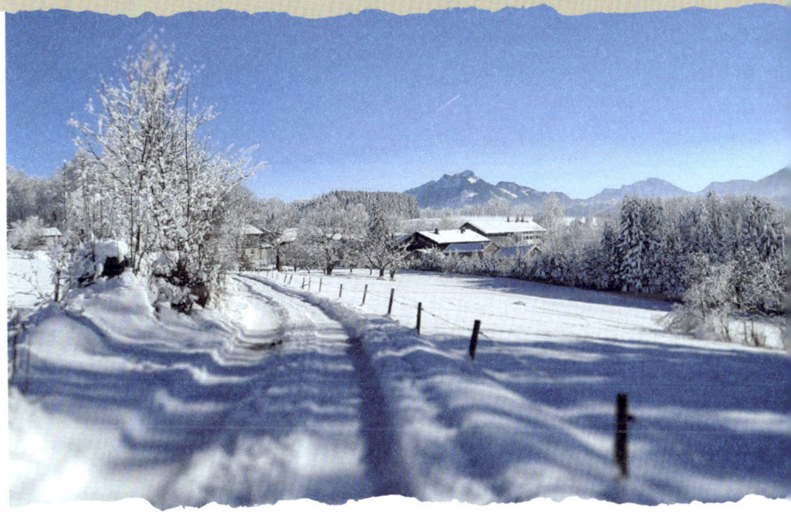

genden Plateau verbunden ist, zu den frühesten Ansiedlungen dieser Gegend gehört. Das Dorf dürfte bereits im 8. Jahrhundert im Zuge zahlreicher Klostergründungen am Alpenrand entstanden sein. Aus den Gutshöfen entwickelten sich, beispielsweise aufgrund der Ungarneinfälle im 10. Jahrhundert, schutzbietende Burgen. Und so folgert man daraus, dass die Herren von Waldeck als freisingische Vögte am östlichen Ende des Höhenzugs eine Burg

Waldwege, Wurzelpfade und Forststraßen wechseln sich auf dieser Tour wunderbar ab.

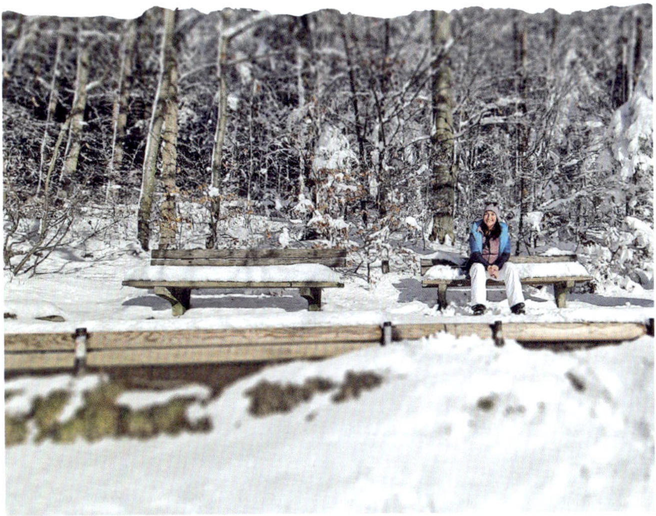

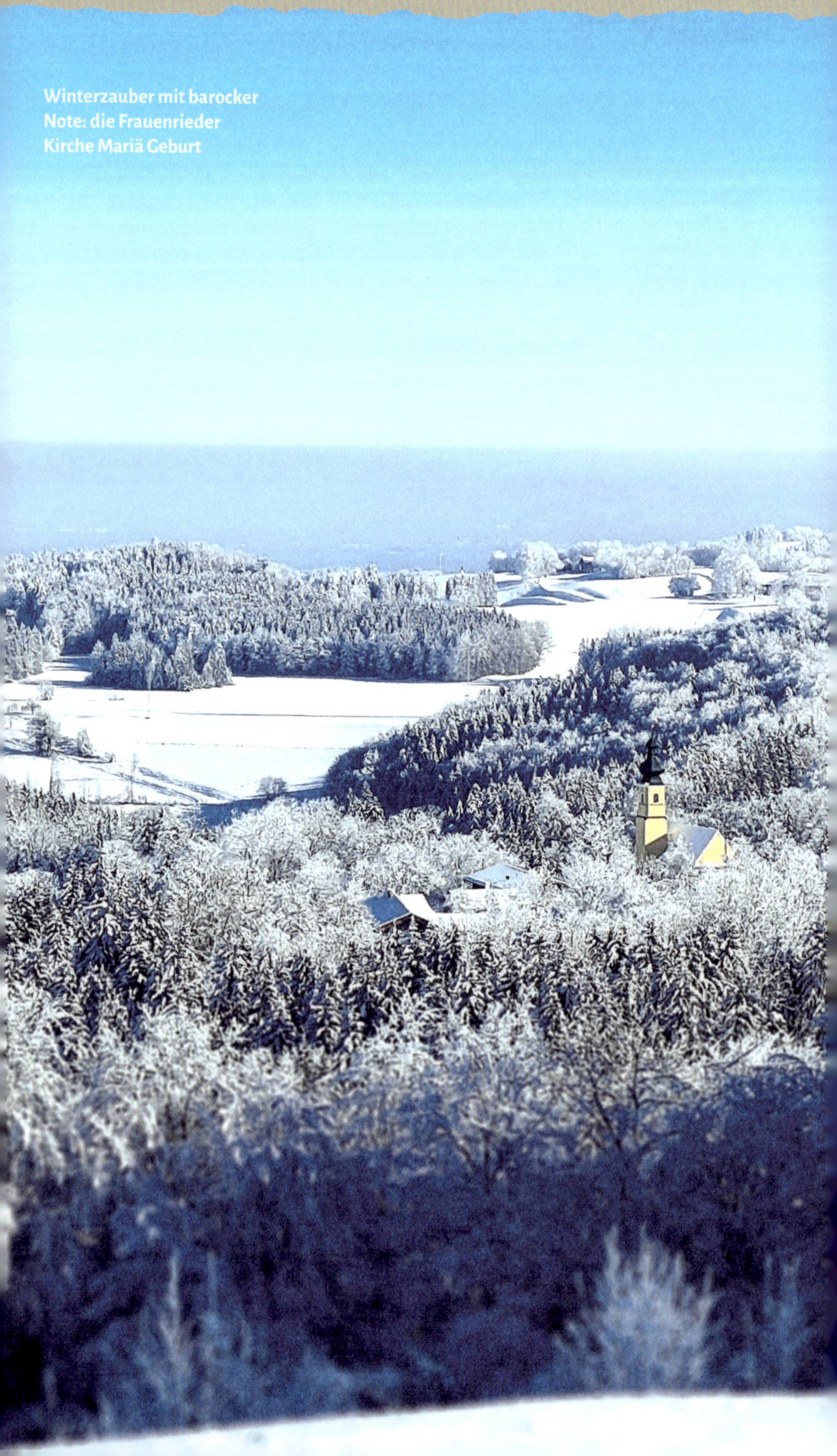

Winterzauber mit barocker Note: die Frauenrieder Kirche Mariä Geburt

erbauten, die nicht nur das weite Umland überblicken, sondern auch noch den darunterliegenden Leitzach-Übergang und die vorbeiführende alte Salzstraße kontrollieren konnte. Über 400 Meter lang und etwa 200 Meter breit soll die Burganlage gewesen sein, die mit weiteren Burgen entlang der Voralpenstraße in Blickkontakt gestanden haben dürfte.

Die letzte urkundliche Erwähnung zu dieser ursprünglich „Pastberg" genannten Residenz der Waldecker stammt aus dem Jahr 1312. Danach zogen sich die Grafen wohl mehr in ihre deutlich komfortableren Wohnburgen zurück und die Parsburg, die vermutlich im Eigentum des Freisinger Bischofs verblieb, verfiel zusehends. Die Steine der leicht zugänglichen Ruine fanden wahrscheinlich in einem der umliegenden Kirchenbauten neue Verwendung und so kommt es, dass heute fast nichts mehr an diesen einst bedeutsamen Verwaltungs- und Regierungssitz der Waldecker erinnert.

Immerhin wurden diese Informationen und einige mehr vom Historiker Alexander Langheiter in seiner 2013 veröffentlichten Chronik „900 Jahre Miesbach" festgehalten und ermöglichen damit einen spannenden Blick in die Vergangenheit der inzwischen vergessenen Parsburg auf dem Vogelherd.

Will man die Runde von der ehemaligen Burgstelle aus weitergehen, folgt man der Straße bis knapp vor den letzten Bergbauernhof und biegt an einem Wegkreuz links den Wald hinunter. Im letzten Drittel wird es dort ein wenig sportlich. Zuerst geht es eine steile Forststraße bergab, dann wildromantisch durch dunkle Waldwinkel und schließlich wieder einen Stich bergauf, bis man von südöstlicher Seite in Frauenried ankommt.

Für alle, die unseren Spaziergang durch die Jahrhunderte in der Umsetzung eher kleiner halten wollen, bietet es sich an, ► *vom Wiesengrund bei Kalchöd aus* nur einen Blick in Richtung der ehemaligen Burganlagen östlich des Feldwegs zu werfen und stattdessen lieber ► *über den schon bekannten Hinweg zurückzukehren*. Also zuerst die Straße bis zum Wurzelweg zurück, dann links am Gehege entlang bergab. Danach der Beschilderung „Irschenberg" folgend wieder durch den Wald bis nach Frauenried hinunter zum Ausgangspunkt.

Miesbacher Vogelherd-Runde

1:45 h Gehzeit – 6,3 km Länge – 169 hm

Ausgangspunkt in 83737 Irschenberg:

Parkplatz neben der Kirche Mariä Geburt in Frauenried

Weg:

Feldwege, Waldpfade, Straßen; teils sonnig, teils schattig, zu jeder Jahreszeit zu empfehlen; nach langem Regen oder bei hohem Schnee schwierig zu gehen. Gut beschildert, erst Richtung Miesbach, dann zum Vogelherd, wieder nach Miesbach und schließlich Richtung Irschenberg zurück; leicht zu finden.

Besonderheiten:

- Kirche Mariä Geburt in Frauenried
- Lichter Mischwald
- Aussichtsplatz Vogelherd
- Abgegangene Höhenburg Parsberg
- Weite Sicht in alle Himmelsrichtungen
- Abwechslungsreiche Wege

Einkehr:

- Alte Schießstatt Miesbach www.aktiv.assmb.de
- Gasthaus Posch www.gasthaus-posch.de
- Kaffeerösterei Dinzler www.dinzler.de/irschenberg
- Gastronomie Miesbach und Irschenberg

Zuganfahrt:

Mit dem Zug nach Miesbach, mit dem Bus 352 oder 9552 nach Bergham oder zusätzlicher Fußweg dorthin (ca. 30 min), Start von dort aus.

Variationen:

Verkürzen kann man die Runde, indem man vom Vogelherd aus wieder umkehrt. Verlängern kann man sie über den beschriebenen Feldweg von Kalchöd aus nach Süden und dann Osten zurück nach Frauenried, mit einem Schlenker nach Parsberg (Süden), Miesbach (Westen) oder nach Irschenberg (Norden).

Tipps:

- Stadtpfarrkirche Mariä Himmelfahrt Miesbach
- Portiunkulakirche Miesbach
- Historische Marktstraße von Miesbach
- Cafés und vielfältige Einkaufsmöglichkeiten
- Zahlreiche Trachtenschneidereien
- Grüner Markt (donnerstags)

Tourist-Info:

Kulturzentrum Waitzinger Keller
Schlierseer Straße 16
83714 Miesbach
Tel.: 08025-70000
E-Mail: ticket@waitzinger-keller.de
www.miesbach-tourismus.de

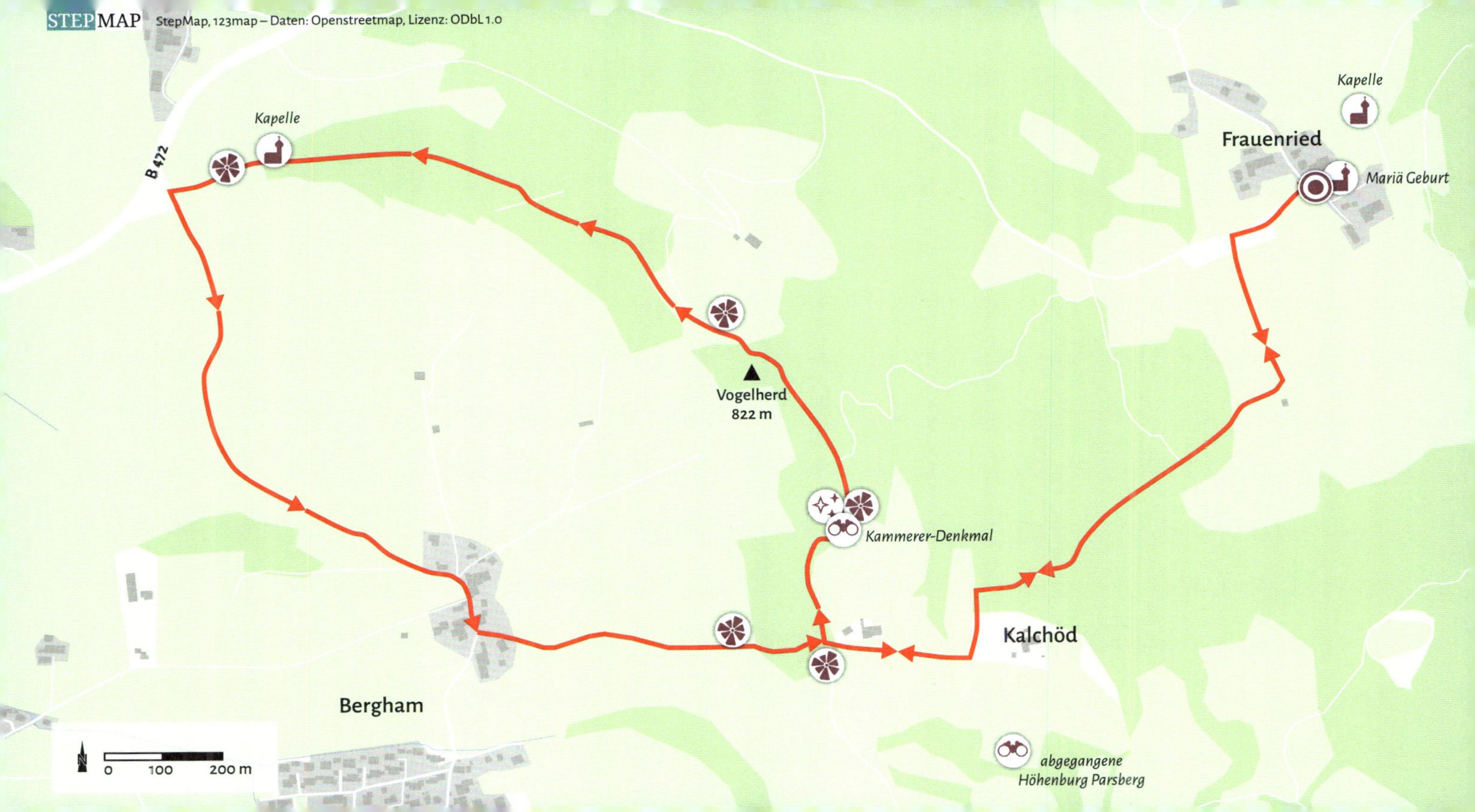
STEPMAP
StepMap, 123map – Daten: Openstreetmap, Lizenz: ODbL 1.0
Kapelle
B 472
Kapelle
Frauenried
Mariä Geburt
Vogelherd
822 m
Kammerer-Denkmal
Kalchöd
Bergham
0
100
200 m
abgegangene
Höhenburg Parsberg

Vom hochgeschätzten Kaftan

ab 6 Jahren
Frei nach einer persischen Erzählung von Nossrat Peseschkian

Einst trug es sich zu, dass ein Mullah zu einem fürstlichen Bankett eingeladen war. Ohne groß zu überlegen, ging der Gelehrte in seinem normalen Alltagsgewand zu dieser eleganten Feier. Prompt wurde er schief von der Seite angesehen, glänzten doch um ihn herum die prächtigsten Kleider aus Samt und Seide. Kaum jemand wechselte mit ihm ein Wort und bevor er sich's versah, drängte man ihn auch beim üppigen Buffet beiseite. Ja, manch einer rümpfte sogar die Nase, als er ihn sah.

Das gab dem Mullah zu denken und er machte sich auf den Heimweg. Daheim angekommen, schlüpfte er in seinen edelsten, kostbarsten Kaftan, der eines Kalifen würdig gewesen wäre, und kehrte darin gekleidet zur Feier zurück.

Auf einmal waren die Gastgeber und Gäste wie ausgewechselt. Sie drängten sich darum, mit ihm ein Wort wechseln zu dürfen. Jeder wollte in seiner Nähe sein. Ja, man bot ihm sogar die allerbesten Speisen vom Buffet an. Und der Mullah? Der lächelte, nahm all das ihm Dargebotene – und ließ es zum großen Erstaunen der Gäste in den weiten Ärmeln seines Kaftans verschwinden.

Die Menschen um ihn begannen ihn mit Fragen zu bestürmen, halb irritiert, halb neugierig: „Aber, lieber Gelehrter, was tust du da? Warum steckst du all die Köstlichkeiten in deinen Umhang – und nicht in deinen Mund?“

Der Mullah aber ließ sich nicht beirren und stopfte weiterhin Speisen in seinen Kaftan. Ohne aufzusehen, antwortete er schließlich: „Nun, ich bin ein gerechter Mann, der weiß, wem was zusteht. Seien wir ehrlich: Eure Gastfreundschaft und euer Wohlwollen gelten nicht mir, sondern allein meinem hochgeschätzten Kaftan. Also soll er auch bekommen, was er verdient.“

Denn nur dem, der den Mut hat,
den Weg zu gehen,
offenbart sich der Weg.

Paulo Coelho (*1947)

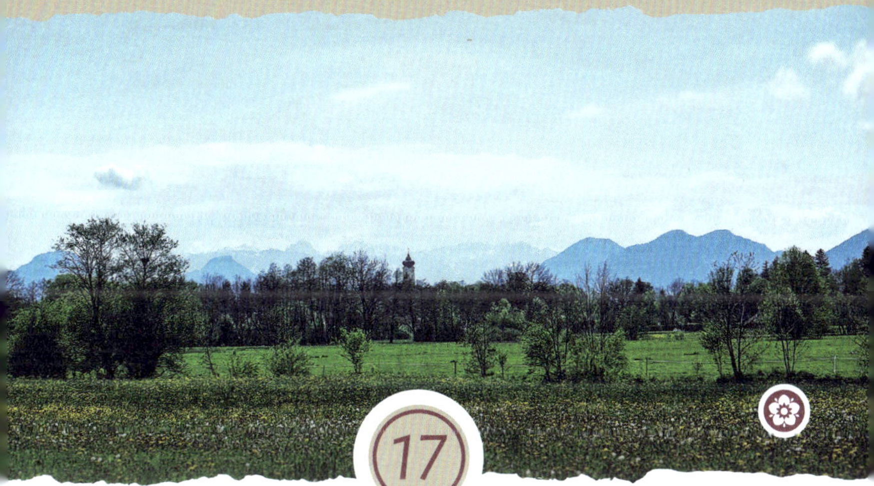

17

Bad Aibling-Mietraching-Runde

An Mühlbach, Glonn und grünen Oasen entlang

1:40 h Gehzeit, 6,8 km Länge, 37 hm

Wie grüne Lebensadern ziehen sich die Glonn und der Mühlbach durch den pittoresken Stadtkern von Bad Aibling und verwandeln ihn im späten Frühjahr in eine blühende Oase mit Bachläufen, Brücken und Uferbepflanzungen. Trefflich lässt es sich hier lustwandeln und über Zäune und Gartenmauern schauen – und mit der Runde ins nördlich gelegene Mietraching eröffnet sich auch noch ein famoser Blick auf die Alpenkette im Süden. Die Tour ist eigentlich durchgängig beschildert, eine gewisse Freude an Schnitzeljagden kann beim Suchen der kleinen grünen Wegweiser aber nicht schaden.

Als Startpunkt bietet sich der höher gelegene ▸ *Volksfestplatz* an. An seinem ▸ *südwestlichen Ende* startet die „Ai2-Mietraching"-Runde in nördlicher Richtung und verbleibt mit dem ▸ *Fußweg und der Straße „Am Klafferer"* erst einmal auf dem Höhenzug. Dann geht es ▸ *kurz links die Harthauser Straße entlang* und dann ▸ *nach Westen über eine Brücke* zur Pfarrkirche Mariä Himmelfahrt.

Sogleich fallen die besondere Ausformung dieses Moränenhügels oberhalb der beiden Gewässer und die ehrwürdigen Gebäude

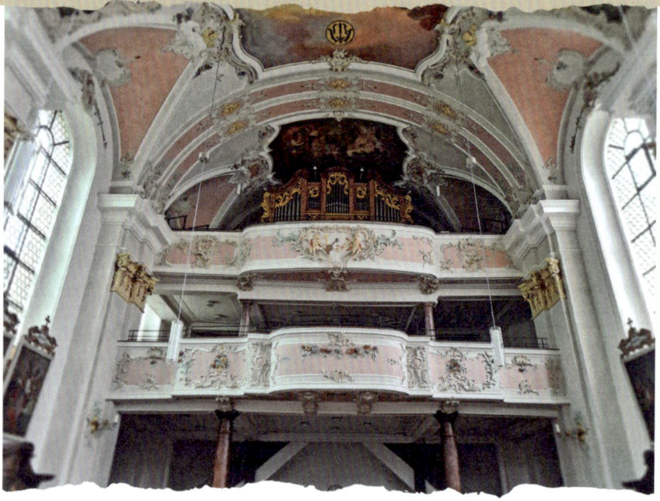

Im Obergeschoss der zweistöckigen Westempore thront die Orgel der Stadtpfarrkirche Mariä Himmelfahrt.

wie das herzogliche Pflegeschloss hinter dem Gotteshaus und das nördlich gelegene ehemalige Schloss Prantseck ins Auge. Sie lassen vermuten, was Historiker inzwischen bestätigt haben: Dieser Ort birgt Zeugnisse einer Siedlung unter anderem der Jungstein-, der späten Hallstatt-, der römischen Kaiserzeit und des Mittelalters. Konkret geht man davon aus, dass sich hier ein Oppidum der Latènezeit, also eine große Ansiedlung der Kelten, befunden hat, das von den Römern, deren Straße von Salzburg nach Augsburg nahe vorbeiführte, übernommen wurde. Im Jahr 470 schließlich erbauten die Agilolfinger hier einen Hof, der dann im 8. Jahrhundert zu einem Königshof der Karolinger ausgebaut wurde. Urkundlich erwähnt wurde das damalige „Epininga“ erstmals 804.

Der vor uns liegende Kirchenbau Mariä Himmelfahrt stammt übrigens vornehmlich aus dem 15. Jahrhundert, wurde im 18. Jahrhundert erweitert und ins Gewand des Rokoko gekleidet. Nur die Gottesmutter auf dem Hochaltar und der Taufstein stammen noch aus der ursprünglichen Kirche.

An ihrer Nordseite geht es auf der ▸ *„Hofberg“-Straße* weiter, dann ▸ *links* über den gleichnamigen Fußweg unter alten Laubbäumen ▸ *hinab zum Mühlbach und über sein Brückerl* zur nach dem Maler Johann Sperl benannten ▸ *Sperlallee*. Hier führt uns der Weg rechts nach Norden, etwa fünf Minuten am dicht begrünten Bach

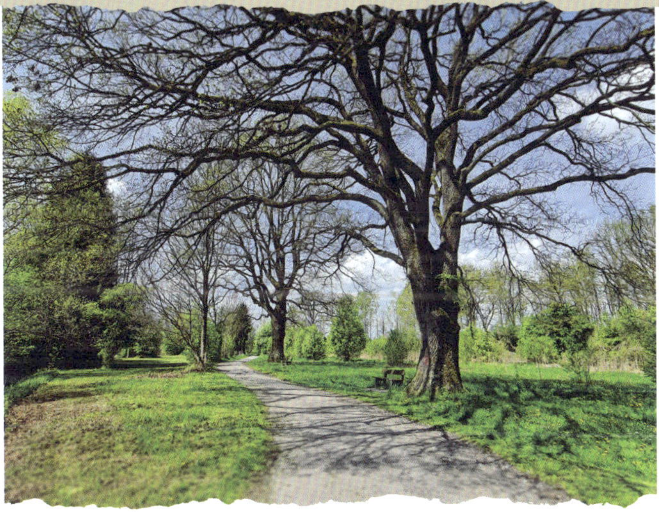

und an hübschen Ufergrundstücken entlang. An der ▸ *Thürhamer Straße geht es kurz nach rechts*, bis die Route leicht versetzt ▸ *wieder links nach Norden* weiterzieht.

Mal geht es idyllisch an alten Linden vorbei (oben), mal erfrischend an Mühlbach und Glonn (unten).

Ein Fußweg bringt uns zur ▸ *Stürzerstraße*, der wir etwa ▸ *200 Meter nach links* folgen, bis die ▸ *Straße „Am Birkenhölzl"* abzweigt. Sie lotst uns zur ▸ *Mühlmoorstraße*, auf der wir wiederum ▸ *links nach Norden* weiterspazieren, bis sie in eine ▸ *Forststraße* übergeht,

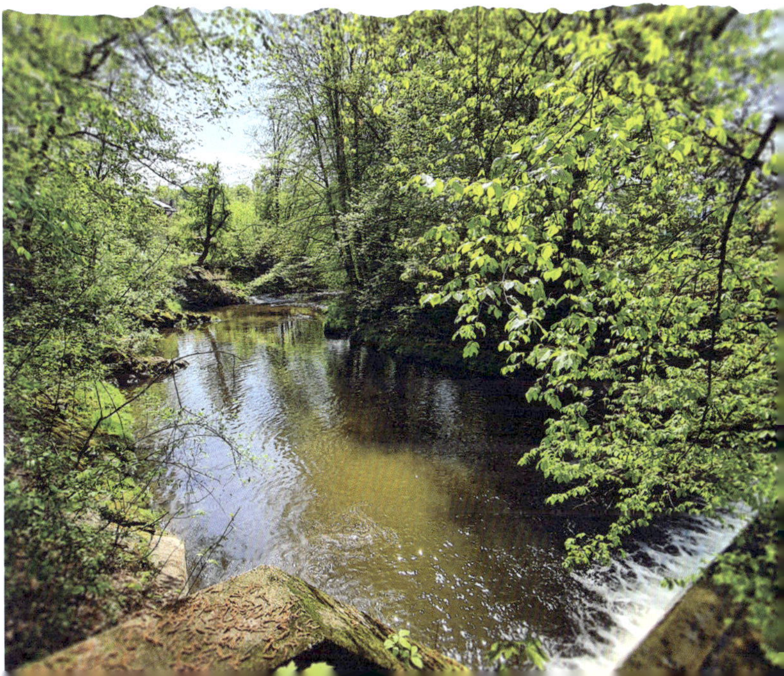

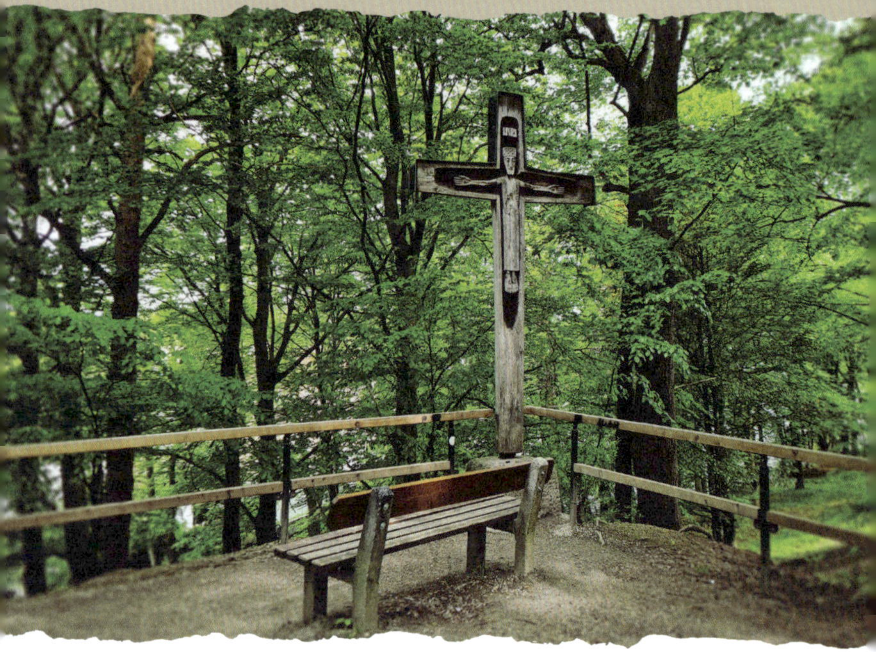

Mittendrin in vorchristlicher Geschichte: Auf dem Aiblinger Hofberg siedelten schon in der Jungsteinzeit Menschen.

die uns an mächtigen alten Linden vorbei Richtung Mietraching bringt.

Auf diesem Josef-Hochwind-Weg öffnet sich die Landschaft allmählich und der Blick wird weiter und weiter. Etwa 20 Minuten lang schlendern wir zwischen blühenden Frühlingswiesen hindurch und können uns weder an den gelben Tupfen von Löwenzahn und Hahnenfuß noch an dem phänomenalen Bergpanorama hinter der Stadtkulisse von Bad Aibling sattsehen. Eine Bank am Wegesrand ist wie geschaffen dafür, eine kleine Rast einzulegen und sich der Geschichte von den „Tücken der Entsagung" zu widmen **Geschichte S. 177**.

In ▸ *Mietraching* angekommen, treffen wir auf die ▸ *Heimatsberger Straße*, von der wir uns ▸ *nach links erst über eine Brücke* und schließlich zur ▸ *Dorfstraße* führen lassen, der wir zunächst geradeaus und dann – für einen kleinen Abstecher zur Dorfmitte mit der Filialkirche St. Vitus und dem Gasthof Kriechbaumer – nach rechts folgen. Die Kirche, ein kleines Schmuckstück, geht auf eine Schenkung von Tassilo III. aus dem Jahr 804 zurück und stammt bauzeitlich eigentlich aus der Gotik; vorne im Altarraum wurden bei der Renovierung 1920 entsprechende Fresken freigelegt. Auch Glasmalereien von 1512 sind noch erhalten geblieben, fast alles andere wurde Ende des 17. Jahrhunderts überarbeitet. Zahlreiche Grabhügel aus der Hallstattzeit, die im Westen Mietrachings entdeckt wurden, berichten unterdessen von einer deutlich älteren Siedlungsgeschichte, die bis in die Zeit um 800 v. Chr. zurückreichen könnte.

Vom Kircherl aus geht es ▸ *wieder die Dorfstraße zurück*, bis sich der ▸ *Niederfeldweg* auf der westlichen Seite der Glonn hinüber nach Bad Aibling schlängelt. In sanften Kurven zieht er sich durch die Wiesenauen und säumt schließlich munter einen neuerlichen Bachlauf. Ist die ▸ *Thürhamer Straße* erreicht, gehen wir ▸ *links etwa hundert Meter* an ihr entlang, ▸ *überqueren die Brücke und auch gleich die Straße* selbst, um dann am ▸ *östlichen Ufer der Glonn wieder in Richtung Stadtmitte* weiterzumarschieren. Zwischen hohen Holzzäunen und der Flussböschung läuft es sich fröhlich dahin, Bienensummen im Ohr, den Duft von Bärlauch und Traubenkirsche in der Nase.

Jetzt gilt es aufmerksam zu sein, um die passenden Abzweigungen nicht zu übersehen: Erst einmal geht es über eine ▸ *kleine Brücke*, dann ▸ *links in die Röntgenstraße*, dann weiter über die ▸ *Rennbahnstraße*, bis wir auf dem ▸ *Heckenweg* einen Sportplatz an

Ein Schmuckstück mit gotischen Fresken und Glasmalereien: St. Vitus in Mietraching

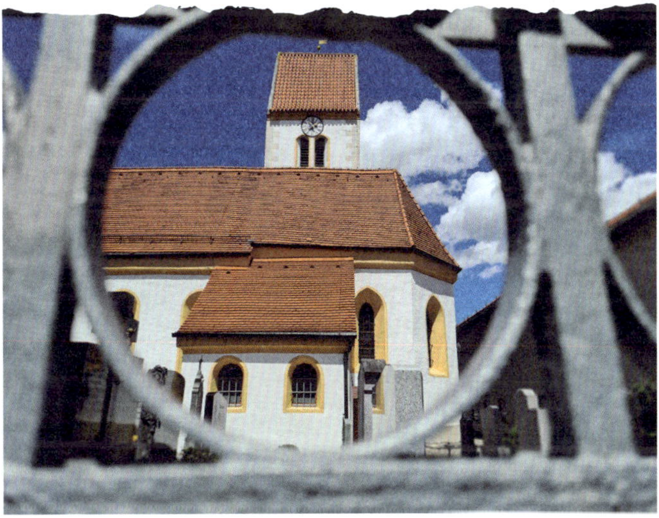

seinem südlichen Ende passieren. Wir spazieren ▸ *kurz links und gleich wieder rechts über eine Brücke* und erreichen so die ▸ *Schützenstraße*, der wir weiter folgen. Nun bringt uns die ▸ *Glonngasse nach Süden* zur ▸ *Schmiedgasse*, die direkt neben der Glonn zum Aiblinger Zentrum führt. Wir flanieren die ▸ *Münchner Straße nach links*, um einen kleinen Stadtbummel eventuell mit Café-Besuch einzuschieben, biegen dann am ▸ *Marienplatz nach links* und ▸ *überqueren schließlich die Straße* hinüber zum Hotel „Das Lindner", das erst auf dem zweiten Blick verrät, welche Vergangenheit in ihm steckt.

Hinter der Barockfassade verbirgt sich eines der ältesten Häuser des Ortes. Die Grundmauern dieses ehemaligen Schlosses Prantshausen gehen auf die Merowinger zurück, also auf die Zeit um 600 n. Chr. Es gilt als Geburtsort des Rathold von Aibling, der wohl von 900 bis 954 n. Chr. gelebt hat und auf einem Wandbild an der Nordseite des Gebäudes dargestellt wird. Der Legende nach hat er als Eremit in einer Höhle gegenüber vom Georgenberg bei Stans in Tirol ein einsames Leben geführt. Nach ihm ist auch die Treppe benannt, die uns gleich mit zahlreichen Stufen zu unserem Startpunkt zurückbringen wird. Zuerst geht es dazu am Hotel die ▸ *Straße „An der Waage" nach hinten*, von der aus der ▸ *Ratholdussteig* die wenigen Höhenmeter ▸ *zurück zum Parkplatz* überwindet.

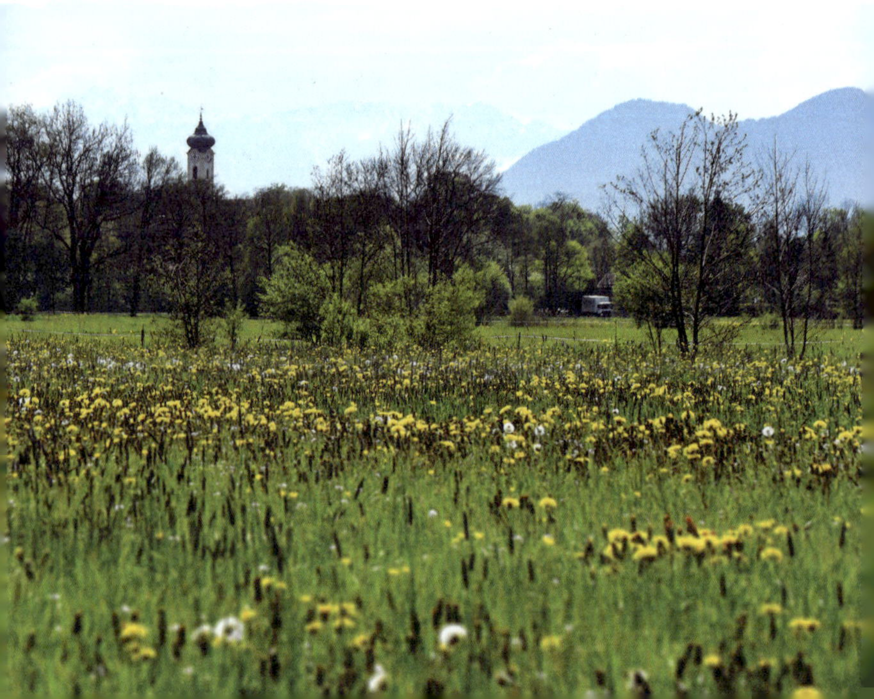

Die Tücken der Entsagung

ab 8 Jahren
Frei nach einer Geschichte von Alan Cohen,
entdeckt in seinem Buch „Es gibt hier keine Drachen mehr“

Einmal ging ein Schüler zu seinem Meister und bat um Erleuchtung. Dieser riet ihm, sich dafür eine einsame Höhle zu suchen und dort nackt zu meditieren. Dann werde er wohl sein Ziel erreichen.

Das klingt sehr gut, dachte sich der Schüler. Er fand auch alsbald eine geeignete Höhle und zog sich dorthin zurück – allerdings mit einem Lendentuch um die Hüften. Er widmete sich jeden Tag der Erleuchtung und sehr bald schon tauchte er in tiefe Meditationserfahrungen ein.

Nur sein Lendentuch erforderte es, dass er es gelegentlich wusch und zum Trocknen auf eine Leine hängte. Eines Tages bemerkte er, dass es von Mäusen angeknabbert worden war. So ging er in die Stadt, um etwas zu finden, dass die Mäuse fernhalten würde.

„Am einfachsten ist es, wenn du dir eine Katze hältst“, riet ihm eine Frau und bot ihm, da sie ganz zufälligerweise junge Kätzchen hatte, eine an.

Tatsächlich war dies die Lösung für das Mäuseproblem des Yogis. Nur merkte er bald, dass die Katze gelegentlich Milch als Futter benötigte. Also kehrte er in die Stadt zurück, um genug Milch zu erbetteln.

„Warum hältst du dir nicht einfach eine Kuh“, schlug schließlich ein Landwirt vor, der ihm ganz zufälligerweise auch gleich eine mehrwöchige Arbeit als Knecht anbot, damit er sich so die Kuh erwirtschaften konnte.

Der Yogi war schließlich mit Katze und Kuh glücklich und wollte sich nun umso mehr seiner Meditation widmen. Doch musste er sehr bald feststellen, dass seine Kuh saftiges Gras zum Fressen brauchte. Also verließ er seine Höhle erneut, um das Geld für eine entsprechende Weide zu verdienen. Dabei wurde ihm jedoch klar, dass er gar nicht die Zeit haben würde, sich um die Kuh zu kümmern und sie rechtzeitig zu melken.

So blieb ihm nichts anderes übrig, als sich eine Frau zu

Bad Aibling-Mietraching-Runde

1:40 h Gehzeit, 6,8 km Länge, 37 hm

Ausgangspunkt in 83043 Bad Aibling:

Parkplatz am Volksfestplatz

Weg:

Geh-, Kies- und Feldwege, Straßen; überwiegend sonnig, auch nach Regen und bei moderatem Schnee gut zu gehen. Beschildert mit „Ai2 – Mietraching", aber manchmal nicht ganz leicht zu finden (www.bad-aibling.de/tour/nebst-der-glonn-ai2).

Besonderheiten:

- Pfarrkirche Mariä Himmelfahrt
- Schlossgarten
- Malerische Bachufer
- Hübsche Gärten
- St. Vitus in Mietraching
- Weiter Bergblick
- Kleine Brücken
- Ehemaliges Schloss Prantshausen, heute Hotel „Das Lindner"
- Bad Aibling mit Läden und Cafés

Einkehr:

- CaféLotte Bar www.cafelottebar.de
- Café Alte Meierei www.cafe-altemeierei.de
- Restaurant Genuss Art www.genuss-art-rolew.de
- Gasthof Kriechbaumer www.gasthof-kriechbaumer.de
- Gastronomie Bad Aibling

Zuganfahrt:

Mit dem Zug nach Bad Aibling, von dort ca. 10 min Fußweg zum Marienplatz, dort starten.

Variationen:

Verkürzen der Tour ist möglich, indem man den Schlenker nach Mietraching auslässt und in Thürham gleich zum Rückweg an der Glonn nach links abbiegt. Verlängern lässt sich die Tour innerhalb von Bad Aibling, nach Ellmosen (Osten), über den Filzgrabenweg (Norden) oder entlang der Mangfall (Süden).

Tipps:

- Herzogliches Pflegeschloss
- Ehemaliges Schloss Prantseck
- Siedlung vorgeschichtlicher Zeitstellung, unter anderem der Jungstein-, der späten Hallstatt-, der römischen Kaiserzeit und des Mittelalters im Umfeld

Tourist-Info:

Haus des Gastes
Wilhelm-Leibl-Platz 3
83043 Bad Aibling
Tel.: 08061-90800
E-Mail: info@aib-kur.de
www.bad-aibling.de

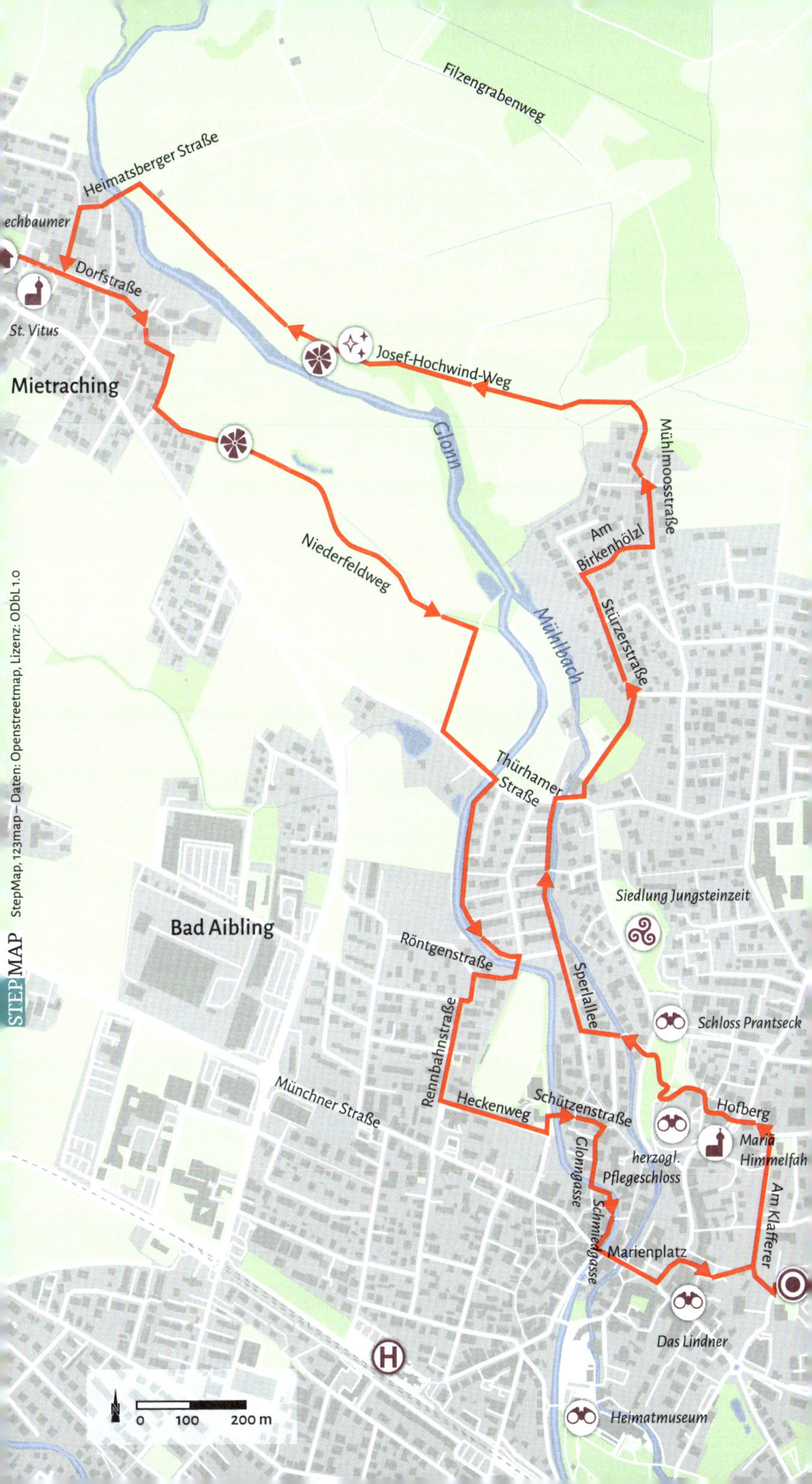
Filzengrabenweg
Heimatsberger Straße
echbaumer
Dorfstraße
St. Vitus
Mietraching
Josef-Hochwind-Weg
Glonn
Mühlmoosstraße
Am Birkenhölzl
Niederfeldweg
Mühlbach
Stürzerstraße
Thürhamer Straße
Siedlung Jungsteinzeit
Bad Aibling
Röntgenstraße
Rennbahnstraße
Sperlallee
Schloss Prantseck
Heckenweg
Schützenstraße
Hofberg
Münchner Straße
herzogl. Pflegeschloss
Mariä Himmelfah
Glonngasse
Schmiedgasse
Am Klafferer
Marienplatz
Das Lindner
H
Heimatmuseum
0
100
200 m
STEPMAP
StepMap, 123map – Daten: Openstreetmap, Lizenz: ODbL 1.0

suchen, die sich um die Tiere kümmern konnte, während er sich darin übte, ein Erleuchteter zu werden. Nun, wie ihr euch vorstellen könnt, kamen mit der Ehe natürlich auch Kinder dazu und innerhalb weniger Jahre lebte der Yogi mit einer großen Familie, die all seine Zeit erforderte. An Meditation war schon längst nicht mehr zu denken ...

Eines Tages nun wollte der alte Meister seinen früheren Schüler in der Höhle besuchen, fand sie aber einsam und verlassen vor. Als er auf dem Rückweg an einem nahe gelegenen Bauernhof vorbeiging, fragte er den Landwirt, ob er wisse, was mit dem einstigen Yogi geschehen sei.

„Der Yogi – das war ich", antwortete der Bauer kleinlaut.

„Aber was ist passiert?", erwiderte der Meister.

„Nun, ich nahm ein Lendentuch mit", entgegnete ihm sein ehemaliger Schüler.

Wer ist blind?
Der die andere Welt nicht sehen kann.

Wer ist stumm?
Der zur rechten Zeit nichts Liebes sagen kann.

Wer ist arm?
Der von allzu heftigem Verlangen Gequälte.

Wer ist reich?
Dessen Herz zufrieden ist.

Indische Weisheit

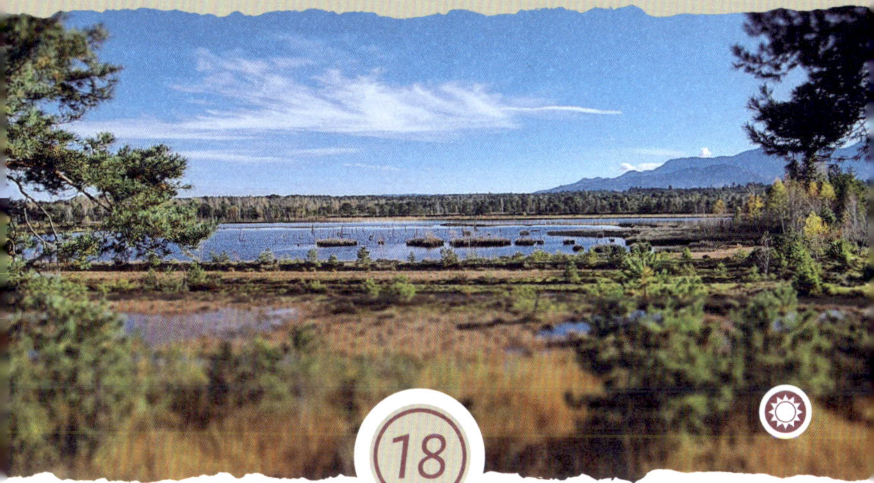

18

Sterntaler Filze und Mooskapelle

Von Elfen, Baumgeistern und Torfgeschichten

0:55 h Gehzeit – 3,9 km Länge – 18 hm

Voller Geheimnisse und Geschichten steckt das kleine Moorgebiet Sterntaler Filze unweit von Bad Feilnbach. Unter dunklen Baumwipfeln verbergen sich ein kleiner Elfenspielplatz, ein Urwald der Sinne, eine Vogelwarte und eine Himmelbeobachtungsstation. Ein hölzerner Bohlenweg windet sich hindurch und entführt die Besucher in entlegene Winkel des Wäldchens. Mit seiner abwechslungsreichen Landschaft wird dieser Spaziergang zu einer spannenden Entdeckungsreise für Jung und Alt.

Um die hier herrschenden geologischen Besonderheiten zu verstehen, müssen wir zuallererst einmal eine gewaltige Zeitreise unternehmen. In der Würmeiszeit vor etwa 20.000 Jahren erstreckte sich der gigantische Inntalgletscher bis ins Alpenvorland hinein. Bis rund 1.300 Meter über dem Meeresspiegel ragten die Eismassen auf und nur der Wendelstein und seine ähnlich hohen Berggesellen lugten wie kleine Inseln daraus hervor. Der Gletscher schürfte über die Jahrtausende ein tiefes Stammbecken aus, das bis etwa 300 Meter unter der derzeitigen Talsohle lag und bis Wasserburg reichte.

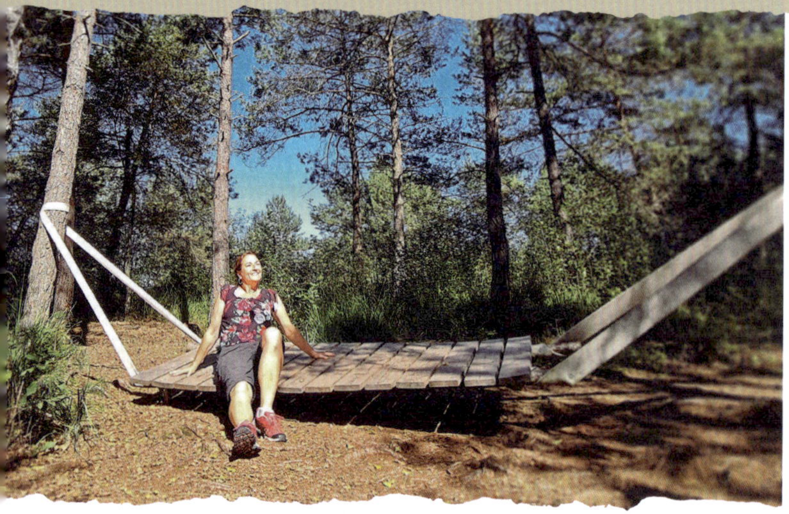

Beim Moorerlebnis-Weg laden „Himmelsbeobachtungsstationen" zum Träumen ein.

Beim Abschmelzen entstand der riesige Rosenheimer See – fast viermal so groß wie der Chiemsee, 50 Kilometer lang –, der bis auf knapp 500 Meter über dem Meeresspiegel hinaufreichte. Vermutlich vor 12.000 Jahren durchbrachen dann die Wassermassen des Inns die Endmoränen im Norden und schufen einen Abfluss. Der See verflachte und verlandete rasch. Niedermoore entstanden und verwandelten sich in Hochmoore, indem sie keinen Kontakt mehr zum Grundwasser hatten, sondern vom Regen gespeist wurden. Bis heute sind sie von einem sauren, mineral- und sauerstoffarmen Wasserhaushalt geprägt. Damit wird die sogenannte Filze zu einem Lebensraum für Sonderlinge. Pflanzen und Tiere, die sich hier unter schwierigen Bedingungen ansiedeln, gehören zu den Überlebenskünstlern, wie wir noch sehen werden. Umso wichtiger ist es, beim Durchstreifen der Sterntaler Filze auf den befestigten Wegen zu bleiben, um die sehr sensible Flora und Fauna drumherum nicht zu stören.

Nun aber hinein in dieses kleine Paradies der Moorbewohner! Los geht es am ▸ *ausgeschilderten Parkplatz des Moorerlebnis-Wegs* nahe Derndorf. Unter stämmigen Eichen schlendern wir ▸ *zu dem nördlich gelegenen Hain* und genießen rund zehn Minuten lang den herrlichen Ausblick auf die Bergwelt um uns herum. Dann ducken wir uns ▸ *unter das luftige Blätterdach* und stoßen auf ein kleines Empfangskomitee an geschichtlichen Informationen.

Als erstes fällt wohl ein ▸ *eisernes Kreuz* ins Auge, das an eine dunkle Zeit in der Geschichte der umliegenden Filze erinnert, als diese nämlich in den Jahren von 1940 bis 1945 im Rahmen der Pilotenausbildung als Schießplatz benutzt wurden. Bei vier Abstürzen kamen fünf Flieger ums Leben. Auch heute noch liegen Flugzeuge mitsamt der Besatzung im Moor begraben. Neben dem Kreuz erläutern Schautafeln die Entstehung des Hochmoorgebiets, seine seltenen Tier- und Pflanzenarten und seine Heilkraft, die dafür sorgte, dass Bad Aibling 1895 zum ersten Moorheilbad Bayerns ernannt wurde.

Soweit erst einmal das historisch Wissenswerte – bei dem natürlich noch anzufügen ist, dass in den angrenzenden Kollerfilzen sogar noch bis 2005 Torf gestochen wurde – und schon geht es hinein in die verwunschene Welt der Moorlandschaft, die heute aufwendig erhalten und geschützt wird.

Ein Lageplan, der als Handzettel am Eingang der Filze ausliegt, hilft uns die Übersicht über diesen kleinen Irrgarten an Waldpfaden zu behalten. Direkt vor uns liegt ein ▸ *Torfstadel*, in dem eine kleine Ausstellung erzählt, wie einst mühsam Torf als Heizmaterial gestochen wurde – leider ist die Hütte nicht immer zugänglich. Stets zu Diensten steht jedoch der ▸ *Bohlenweg*, der sich von hier aus zwischen den Bäumen hindurchschlängelt und manchmal heimtückisch glatt sein kann. Schuhe mit gutem Profil sind an feuchten oder frostigen Tagen Gold wert. Es ist eine wahre Freude, auf dem knarzenden und dumpf klingenden Holzpfad dahin zu schlendern und die mystischen Eckchen des Waldes zu erkunden. Da geht es an allerhand geschnitztem Getier oder Baumtrollen vorbei, an sumpfigen Wasserlöchern und scheinbar von Elfenhand aufgestellten Asthöhlen.

Die Natur spielt hier gerne mit den Farben Blau, Braun und Grün.

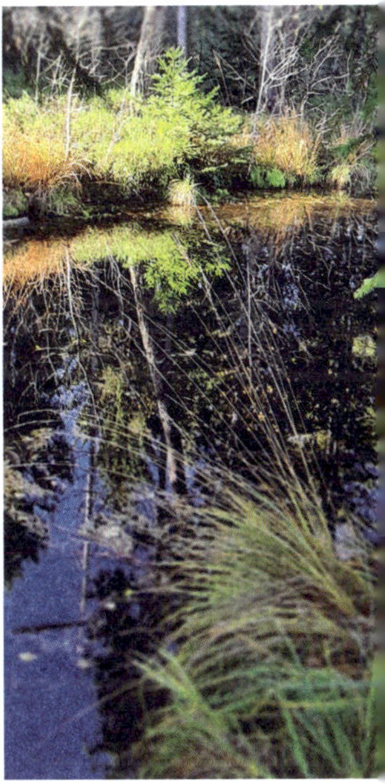

▸ *Rechterhand* lenken die Bohlen unsere Schritte allmählich in offenes Gelände. Auf der linken Seite bohrt sich ein riesiges Grab tief in die Erde, ein alter Torfstich, der jetzt als lebende Schautafel dient, um die interessante Entstehung des Hochmoors zu verdeutlichen.

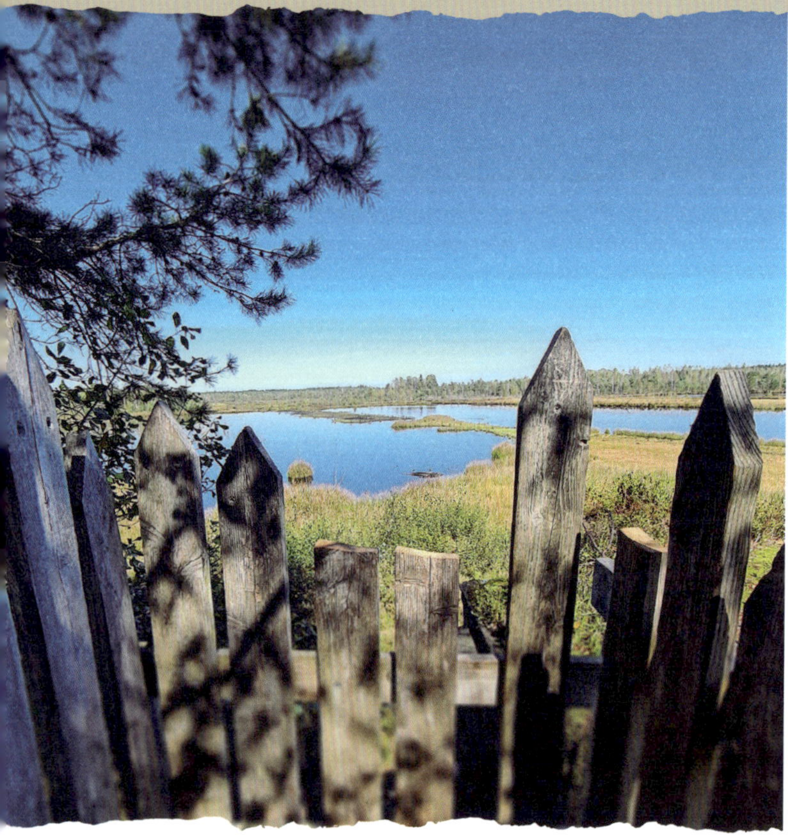

Pst, ganz leise, sonst bekommt man keinen Piepmatz zu sehen und zu hören.

Denn in dieser unwirtlichen Landschaft siedeln sich vor allem Moose der Gattung „Spaghnum“ an, die ohne Wurzeln nach oben wachsen. Alles, was davon abstirbt, lagert sich darunter ab und wird in Torf verwandelt. Auf diese Weise wächst das Hochmoor etwa einen Millimeter pro Jahr. Bei den etwa zehn Meter hohen Torfschichten in Feilnbach kann man also auf etwa 10.000 Jahre Erdgeschichte zurückblicken.

Spannend wird dies vor allem bei wissenschaftlichen Untersuchungen der Samenkörner, die darin zu finden sind. So hat man herausgefunden, dass in Süddeutschland in der Altsteinzeit vor allem Birken und Kiefern wuchsen. Haseln, Ulmen, Eichen und Linden siedelten sich erst Jahrtausende später an, Getreide gar erst zu Beginn der christlichen Zeitrechnung. Einen noch tieferen Einblick in die Geologie und Botanik der Sterntaler Filze bieten übrigens die sehr unterhaltsamen Moorführungen, die im Sommerhalbjahr in Bad Feilnbach angeboten werden. Prädikat „besonders empfehlenswert"!

Für uns aber geht es erst einmal weiter zur ▸ *Vogelbeobachtungsstation*. Leise sein, ist jetzt angesagt. Denn weder das draußen auf den kleinen Moorinseln lebende Federvieh noch die in der Hütte ausharrenden Vogelkundler wollen in ihrer Ruhe gestört werden. Wer mag, kann sich unten in den kleinen Kobel mit seinen Schauscharten ducken oder auf den Ausguck hinaufsteigen. Von hier aus lassen sich die Enten und Gänse gut beobachten und vielleicht kann man sogar einen Kiebitz, einen Schwarzstorch, eine Wasserralle oder einen blauschillernden Eisvogel entdecken. Ganz sicher aber wird man in der ersten Jahreshälfte vom fröhlichen Gesang der zahlreichen Schwarz-, Braun-, Blau- und Rotkehlchen begleitet.

▸ *Zurück geht es erst einmal auf demselben Weg*, von dem aus man alsbald ▸ *nach rechts abbiegen* kann. Bänke wechseln sich mit riesigen Holzhängematten ab, sogenannten Wolkenbeobachtungsstationen, bei denen man sich fast wie im siebten Himmel wähnt und Raum und Zeit vergisst – oder auch das Märchen von den „Sterntalern" lesen kann, an das man bei dem schönen Namen der Filze unwillkürlich denkt ✧ **Geschichte S. 189**.

Allerdings muss dazu erwähnt werden, dass die Benennung der Moorlandschaft einen völlig

Ein mystischer Picknickplatz im Urwald der Sinne

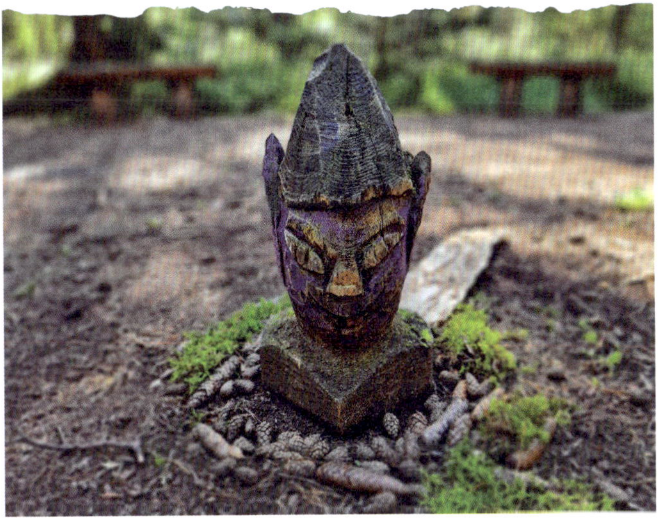

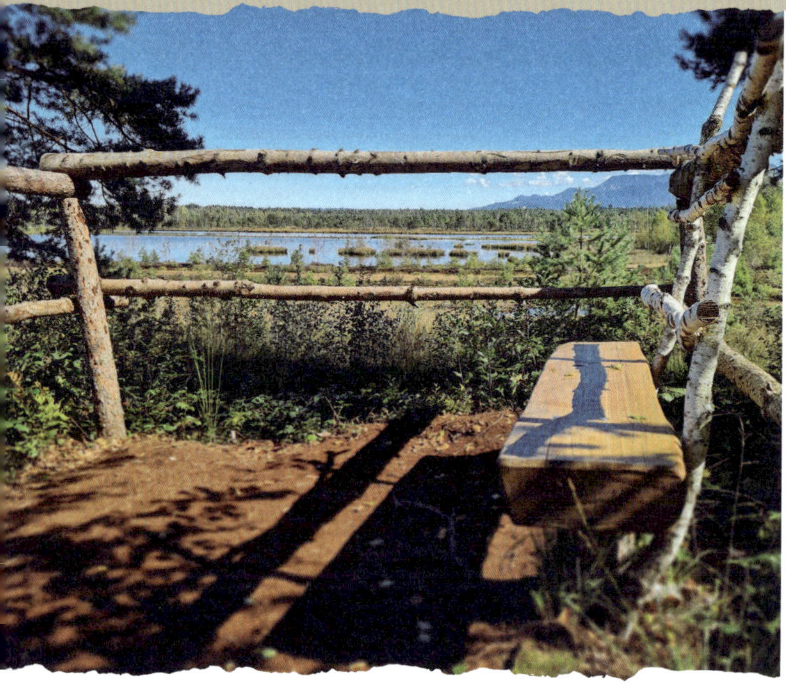

Auf dem Torfhügel kann man zur Ruhe kommen und die Zeit vergessen.

anderen, sehr weltlichen Ursprung hat: Das Gebiet trägt, wie übrigens viel Flure, schlichtweg den Namen eines früheren Eigentümers.

▸ *Weiter westlich* liegen noch weitere Attraktionen, ein Torfhügel etwa mit neuer Sicht über die Filzen, die vor allem im Spätsommer mit blühendem Heidekraut und leuchtenden Moorgräsern einen malerischen Anblick bieten. Dazu stößt man dort auf jede Menge Beeren, auf Heidel-, Preisel- und die weniger bekannten Moosbeeren.

Im ▸ *Urwald der Sinne* kann man auf Bänken wunderbar rasten, den Vögeln lauschen, den würzigen Duft des Mooses und des Waldes genießen oder ein kleines Picknick machen. Dass man alle Abfälle, auch die organischen, wieder mit nach Hause nimmt, versteht sich von selbst.

Von hier aus gilt es, wieder den ▸ *Weg zurück zum Ausgang der Filze* zu finden. Da aber die Möglichkeiten begrenzt sind, dürfte das auch Menschen ohne Orientierungssinn nicht schwerfallen. Die Bohlenwege zu verlassen, ist dabei keine gute Idee. Im Sommer sind die im Moor lebenden Kreuzottern nicht allzu begeistert davon und zur restlichen Jahreszeit die anderen Tiere, die in den Filzen ihre Rückzugsgebiete haben. Und an manchen Stellen bekommt man außerordentlich schnell nasse Füße, sodass die ausgewiesenen Wege einfach immer noch am schnellsten und trockensten zum Ziel führen.

Die reine Gehzeit beträgt für das Moorerlebnis Sterntaler Filze eigentlich nur 30 Minuten, doch mit all den sinnenhaften Eindrücken und Erlebnisplätzen können daraus ganz schnell ein bis zwei Stunden werden. Es lohnt sich also, deutlich mehr Zeit einzuplanen.

Zurück am ▸ *Startpunkt bei den Schautafeln* biegen wir nun in einen ▸ *Forstweg linkerhand Richtung Südosten* ein. Nach etwa 400 Meter verlässt er den Wald und ▸ *biegt nach Süden ab*. Unser Blick wandert über die weitläufigen Wiesen, hinauf zum Bad Feilnbacher Hausberg, die Farrenpoint, die übrigens von Einheimischen als weiblich bezeichnet wird, weil „die Point" eine Weide umschreibt. Links davon ragt der Sulzberg auf, dahinter sind Wendel- und Breitenstein zu finden.

Nach wenigen Metern teilt sich unser Forstweg und wir nehmen den ▸ *rechten Abzweig*. Noch einmal eröffnet sich uns die weite Genussschau über die Ebene des einstigen Rosenheimer Sees und die Berge des Inntals dahinter – man kann sich gar nicht sattsehen. Schon haben wir die ▸ *Mooskapelle* erreicht, die inmitten der

Bei Regen und Schnee aufgepasst, dann überrascht der Bohlenweg mit heimtückischer Glätte.

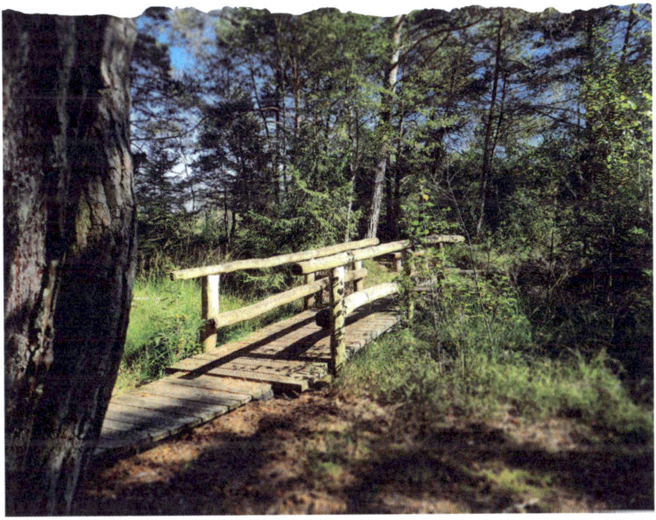

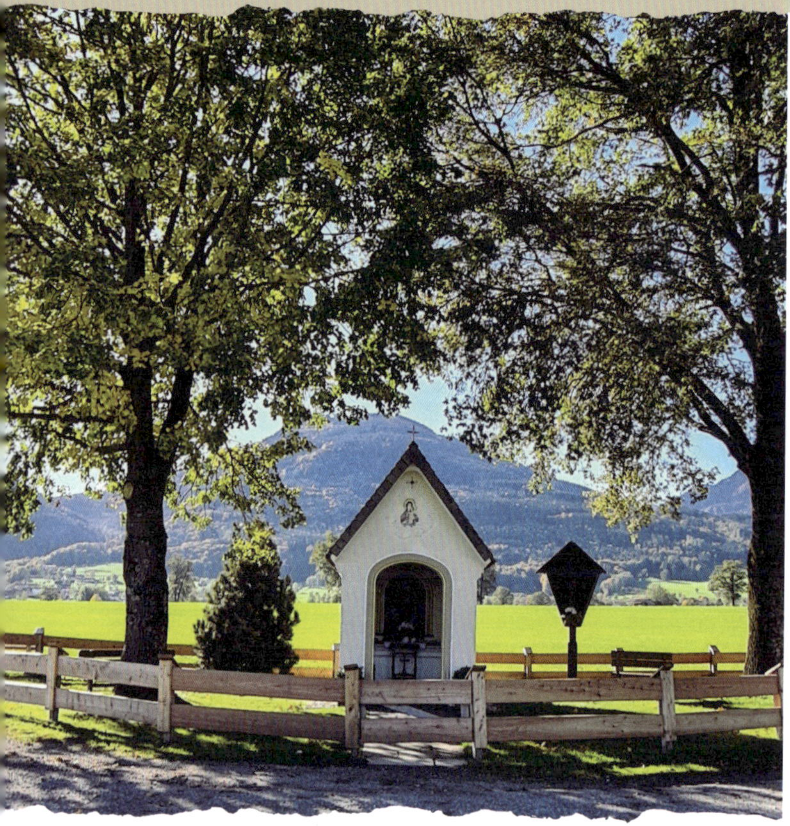

Malerischer geht's nicht: die Mooskapelle inmitten der Wiesen.

Wiesen liegt, als sei sie einfach vom Himmel gefallen. Unter den ausladenden Linden lohnt sich das Verweilen.

In etwa einer Viertelstunde haben wir von hier aus unseren Ausgangspunkt wieder erreicht. Dazu folgt man der ▸ *Kiesstraße nach Süden* und dann ▸ *im Uhrzeigersinn den sich anbietenden weiteren Feldwegen bis zu unserem Parkplatz*.

Und noch ein Tipp: Wem nach dem himmlischen Genuss der Mooskapelle gleich anschließend nach einem eher irdischen im Café Moosmühle ist, der nehme nicht die letzten Straßenmeter nach Norden, sondern folge dem Wegweiser westlich nach Wiechs und von dort ausgeschildert weiter zum Ziel seiner Wünsche, zur alten Moosmühle, die mit ihrem historischen Anwesen schon 1611 urkundlich erwähnt wurde.

Die Sterntaler

ab 4 Jahren
Ein Märchen der Brüder Grimm

Es war einmal ein kleines Mädchen, dem waren Vater und Mutter gestorben, und es war so arm, dass es kein Kämmerchen mehr hatte, darin zu wohnen, und kein Bettchen mehr hatte, darin zu schlafen, und endlich gar nichts mehr als die Kleider auf dem Leib und ein Stückchen Brot in der Hand, das ihm ein mitleidiges Herz geschenkt hatte. Es war aber gut und fromm. Und weil es so von aller Welt verlassen war, ging es im Vertrauen auf den lieben Gott hinaus ins Feld.

Da begegnete ihm ein armer Mann, der sprach: „Ach, gib mir etwas zu essen, ich bin so hungrig." Es reichte ihm das ganze Stückchen Brot und sagte: „Gott segne dir's," und ging weiter. Da kam ein Kind, das jammerte und sprach: „Es friert mich so an meinem Kopfe, schenk mir etwas, womit ich ihn bedecken kann." Da tat es seine Mütze ab und gab sie ihm. Und als es noch eine Weile gegangen war, kam wieder ein Kind und hatte kein Leibchen an und fror: da gab es ihm seins; und noch weiter, da bat eins um ein Röcklein, das gab es auch von sich hin. Endlich gelangte es in einen Wald, und es war schon dunkel geworden, da kam noch eins und bat um ein Hemdlein, und das fromme Mädchen dachte: „Es ist dunkle Nacht, da sieht dich niemand, du kannst wohl dein Hemd weggeben," und zog das Hemd ab und gab es auch noch hin.

Und wie es so stand und gar nichts mehr hatte, fielen auf einmal die Sterne vom Himmel, und waren lauter blanke Taler; und ob es gleich sein Hemdlein weggegeben, so hatte es ein neues an, und das war vom allerfeinsten Linnen. Da sammelte es sich die Taler hinein und war reich für sein Lebtag.

Bei jedem Schritt in der Natur
bekommt jemand weit mehr,
als er sucht.

John Muir (1838 – 1914)

Sterntaler Filze und Mooskapelle

0:55 h Gehzeit – 3,9 km Länge – 18 hm

Ausgangspunkt in 83075 Bad Feilnbach:

Parkplatz Sterntaler Filze nahe Derndorf (ausgeschildert „Moorerlebnis"). Für Gehbehinderte gibt es Parkmöglichkeiten direkt am Eingang des Bohlenwegs.

Weg:

Holzbohlenweg, Waldpfad, Kiesweg, Straße; teils sonnig, teils schattig, zu jeder Jahreszeit zu empfehlen; nach Regen und Schnee Glättegefahr. Nur teilweise beschildert, aber leicht zu finden.

Besonderheiten:

- Wiesen mit Bergsicht
- Moorerlebnis Sterntaler Filze
- Schau-Torfstich
- Vogelbeobachtungsstation
- Holzhängematten
- Picknickplatz im Wald
- Mooskapelle

Einkehr:

- Naturcafé Moosmühle www.cafe-moosmuehle.de
- Gastronomie Bad Feilnbach und Litzldorf

Zuganfahrt:

Mit dem Zug nach Raubling, Bus 348 nach Bad Feilnbach, Ausstieg „Derndorf"; zusätzlicher Fußweg zu den Sterntaler Filzen (ca. 25 min einfach).

Variationen:

Verkürzen kann man die Runde, indem man von den Filzen wieder direkt zum Parkplatz zurückkehrt. Verlängern lässt sie sich nach Osten Richtung Kleinholzhausen, nach Süden nach Litzldorf oder nach Westen über den Ortsteil Wiechs zum Naturcafé Moosmühle oder nach Bad Feilnbach.

Tipps:

- Weitere Themenspaziergänge um Bad Feilnbach www.bad-feilnbach.de/kur-und-tourismus/themenwege/
- Mittelalter-Spielplatz und andere www.bad-feilnbach.de/buerger-und-rathaus/spielplaetze/
- Sommerschwimmbäder www.bad-feilnbach.de/kur-und-tourismus/schwimmbaeder/
- Urweltmuseum Neiderhell www.urweltmuseum.com
- Apfelmarkt Bad Feilnbach im Oktober www.apfelmarkt-bayern.de

Tourist-Info:

Rathausplatz 1
83075 Bad Feilnbach
Tel.: 08066-887440
E-Mail: info@bad-feilnbach.de
www.bad-feilnbach.de

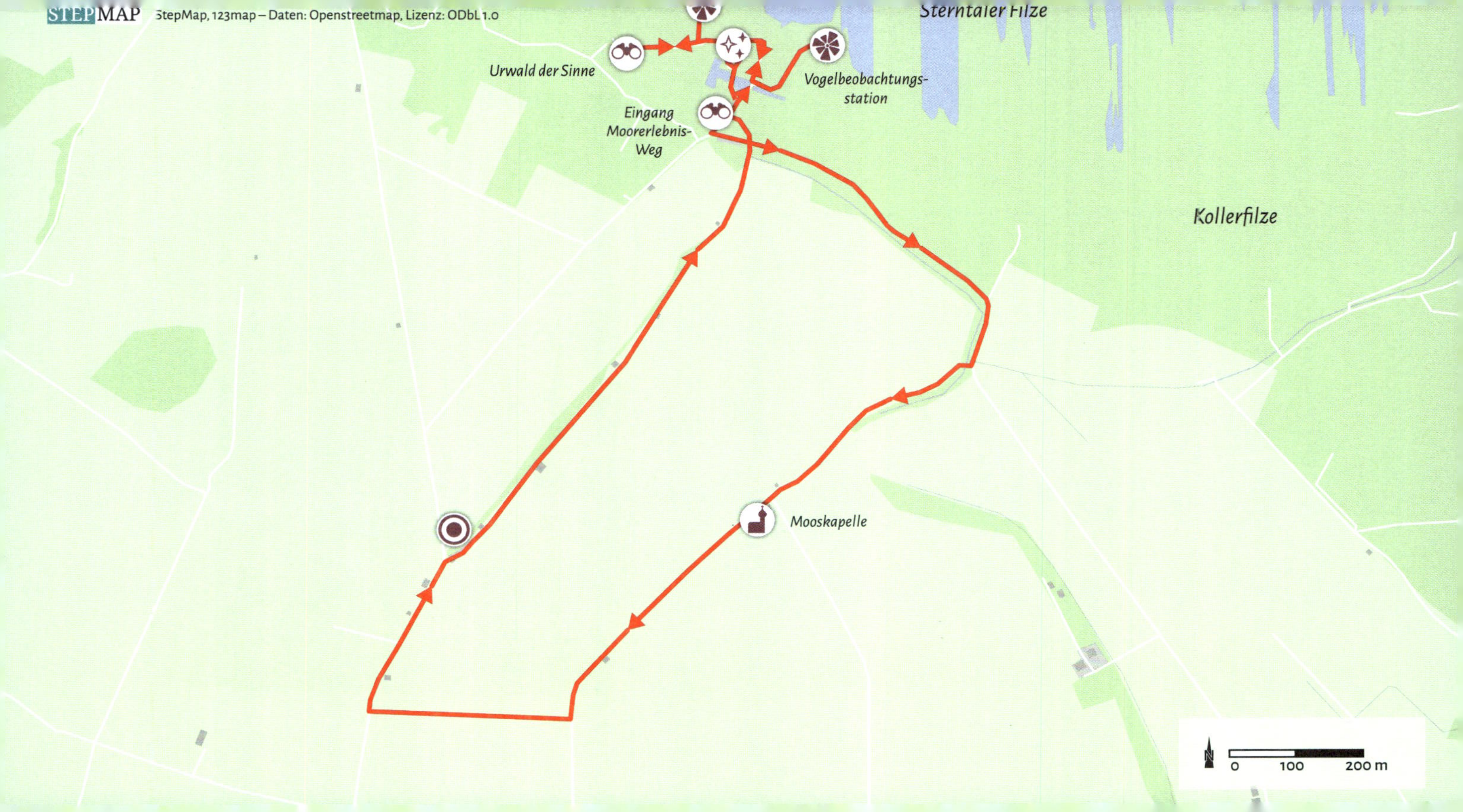
StepMap, 123map – Daten: Openstreetmap, Lizenz: ODbL 1.0
Sterntaler Filze
Urwald der Sinne
Vogelbeobachtungs-
station
Eingang
Moorerlebnis-
Weg
Kollerfilze
Mooskapelle
0
100
200 m